中国食品供应链发展报告

(2020—2021)

组　编　中国副食流通协会食品安全与信息追溯分会
国家农产品现代物流工程技术研究中心
北京工商大学

主　编　何继红

副主编　左　敏　张长峰　高海伟　于怀智

中国财富出版社有限公司

图书在版编目（CIP）数据

中国食品供应链发展报告．2020－2021/中国副食流通协会食品安全与信息追溯分会，国家农产品现代物流工程技术研究中心，北京工商大学组编．—北京：中国财富出版社有限公司，2022.4

ISBN 978－7－5047－7688－4

Ⅰ．①中…　Ⅱ．①中…②国…③北…　Ⅲ．①食品—供应链管理—研究报告—中国—2020－2021　Ⅳ．①F426.82

中国版本图书馆 CIP 数据核字（2022）第 058708 号

策划编辑	于珊珊	**责任编辑**	于珊珊	**版权编辑**	李　洋
责任印制	尚立业	**责任校对**	孙丽丽	**责任发行**	杨　江

出版发行	中国财富出版社有限公司		
社　　址	北京市丰台区南四环西路 188 号 5 区 20 楼	**邮政编码**	100070
电　　话	010－52227588 转 2098（发行部）		010－52227588 转 321（总编室）
	010－52227566（24 小时读者服务）		010－52227588 转 305（质检部）
网　　址	http：//www.cfpress.com.cn	**排　　版**	宝蕾元
经　　销	新华书店	**印　　刷**	北京九州迅驰传媒文化有限公司
书　　号	ISBN 978－7－5047－7688－4/F·3519		
开　　本	787mm×1092mm　1/16	**版　　次**	2022 年 12 月第 1 版
印　　张	16.75	**印　　次**	2022 年 12 月第 1 次印刷
字　　数	318 千字	**定　　价**	150.00 元

中国食品供应链发展报告
（2020—2021）
编委会

目 录

第一篇 综合报告

第二篇　专题研究

第三篇　食品供应链优秀案例

第一篇

综合报告

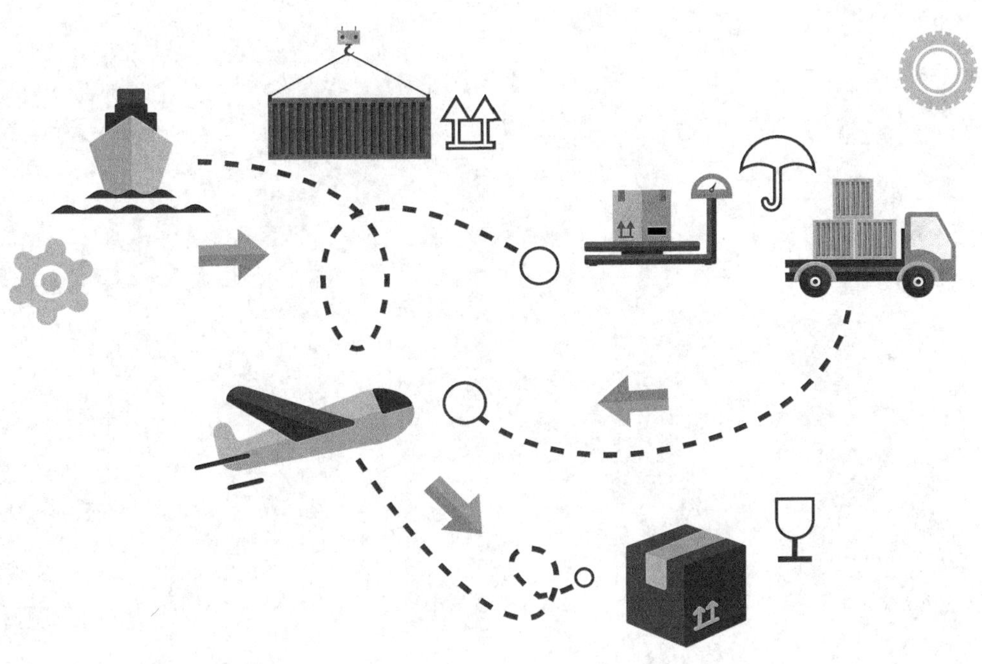

1　食品产业发展外部环境

1.1　政治环境分析

1.1.1　法律法规

为推进食品行业规范化发展，结合行业的具体情况，国家相继出台了若干行业管理规定，主要包括《中华人民共和国食品安全法》《中华人民共和国产品质量法》《中华人民共和国消费者权益保护法》等。

为加强标准化工作，提升产品和服务质量，2017 年 11 月 4 日，全国人民代表大会常务委员会（以下简称全国人大常委会）修订通过《中华人民共和国标准化法》，该法对标准的制定、实施及法律责任进行了说明，以加强标准化工作，提升产品和服务质量，促进科学技术进步，保障人身健康和生命财产安全，维护国家安全、生态环境安全，提高经济社会发展水平。

食品规范方面，为保证食品安全，2019 年 10 月 31 日国务院发布了《中华人民共和国食品安全法实施条例》（2016 年修订），在食品安全风险监测和评估、食品安全标准、食品生产经营、食品检验、食品进出口、食品安全事故处置措施等方面作了进一步的细化。2015 年 4 月 24 日，全国人大常委会颁布了《中华人民共和国食品安全法》（2015 年修订），规定食品生产经营者应当依照法律、法规和食品安全标准从事生产经营活动，对社会和公众负责，保证食品安全，并对食品安全风险监测和评估、食品安全标准、食品生产经营、食品检验、食品进出口、食品安全事故处置等进行了规范。2007 年 7 月 26 日，国务院发布了《国务院关于加强食品等产品安全监督管理的特别规定》，对食品、食用农产品、药品等与人体健康和生命安全有关的产品安全进行规范。2009 年 10 月 22 日，国家质量监督检验检疫总局①

① 2018 年 3 月，根据第十三届全国人民代表大会第一次会议批准的《国务院机构改革方案》，将国家质量监督检验检疫总局的职责整合，组建中华人民共和国国家市场监督管理总局。此处使用的是 2009 年的文件，因此仍保留正文中的提法。

（以下简称国家质检总局）发布了《食品标识管理规定》（2009 年修订），加强对食品标识的监督管理，规范食品标识的标注和内容，并规定了相关人员违反该规定应负的法律责任。

食品消费环境方面，为保护消费者利益，2013 年 10 月 25 日，全国人大常委会修订了《中华人民共和国消费者权益保护法》，针对市场交易中的消费者和经营者作出了一系列有关权利和义务的规定，以保护消费者的合法权益，维护社会经济秩序，促进社会主义市场经济健康发展。

原国家食品药品监督管理总局 2017 年修订了《食品经营许可管理办法》，明确了食品经营许可的原则、程序、监督检查和法律责任，防控食品安全风险，保障公众饮食安全。2020 年 10 月 23 日，国家市场监督管理总局修订了《食品召回管理办法》。

国家为保护人民群众的民生福祉，发布了相应的法律法规。同时，国家通过实施食品安全法，建立以食品安全标准为基础的科学管理制度，理顺食品安全监管体制，明确各监管部门的职责，确立食品生产经营者作为保证食品安全的第一责任人的法定义务，可以从法律制度上更好地解决我国当前食品安全工作中存在的主要问题，防止、控制和消除食品污染以及食品中有害因素对人体健康的危害，预防和控制食源性疾病的发生，从而切实保障食品安全，保证公众身体健康和生命安全。

同样，为促进我国食品工业和食品贸易发展，国家相继颁布有关法律法规，通过实施相关法律法规，更加严格地规范食品生产经营行为，促使食品生产者依据法律、法规和食品安全标准从事生产经营活动，在食品生产经营活动中重质量、重服务、重信誉、重自律，对社会和公众负责，以良好的质量、可靠的信誉推动食品产业规模不断扩大、市场不断发展，这极大地促进了我国食品行业的发展。

相关法律法规的提出，既对食品供应链的发展提出了更高要求，又为其提供了发展机遇。食品安全相关政策的提出，增加了食品供应链的成本。在供应链全球化的大背景下，食品供应链在迅猛发展的同时也面临着生产力提升的压力，以及经济效益、加工效率和环境带来的压力等。全球人口对食品资源的需求日益增加，食品供应链日趋复杂、牵涉的环节越来越多，食品的全球供应在让消费者受益的同时，也让食品安全问题变得更加棘手，食品供应链条越长、越复杂，食品受到污染和腐坏变质的风险也就越高。而国家对于食品供应链越来越重视，使供应链创新与应用上升为国家战略，这无疑为食品供应链降本增效、供需匹配和产业升级提供了有力支撑。

1.1.2 产业政策

随着经济的发展，人民生活水平日益提高，食品市场不断成熟，市场规模及覆

盖的消费者群体不断扩大。为扶持我国食品行业的发展，国家相关部门相继出台了一系列产业扶持政策。

随着现代供应链的到来，食品供应链迎来了新的挑战与机遇，国家也更加关注供应链流通创新发展。为实现流通现代化，推动“互联网＋流通”，并推动流通与工业、农业和其他服务业的深度融合，同时通过流通促进消费，实施消费促进行动，服务稳定增长大局，商务部等十部门于 2016 年 11 月印发了《国内贸易流通“十三五”发展规划》。国家为供应链的发展“保驾护航”，提供相应的政策支持。2017 年 8 月，商务部办公厅、财政部办公厅发布《关于开展供应链体系建设工作的通知》，确定了在天津、上海、重庆等 17 个重点城市开展供应链体系建设。推动供应链与互联网、物联网深度融合，推动建设农业供应链信息平台，用大数据引导生产端优化配置生产资源，推动供应链金融服务实体经济。2017 年 10 月，国务院办公厅发布“首个”供应链政策，即《国务院办公厅关于积极推进供应链创新与应用的指导意见》，首次就供应链创新发展作出全面部署，指明我国供应链发展的重点方向和主要任务，为降本增效、供需匹配和产业升级提供了有力支撑：提出到 2020 年，培育 100 家左右的全球供应链领先企业，重点产业的供应链竞争力进入世界前列，中国成为全球供应链创新与应用的重要中心。

农业作为食品供应链的源头产业，其所生产的食品直接影响消费者的食品安全。相关政策的实施，可以有效地提升食品安全水平以及食品质量，从而提高整个食品供应链的产品质量。农产品流通涵盖农产品收购、加工、储存、运输、销售等一系列环节，关系着农民的“钱袋子”和市民的“菜篮子”，对于调节产销关系、保障市场供应、平抑价格波动起着重要的作用。近年来，各类市场主体在生鲜农产品流通领域取得了长足发展，特别是民营企业，已成为我国生鲜农产品流通的主要力量。为进一步优化发展环境，解决生鲜农产品流通领域制约企业尤其是民营企业发展的突出问题，促进生鲜农产品流通业健康发展，2020 年 5 月 24 日，国家发展和改革委员会（以下简称国家发展改革委）发布《关于进一步优化发展环境促进生鲜农产品流通的实施意见》。

针对食品工业发展，国家给出了相应的政策优惠。围绕提升食品品质和安全水平，国家发展改革委、工业和信息化部 2017 年 1 月 5 日发布《国家发展改革委 工业和信息化部关于促进食品工业健康发展的指导意见》，提出“创新、协调、绿色、开放、共享”的发展理念，以满足人民群众日益增长和不断升级的安全、多样、健康、营养、方便食品消费需求为目标，以供给侧结构性改革为主线，以创新驱动为引领，着力提高供给质量和效率，推动食品工业转型升级、膳食消费结构改善，满足小康社会城乡居民更高层次的食品需求。为全面实施食品安全战略，着力推进监管体制机制改革创新和依法治理，解决人民群众反映强烈的突出问题，推动食品安全现代化治理体系建设，促进食品产业发展，推进健康中国建设，国务院食品安全办会同国家发展改革委、财政部等部门于 2016 年 12 月起草了《“十三五”国家食品安全规划》，自国务院批准后实行。国务院 2020 年 7 月 21 日颁布的《肉类加工企业新冠肺炎疫情防控指南》，要求肉类加工企业把好禽畜肉类来源的“追溯关”“自查关”“检测关”“贮存关”，建立健全全程追溯机制，严禁加工不符合动物检疫规定或不符合食品安全标准的畜禽肉；除了索票索证和进货查验记录外，进口畜禽肉类食品应当具备《核酸检测合格证明》方可入厂生产。做好畜禽肉类食品转运存放区域、运输工具、货物外包装及其他相关用品用具的清洁和消毒。

为促进流通产业发展，全面打通消费、流通和生产各环节，促进流通升级，提升流通在国民经济中的基础性支撑作用和先导性引领作用，商务部、国家发展改革委、工业和信息化部、财政部等 10 部委于 2016 年 11 月 11 日发布《国内贸易流通“十三五”发展规划》，强调在“十三五”期间，实施消费促进、流通现代化和智慧供应链三大行动。围绕建立高效集约、协同共享、融合开放、绿色环保的商贸物流体系，商务部、国家发展改革委、国土资源部①、交通运输部、国家邮政局 2017 年 1 月 19 日发布《商贸物流发展“十三五”规划》，提出“十三五”期间，我国要基本形成城乡协调、区域协同、国内外有效衔接的商贸物流网络。在冷链运输方面，国家大力提升冷链运输规模化、集约化水平，交通运输部于 2017 年 8 月 22 日发布《关于加快发展冷链物流保障食品安全促进消费升级的实施意见》，提出建立健全冷链物流服务质量和信用评价体系，完善冷链物流设施设备，鼓励冷链物流企业创新发展。

相关产业政策的提出，为食品产业的发展提供了方向，为食品供应链发展流通体系提供了相应的支持。例如，2016 年 10 月，国务院发布《全国农业现代化规划(2016—2020 年)》，提出完善农产品市场流通体系，实施农产品产区预冷工程，建设农产品产地运输通道、冷链物流配送中心和配送站。国家关注食品供应链的创新与应用，相关政策的提出，为食品供应链智能化、数据化和全球化发展提供了机遇。例如，2017 年 10 月，国务院办公厅印发《国务院办公厅关于积极推进供应链创新与应

① 2018 年 3 月，根据第十三届全国人民代表大会第一次会议批准的《国务院机构改革方案》，组建自然资源部，不再保留国土资源部。此处使用的是 2017 年的文件，因此仍保留正文中的提法。

用的指导意见》，明确提出推动供应链与互联网、物联网深度融合，推动建设农业供应链信息平台，引导生产端优化配置生产资源，推动供应链金融服务实体经济。

1.2　经济环境分析

1.2.1　国家整体经济情况

国家整体经济情况对食品供应链的影响主要分为三个方面。首先，国内生产总值是我国新国民经济核算体系中的核心指标，它反映了一国（或地区）的经济实力和市场规模。随着整体经济水平的不断提高，我国食品供应链管理水平也不断提高，这让食品供应链得以更好的发展。其次，消费结构是产业结构调整的重要因素，所以三大产业结构的变化实际上体现的是人民消费需求的变化，为了适应消费需求的变化，食品供应链的结构也需要进行一定的调整。最后，第一产业主要指生产食材以及其他一些生物材料的产业，所以第一产业的发展水平在一定程度上代表了农业的发展水平，农业作为食品供应链的初级生产者，其发展状况直接影响食品供应链下游产业的发展水平。

1. 国内生产总值情况

2019—2020 年我国国内生产总值如图 1－1 所示。2019 年我国国内生产总值 986515 亿元，符合预期增长目标。2020 年我国国内生产总值 1013567 亿元，虽然受到新冠肺炎疫情的影响，但仍比上年增长 2.7%。

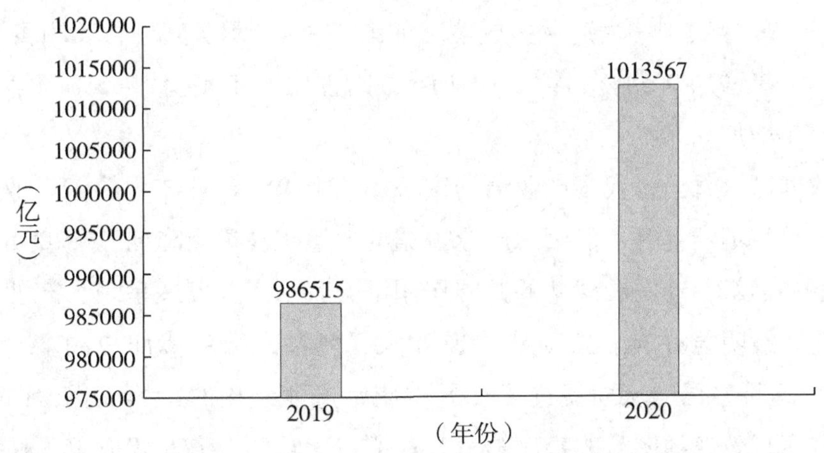

图 1－1　2019—2020 年我国国内生产总值

数据来源：国家统计局。

2020年我国国内生产总值超过100万亿元，说明我国经济总量迈向了新台阶和新高度，并且增长速度的放缓标志着我国经济正在从高速增长阶段转变为高质量发展阶段。随着我国综合国力的极大提升，食品供应链规模也进一步扩大。食品供应链的管理模式不断创新，冷链技术不断进步，供应链金融迅速发展，这些都为我国食品供应链的转型升级提供了良好的条件和契机。

2. 三大产业经济情况

2019—2020年我国三大产业增加值如图1-2所示。分产业看，2020年我国三大产业增加值均比上一年有所提高，其中第一产业增加值78030.9亿元，第二产业增加值383562.4亿元，第三产业增加值551973.7亿元。

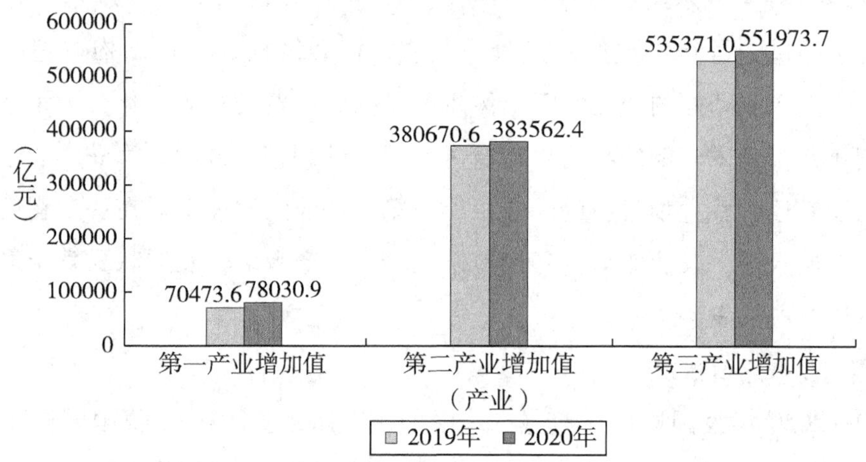

图1-2　2019—2020年我国三大产业增加值

数据来源：国家统计局。

2019—2020年我国三大产业构成情况如图1-3所示。其中，2020年第一产业所占比重比上年增加0.54%，第二产业所占比重比上年减少1.15%，第三产业所占比重比上年增加0.61%。

以上数据可以看出，我国产业结构重心逐渐由第二产业转为第三产业，虽然三大产业生产总值不断上升，但第二产业占据的比重正在逐渐降低。2020年在供给侧结构性改革和创新驱动发展战略的共同作用下，我国产业发展呈现出产业经济平稳运行、企业效益明显好转、新动能快速壮大、转型升级步伐加快的“稳”“好”“新”“转”运行格局，从而促进了食品供应链产业结构的持续优化，以及食品质量和供应链运行效率的明显改善。第三产业所占比重的上升，代表着人民消费正在从传统消费模式转变为体验式消费，所以食品供应链应延长食品产业链条，发展食品加工业和食品物流业，在确保食品安全和新鲜的同时提升消费者的购买体验。

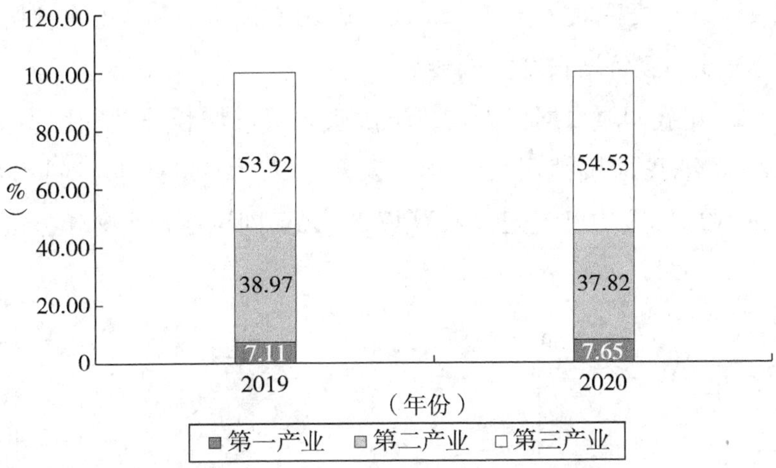

图 1－3　2019—2020 年我国三大产业构成情况

数据来源：国家统计局。

1.2.2　居民人均收支情况

居民人均收支变化情况，直接反映居民生活水平的改变。随着居民人均可支配收入的提高，居民的消费也有一定的增长，居民对于食品的消费需求也有一定的提升，进而促进食品供应链高质量发展。居民生活水平的提高使得居民对食品质量与食品种类有更高的要求，人们的消费观念也开始由“吃饱”向“吃好”转变，因此食品供应链内部质量管理与供给结构也需要随着人们需求的变化进行优化调整。

1. 居民人均可支配收入

2019—2020 年全国居民人均可支配收入及其增长速度如图 1－4 所示。2020

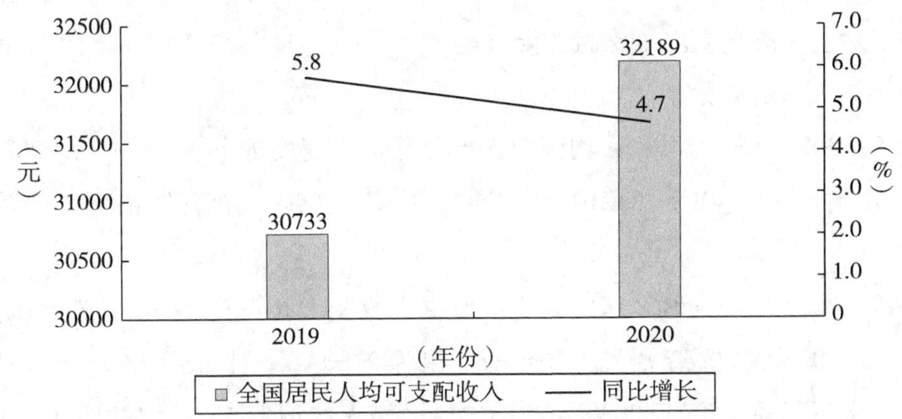

图 1－4　2019—2020 年全国居民人均可支配收入及其增长速度

数据来源：国家统计局。

年，全国居民人均可支配收入为 32189 元，同比增长 4.7%，扣除价格因素，实际增长 2.1%，与我国经济增长基本同步。

2019—2020 年我国城乡居民人均可支配收入及其增长速度如图 1－5 所示。按常住地分，2020 年我国城镇居民人均可支配收入为 43834 元，同比增长 3.5%。2020 年我国农村居民人均可支配收入为 17131 元，同比增长 6.9%。

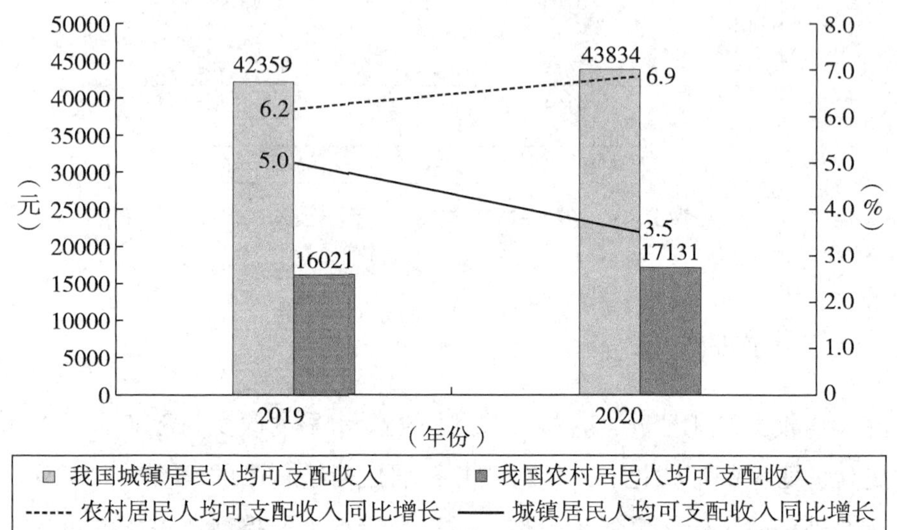

图 1－5　2019—2020 年我国城乡居民人均可支配收入及其增长速度

数据来源：国家统计局。

随着国内生产总值的快速增长，全国居民人均可支配收入不断提高。相对于商品价格，商品质量成为人们关注的重点。相比于低价格低质量的食品，人们更偏向于那些虽然价格偏高但是质量优良的食品。在居民可支配收入不断提高的同时，食品供应链对食品质量提出了更高的要求。

2. 居民人均消费支出

2019—2020 年全国居民人均消费支出及其增长速度如图 1－6 所示。2020 年全国居民人均消费支出为 21210 元，同比下降 1.6%，扣除价格因素，实际下降 4.0%。

2019—2020 年我国城乡居民人均消费支出及其增长速度如图 1－7 所示。按常住地分，2020 年我国城镇居民人均消费支出为 27007 元，同比下降 3.8%，扣除价格因素，实际下降 6.0%；2020 年我国农村居民人均消费支出为 13713 元，同比增长 2.9%，扣除价格因素，实际下降 0.1%。

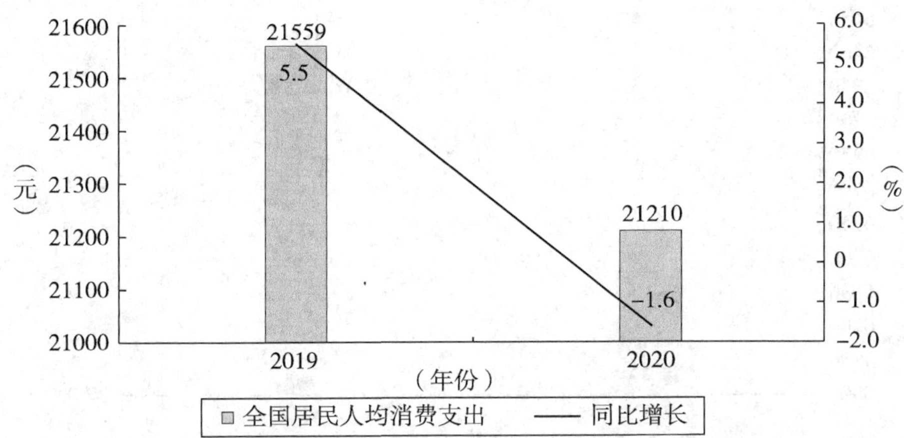

图 1-6 2019—2020 年全国居民人均消费支出及其增长速度

数据来源：国家统计局。

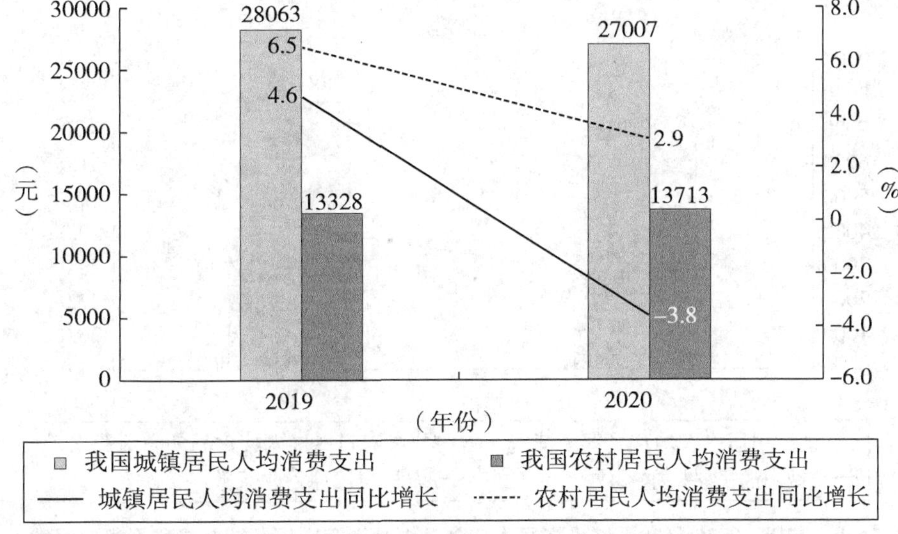

图 1-7 2019—2020 年我国城乡居民人均消费支出及其增长速度

数据来源：国家统计局。

3. 居民恩格尔系数

2019—2020 年全国居民人均食品烟酒消费支出及居民恩格尔系数如图 1-8 所示。2020 年，全国居民人均食品烟酒消费支出为 6397 元，居民恩格尔系数为 30.2%。

2019—2020 年我国城乡居民人均食品烟酒消费支出及城乡居民恩格尔系数如图 1-9 所示。2020 年我国城镇居民人均食品烟酒消费支出为 7881 元，城镇居民恩格尔系数为 29.2%；我国农村居民人均食品烟酒消费支出为 4479 元，农村居民恩格尔系数为 32.7%。

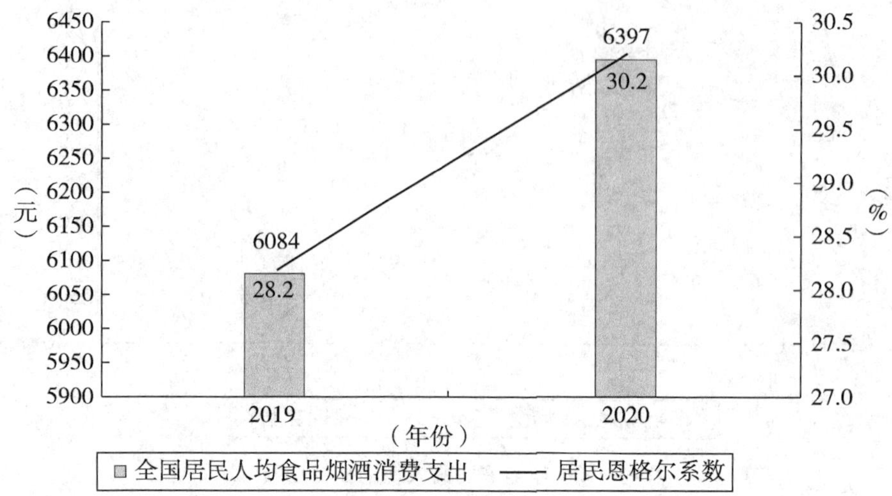

图 1 - 8　2019—2020 年全国居民人均食品烟酒消费支出及居民恩格尔系数

数据来源：国家统计局。

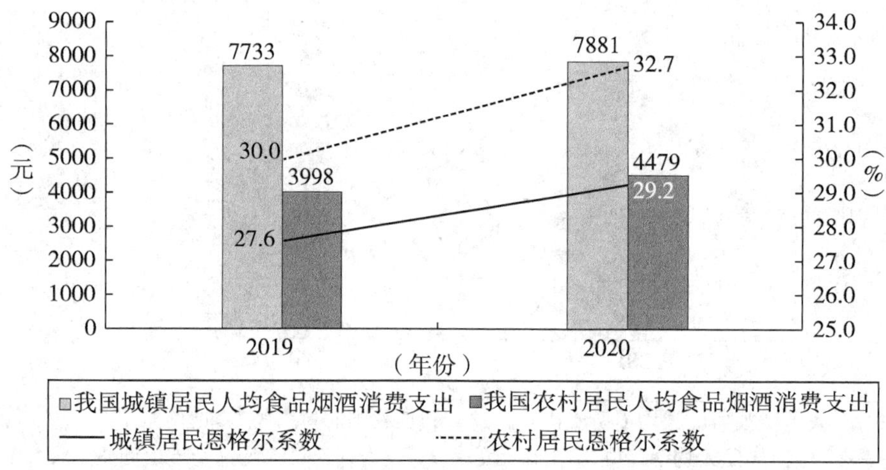

图 1 - 9　2019—2020 年我国城乡居民人均食品烟酒消费支出及城乡居民恩格尔系数

数据来源：国家统计局。

4. 城镇与农村社会消费品零售额情况

2019—2020 年我国社会消费品零售总额及其增长速度如图 1 - 10 所示。2020 年，我国社会消费品零售总额为 39. 2 万亿元，同比下降 4. 9%。

2020 年，在新冠肺炎疫情的影响下，我国社会消费品零售总额达到 39. 2 万亿元。未来市场或将有以下特点：在高品质消费的大趋势下，零售企业将进一步提升供给水平，如改善购物环境、提高服务质量、提升品牌竞争力等，以此促进消费品市场向品牌化、品质化方向发展。通过提升服务性的消费，不断满足消费者的精神需求，进而加快与商品消费的有机融合，通过优质服务传递丰富的品质内涵，促进

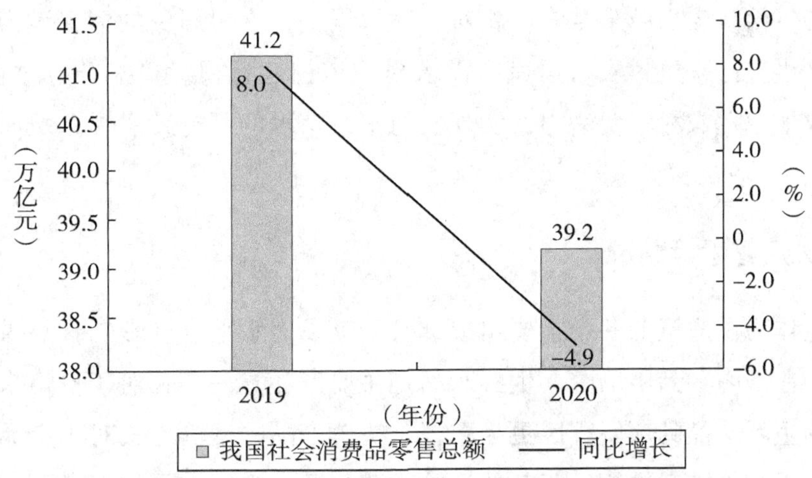

图 1-10　2019—2020 年我国社会消费品零售总额及其增长速度

数据来源：国家统计局。

消费。

2019—2020 年我国城乡社会消费品零售总额及其增长速度如图 1-11 所示。按经营单位所在地分，2020 年我国城镇社会消费品零售总额为 33.9 万亿元，比 2019 年下降 3.4%；我国农村社会消费品零售总额为 5.3 万亿元，比 2019 年下降 11.7%。

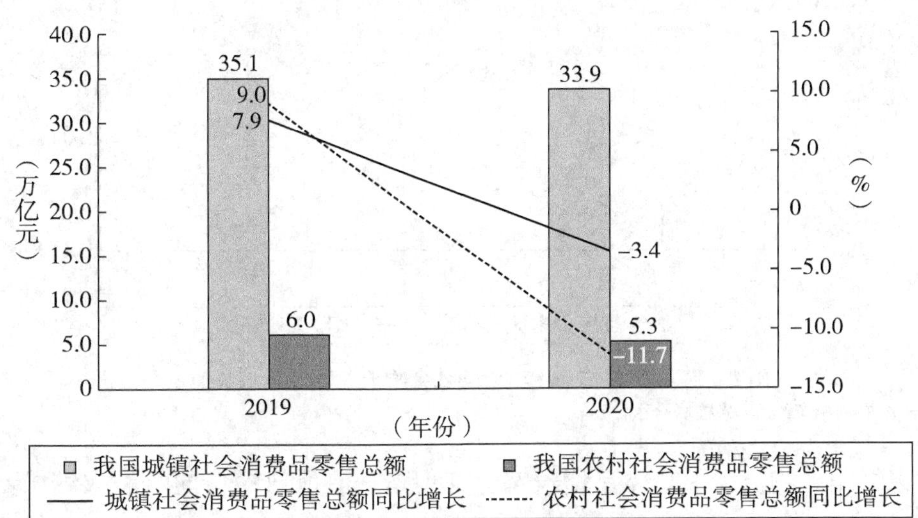

图 1-11　2019—2020 年我国城乡社会消费品零售总额及其增长速度

数据来源：国家统计局。

乡村振兴战略的实施，使农村居民生活水平有了很大提高，并且相对于城镇居民来讲，其消费增长速度更快。农村居民生活水平的提高，直接导致农村居民越来越依赖市场供给，支出越来越多，相对于城镇居民，农村居民的消费潜力更大，所以对于食品供应链来讲，农村居民的需求也应该引起重视，要提升农村食品质量，通过更有效地挖掘农村消费潜力，实现农村消费市场的可持续发展，从而使食品供应链得到进一步的发展。

1.2.3 物流业运行情况

物流业作为供应链的一个重要组成部分，其发展水平直接影响食品供应链整体运行效率。在国内食品市场中，生鲜产品是主要商品之一，相对于价格来讲，消费者对购买的生鲜产品的新鲜程度更为重视。生鲜产品的运输方式对于产品质量有很大的影响。因为冷链运输相比于其他运输方式更适合生鲜产品的运输要求，所以冷链物流的发展水平会直接影响生鲜产品的质量。

2019—2020 年全国社会物流总额及其增长速度如图 1－12 所示。2020 年全国社会物流总额达到 300.1 万亿元，同比增长 0.7%。

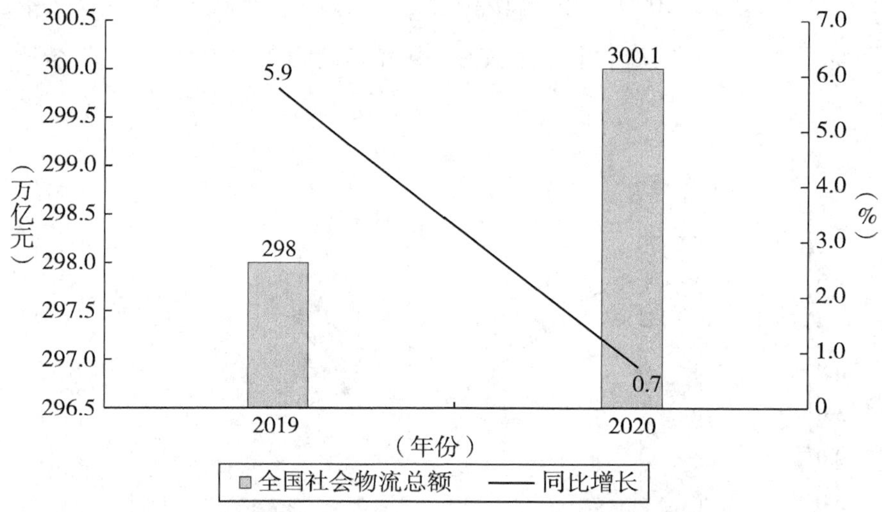

图 1－12　2019—2020 年全国社会物流总额及其增长速度

数据来源：中国物流与采购联合会。

可以看出，物流需求总体呈增长态势，但增速有所放缓，同时需求结构不断优化，消费物流不断壮大。这显示出当前经济增长方式已从物化劳动，也就是以生产资料、原材料投入为主，向服务化的“活劳动”，也就是以智力、技术创新投入为主转变。

2019—2020 年全国社会物流总费用、同比增长及与 GDP 的比率如图 1－13 所

示。2020 年，全国社会物流总费用 14.90 万亿元，同比增长 2.1%，增速比上年回落 5.2 个百分点；全国社会物流总费用与 GDP 的比率为 14.70%，与去年持平。从全国社会物流总费用来看，2020 年物流成本增速放缓。

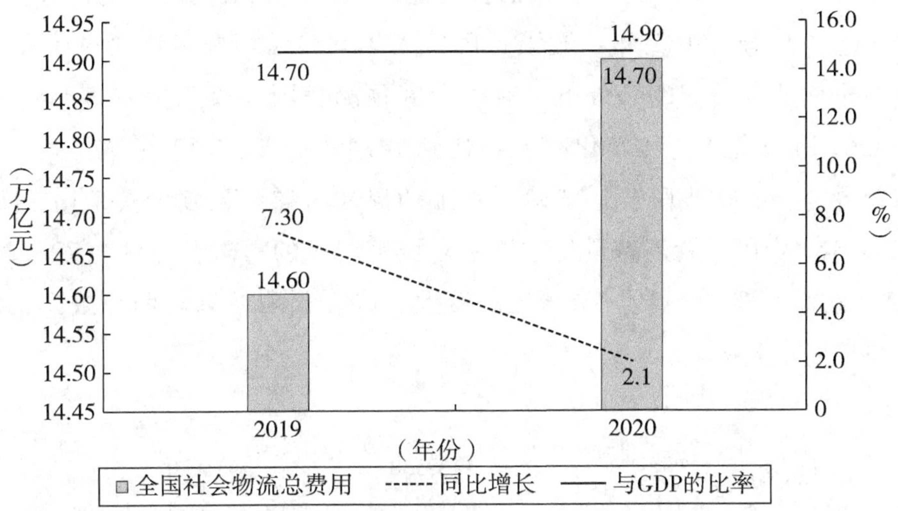

图 1－13 2019—2020 年全国社会物流总费用、同比增长及与 GDP 的比率

数据来源：中国物流与采购联合会。

全国社会物流总费用与 GDP 的比率这一指标通常用来衡量物流运行效率，比率越低，说明物流运行效率越高。

1.3 社会环境分析

1.3.1 人口数量与结构

1. 人口总量继续增加，人口城镇化率提高

2017—2019 年全国总人口、城镇人口与农村人口如图 1－14 所示。2019 年年末，全国总人口（注：31 个省、自治区、直辖市和中国人民解放军现役军人人口，不包括香港、澳门特别行政区和台湾地区）为 140005 万人，与 2018 年相比，人口净增 467 万人，自然增长率为 3.34‰。2019 年年末，我国常住人口城镇化率达到 60.60%，比 2018 年提高了 1.02 个百分点，城镇人口 84843 万人，比 2018 年增加了 1706 万人，农村人口 55162 万人，比 2018 年减少 1239 万人。分区域看，东部、中部、西部和东北地区常住人口城镇化率分别比上年年末提高 0.72、1.20、1.16 和 0.47 个百分点。我国城镇化发展呈现出中西部快于东部和东北地区的态势，区域间城镇化水平差异进一步缩小。

人口数量与结构的变化会对食品供应链的发展产生影响，而城镇化的发展将扩大我国粮食需求。统计数据分析表明，我国城乡居民的口粮消费虽然有所下降，但是畜产品消费导致的饲料粮消费迅速增长，因此最终的人均每日粮食消费量呈现出上涨趋势。2012 年，城镇居民每人年均粮食消费量比农村居民多 45.7 千克。在全面放开二孩的条件下，有关专家预测我国人口总量在 2034 年或将达到人口峰值 14.9 亿人，城镇化率或将达到 74.49%，以 2012 年城乡人均年粮食消费量差异为基础初步匡算，城镇化水平的提高将导致粮食消费量增长 1580 万吨。2034 年，中国粮食消费量将主要来自城镇居民的需求，份额为 77.13%，与 2014 年（约 59.2%）相比，份额显著扩大。这一预测结果表明，城镇化能够促进食品供应链的发展。

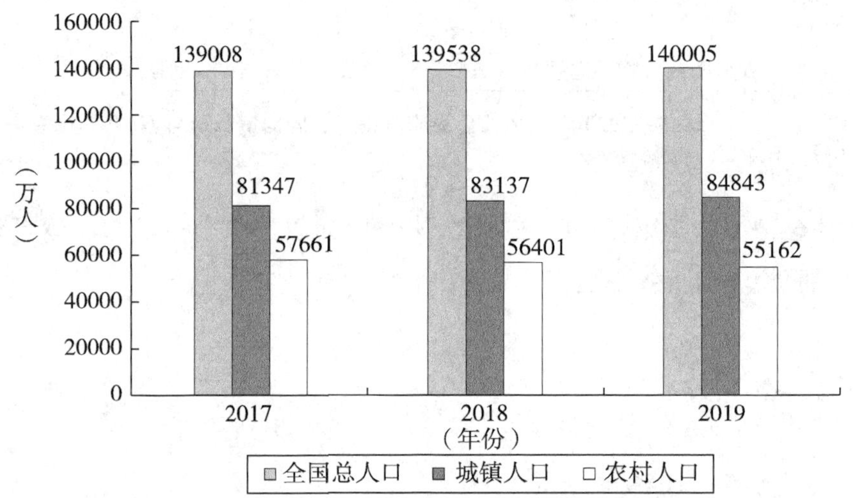

图 1-14　2017—2019 年全国总人口、城镇人口与农村人口

数据来源：国家统计局。

2. 出生人口减少幅度老年人口增加幅度均有所缩小

2019 年，我国出生人口比上年减少 58 万人。“全面两孩”政策实施以来，政策累积效应在前两年集中释放，导致生育率呈现先升后降的现象，2018 年出生人口减少幅度明显。2018 年后，生育率进入政策调整后的平稳期，受育龄妇女数量和结构的影响，2019 年出生人口略有减少。

2019 年，我国 16～59 岁劳动年龄人口比上年减少 89 万人，60 岁及以上老年人口比上年增加 439 万人。劳动年龄人口减少幅度和老年人口增加幅度均有所缩小。

2017—2019 年全国人口出生率、死亡率、自然增长率如图 1－15 所示。2019 年，全国人口出生率为 10. 48‰，比上年下降 0. 46 个千分点；死亡人口 998 万人，比 2018 年微增 5 万人，全国人口死亡率为 7. 14‰，比上年略升 0. 01 个千分点。

随着人们生活水平的提高，人们对于健康的诉求越来越高，越来越多的人迫切地想得到健康的生活，保持身体的健康状态，人们在饮食上越来越追求绿色健康食品，而我国老龄化程度的加深，也会促进人们对保健食品和绿色食品的消费，从而促进食品供应链的发展。

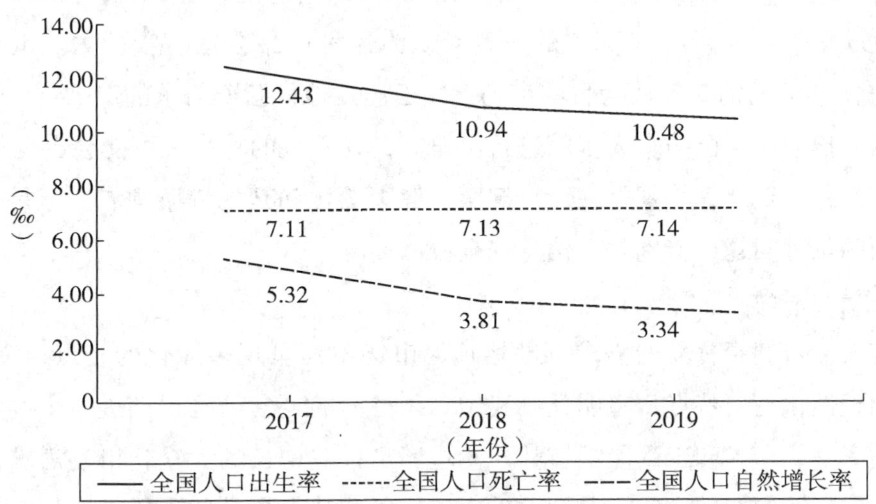

图 1－15 2017—2019 年全国人口出生率、死亡率、自然增长率

数据来源：国家统计局。

3. 劳动年龄人口有所减少，老年人口比重持续上升

与 2018 年年末相比，2019 年全国 16～59 岁劳动年龄人口减少 89 万人，比重下降 0. 28 个百分点；老年人口比重持续上升，其中，60 岁及以上老年人口增加 439 万人，比重上升 0. 25 个百分点。

劳动年龄人口在很大程度上是消费主力军。劳动年龄人口数量有所下降，意味着需求减少，进而会导致食品消费水平下降。目前，食品制造业出现大规模产能过剩现象，这与劳动年龄人口的下降有着密不可分的联系。此外，劳动年龄人口的减少，将直接导致企业用工成本节节攀升，会对食品供应链的发展产生负面影响。

1. 3. 2 生活方式与潮流时尚

1. 生活方式

健康的生活方式会影响人们对食品的需求。消费者逐渐意识到他们正在面临一些身体和认知健康上的问题，并采取积极的预防方式，希望尽可能地在晚年保持健康。良好的精神和认知健康与身体健康同样重要，消费者也在积极研究如何通过调整饮食成分和生活方式实现健康。据调查，约1/4的消费者表示，自己的健康在过去两年里恶化了，原因有多种，这使消费者比以往任何时候都更关心他们的健康，消费者比以往任何时候都更关注营养研究。消费者意识的改变，导致他们对绿色有机食品的消费增加。

科技的发展，提高了人们对食品相关产业的要求。随着应用程序和电子技术的出现，消费者希望他们的营养建议和饮食习惯能以更个性化的方式呈现。比如，调查显示，当被问及一种可以监测人体营养水平并提供营养素摄入量实时信息的“假想芯片皮肤贴剂”时，约有62%的消费者认为这种产品会很有吸引力。也有调查显示，约有29%的消费者认为目前市场上缺乏满足他们营养需求的产品；11%的消费者表示，他们对自己的个人基因进行了研究，在不久的将来，可能会出现与DNA营养相关的行业发展，特别是在免疫健康、健康老化和其他健康领域。但是，这些领域会面临伦理问题，特别是在信息安全方面。

2. 潮流与时尚

随着人们对健康食品的需求不断增加，市场不断呈现多元化的特点，个性化、选择性和理性化消费特点日趋明显。我国食品行业的经营结构得到进一步调整，经营重心向家庭、个人和工薪阶层转移，侧重满足日益增长的大众化市场需求，开拓和延伸企业经营领域的空间；各地的外卖、快餐和超市食品的市场越来越大，以家庭私人消费为主的节假日市场更加红火，健康美食和绿色餐饮成为重要趋向，市场消费向价格、品位、氛围、服务和品牌文化等综合型方向转变，人们追求健康营养和环境服务的个性消费成为新时尚。

因为疫情的持续蔓延，人们的食品消费习惯出现了改变。网购生鲜食品的消费习惯已经形成，生鲜电商市场仍呈高增长趋势，产品品类逐步从配送难度小的水果、蔬菜向配送难度高的水产和畜禽延伸。同样，人们更多地使用移动应用程序在餐饮渠道下单，人们去餐馆和其他餐饮服务渠道的次数在减少，有了更多在家享用优质食物的体验。

1.4 技术环境分析

食品行业在工业化以前普遍采取的是传统的手工制作工艺和前店后厂的经营模式，该方法制约了食品行业的规模化发展，在食品安全方面也存在诸多隐患。近年

来，随着食品行业规模的不断扩大，消费者对健康食品的需求不断增加，对食品安全问题逐渐关注，业内的规模化企业坚持有效管理与技术创新两条主线，引领行业生产技术进步与革新，不断提高生产机械化和自动化水平，不断开发符合消费者口味的新产品，不断提高企业经营的信息化程度。目前，食品行业已经逐步走向工业化、标准化和规模化生产阶段。

1.4.1　食品源头环节

1. 动物面部识别

嘉吉公司投资的一家公司，把面部识别技术引入了养殖业。现在，这项技术可以通过对奶牛面部以及牛皮花纹的识别，来确认奶牛的身份。然后，农场主可以对农场的奶牛进行追踪，监控每头牛的进食量和饮水量。如果某头奶牛的进食量和饮水量偏离了正常水平，农场主的手机上就会收到信息提示。这项技术结合数据分析，可以帮助农场主调整喂食模式，及时关照生病的奶牛，从而提升农场的营利能力。这家公司还计划把自己的技术应用到猪和家禽等的养殖上。

2. 利用食品计算机创造可控环境

利用这项技术，在一个集装箱大小的空间内，可以创造出一个适宜特定植物生长的环境。具体而言，可以通过电气设备来调节食物根部的温度、周围的光照、土壤中的各种矿物质，还可以向植物人工注入它在自然环境中会接触到的物质，比如，昆虫释放的化学物质。通过追踪植物生产环境中的主要因素，并且不断调整，研究者们就能找到或者创造出最理想的植物生长环境。这样，就可以种植出各种原本只能在特定地区生长的农产品了。

1.4.2　食品加工环节

在食品加工环节，自动化技术得到广泛应用。传统食品行业多以手工操作为主，产品质量全靠师傅的手艺与经验。随着日本、欧美等发达国家和地区对于硬件设备的开发与运用，从半自动到全自动，食品产业工业化革命的序幕被掀开。品牌食品企业率先建立起自动化生产研发基地，通过前瞻性的多功能规划设计，实现产品的标准化。

1.4.3　食品流通环节

1. 现代信息管理技术

以ERP（企业资源计划）系统为代表的现代信息管理技术在食品领先企业中得

到应用。ERP 系统利用远程数据传输技术并及时获取信息，来安排生产库存控制。在销售、兑换、退回、缴销、结算等各个过程中进行管理能即时获知各销售终端的状态。

2. 食品涂层

一家科技公司研发出了一种可用于水果表面的超薄可食用涂层。这种涂层能够通过延缓水果氧化速度来降低水果的腐烂速度。这家公司声称，这项技术可以把农产品的保鲜时间最多延长两倍。这种涂层技术，目前已经在 20 多种水果和蔬菜上得到了应用。

1.4.4 食品销售环节

在食品销售环节，可食用条形码被开发应用。可食用条形码是一种用于食品上的隐性条码，本身没有味道，因此不会破坏食品味道，同时可以安全食用。这种条形码通过将海草 DNA 进行片段组合，使得每一个条形码都成为一个独特的标识。以苹果为例，首先，可以把海草 DNA 混在苹果表层的涂蜡中，形成条形码。然后，使用一种专门设备可以读取条形码，从而知道苹果产地是哪里，甚至具体到从哪棵树上摘下来的。这项技术可以帮助人们迅速确定问题食品的具体来源。对于生产商而言，这项技术的好处是可以追溯到非常具体和特定的批次，从而缩小产品召回的范围。

2 食品产业链及其发展趋势

2.1 食品产业链的内涵

2.1.1 食品产业链的定义

产业链是产业经济学中的一个概念，是各个产业部门之间基于一定的技术经济关联，并依据特定的逻辑关系和时空布局关系客观形成的链条式关系形态。产业链是一个包含价值链、企业链、供需链和空间链四个维度的概念。这四个维度在相互对接的均衡过程中形成了产业链，这种“对接机制”是产业链形成的内在模式，作为一种客观规律，它像一只“无形之手”调控着产业链的形成。

产业链的本质是一个用于描述某种内在联系的企业群结构，它是一个相对宏观的概念，存在两维属性：结构属性和价值属性。产业链中大量存在着上下游关系和相互价值的交换，上游环节向下游环节输送产品或服务，下游环节向上游环节反馈信息。

由农业的种（养）业、捕捞业、饲养业、食品加工、制造业、流通业、餐饮业和相关产业（如信息、机械、化工、包装、医药等）、部门（如进出口、监督、检测、教育、科研等）等所组成的农业生产—食品工业—流通体系，通常称为食品产业链。

食品全产业链是以消费者为导向，从产业链源头做起，经过种植与采购、贸易及物流、食品原料和饲料原料的加工、养殖屠宰、食品加工、分销及物流、品牌推广、食品销售等每一个环节，实现食品安全可追溯，形成的安全、营养、健康的食品供应全过程。

食品全产业链最重要的环节是两头：上游的种植（养殖）与下游的营销，其重中之重，是上游的种植（养殖）。食品全产业链模式使得上下游形成一个利益共同体，从而把最末端的消费者的需求，通过市场机制和企业计划反馈到处于最前端的种植与养殖环节，该产业链上的所有环节都必须以市场和消费者为导向。

不管是传统的肉类、乳制品类企业，还是预包装类深加工食品企业，都强调全产业链对于食品安全的重要性，凸显原料安全在整个食品链条中的重要性。同时，这些企业表示，建立安全可控的产业链对于企业的资金、管理、技术等综合实力有着非常高的要求。

2.1.2 食品产业的结构分析

食品产业各部分之间存在特定的经济技术联系和相互依存关系，由此构成统一的产业结构体系。

当前，我国农业综合生产能力显著增强，粮食生产跃上新台阶，有力地保障了国家粮食安全，经济作物产量快速增长，极大丰富了人们的物质生活；畜产品产量快速增长，极大满足了人们的消费需求；渔业繁荣发展，水产品供应充裕。农业产业结构调整成效显著，农业生产区域布局不断优化，农产品品种结构不断优化，高标准农田建设稳步推进，农业机械拥有量快速增长，机械化水平大幅提升，农业科技进步加快，科技驱动作用增强。农业生产方式发生深刻变革，新型农业经营体系不断完善。

食品加工产业，可分为三大细分行业，即农产品食品加工、食品制造，以及酒、饮料和精制茶制造。当前，中国食品工业还是以农副食品原料初加工为主，精细加工程度比较低，正处于成长期。食品行业为完全竞争行业，集中度较低，中小企业比例高，技术水平低，同质化严重，价格竞争激烈，利润空间狭小，随着行业整合及行业成熟度的提高，行业利润向大企业迅速集中，行业龙头企业将担当起行业资源整合的重任。

我国尚没有建立通用的食品流通标准体系。

产业链其他相关行业，主要包括科研机构、监督监管机构、标准制定机构、派生行业、咨询行业与认证机构等。科研机构主要对食品产业链相关产品进行科学研究和创新。监督监管机构主要对食品产品的标准进行监管，确保食品质量安全。标准制定机构则是为食品产品制定相应的制作标准，从而能够标准化生产。派生行业则是指食品主产业链中派生的产业，比如种子行业等。咨询行业提供食品产业链相关行业的各种信息以及为企业管理等提供咨询服务，而认证机构主要是颁发相应的评估证书。

2.2 食品产业总体情况

2.2.1 食品产业规模情况

2019 年 12 月及 2020 年 1—11 月各月累计食品行业企业数量及亏损情况如表

2－1 所示。截至 2020 年 2 月底，我国食品行业规模以上企业数量有 7922 家，相对 2019 年 12 月明显减少，亏损企业数量增加了一倍多，截至 2020 年 11 月末，我国食品行业规模以上企业数量达到 8130 家，其中，亏损企业数量 1460 家。此外，2020 年 1—11 月食品行业亏损总额为 95.6 亿元。

表 2－1　　2019 年 12 月及 2020 年 1—11 月各月累计食品行业企业数量及亏损情况

时间＼类别		规模以上企业数量（家）	亏损企业数量（家）	亏损总额（亿元）	累计增长（%）
2019 年 12 月		8291	1241	111.7	—
2020 年	1—2 月	7922	2493	46.1	62.9
	1—3 月	7928	2303	61.6	59.2
	1—4 月	7936	2025	63.8	31.0
	1—5 月	7945	1882	67.6	21.1
	1—6 月	7961	1862	75.4	19.3
	1—7 月	7987	1764	82.8	14.0
	1—8 月	8016	1693	87.7	17.1
	1—9 月	8041	1575	88.6	8.0
	1—10 月	8071	1522	90.3	2.1
	1—11 月	8130	1460	95.6	－1.0

数据来源：国家统计局、中商产业研究院。

目前，我国食品供应链已进入以“安全与健康”为导向的深度转型期，结构性转型正以一种食品企业减少、行业价值提升的形式表现出来。与此同时，诸多新的食品品类和销售业态，如酵素等新兴植物源食品、具有独特中国风格的功能性食品，已快速发展成体量庞大的食品工业新增经济板块。通过产品结构的转型升级，食品供应链中的相关企业可以进一步开拓这些潜力更大的消费市场。

2.2.2　食品产业效益情况

2020 年全国食品行业收入及利润如表 2－2 所示。2020 年 1—11 月，全国食品行业营业收入达到 17562.0 亿元，累计增长 2.0%，利润总额达到 1585.9 亿元，累计增长 6.0%。

表 2-2　　2020 年全国食品行业收入及利润

时间＼类别	营业收入（亿元）	累计增长（%）	利润总额（亿元）	累计增长（%）
1—2 月	2375.6	-15.0	168.3	-33.5
1—3 月	3978.0	-7.8	286.6	-27.4
1—4 月	5611.2	-2.5	456.8	-13.0
1—5 月	7277.6	0.1	628.8	-2.5
1—6 月	8992.1	1.0	801.2	4.0
1—7 月	10559.0	1.7	967.1	8.5
1—8 月	12266.7	1.8	1150.9	10.8
1—9 月	14108.3	2.4	1316.9	11.9
1—10 月	15748.8	2.0	1441.2	10.0
1—11 月	17562.0	2.0	1585.9	6.0

数据来源：国家统计局、中商产业研究院。

食品行业效益的明显改善，主要得益于调结构、促转型、增效益工作。中国经济面临转型升级，食品产业也不例外，我国食品产业正在进行结构调整和转型升级，食品产业正向保证食品安全化、营养化、功能化、便捷化和个性化等方向进行转型。

2.2.3　食品价格指数情况

2020 年 1—11 月各月我国食品类居民消费价格指数如表 2-3 所示。

表 2-3　　2020 年 1—11 月各月我国食品类居民消费价格指数

时间（上月 =100）	粮食类居民消费价格指数	畜肉类居民消费价格指数	蛋类居民消费价格指数	水产品类居民消费价格指数	鲜菜类居民消费价格指数	鲜果类居民消费价格指数
1 月	99.9	106.1	96.8	104.5	115.3	105.5
2 月	100.4	107.1	94.2	103.0	109.5	104.8
3 月	100.0	94.8	95.7	96.5	87.8	99.8
4 月	100.4	94.5	98.1	99.9	92.0	97.8
5 月	100.3	94.3	95.9	101.3	87.5	99.2
6 月	100.1	102.2	96.3	100.1	102.8	92.4

续 表

时间（上月=100）	粮食类居民消费价格指数	畜肉类居民消费价格指数	蛋类居民消费价格指数	水产品类居民消费价格指数	鲜菜类居民消费价格指数	鲜果类居民消费价格指数
7月	100.0	107.4	103.1	100.4	106.3	95.6
8月	100.0	101.4	109.4	99.6	106.4	99.6
9月	100.0	99.2	101.0	99.1	102.4	107.3
10月	100.1	95.5	98.1	98.8	97.9	101.8
11月	100.1	95.3	98.6	98.1	94.3	100.0

数据来源：国家统计局、中商产业研究院。

随着经济社会的发展，我国市场供给能力及百姓支付能力大幅度提升，这意味着选择面的扩大，据调查，中国老百姓中超过86%的人愿意支付更多的钱获得更有营养、更有价值、更为安全的食品。2020年，随着我国经济形势进入了转型升级的关键时期，保守型消费者与开放型消费者分层变化加快。保守型消费者注重性价比，开放型消费者则追求新潮、个性化产品。随着购买力的年轻化，“95后”“00后”迅速成为消费主力之一，很大程度上推动了创新、个性食品企业的发展。经济、性价比不再是食品企业发展的首要方向，个性化快速成为行业风向标。

2.2.4 食品产业出口交货值情况

2020年全国食品行业出口交货值如表2-4所示。2020年1—11月，全国食品行业出口交货值累计值达到953.2亿元，累计下降5.9%。

表2-4　　2020年全国食品行业出口交货值

时间＼类别	出口交货值当月值（亿元）	同比增长（%）	出口交货值累计值（亿元）	累计增长（%）
1—2月	—	—	126.5	-17.5
1—3月	101.8	9.4	230.2	-7.4
1—4月	99.3	10.5	333.1	-2.3
1—5月	95.7	4.9	430.3	-1.1
1—6月	93.6	-2.0	523.8	-1.1
1—7月	89.9	-1.3	625.9	-0.8
1—8月	83.0	-7.7	712.8	-2.0

续 表

类别 / 时间	出口交货值当月值（亿元）	同比增长（%）	出口交货值累计值（亿元）	累计增长（%）
1—9 月	92.3	-5.3	810.7	-1.4
1—10 月	85.9	-2.3	901.0	-0.8
1—11 月	90.6	-8.5	953.2	-5.9

数据来源：国家统计局、中商产业研究院。

2020 年全国食品行业出口情况保持了平稳增长的发展态势。中国国内经济长期稳中向好的发展势头没有改变，中央围绕稳外资、稳外贸相继出台了一系列政策，其效果逐步显现。但值得注意的是，外部环境还是复杂严峻的，不确定、不稳定因素依然较多，加之基数抬高等客观因素，未来外贸增长速度可能有所放缓。

2.2.5 食品产业营业成本情况

2020 年全国食品行业成本费用如表 2 - 5 所示。2020 年 1—11 月，全国食品行业营业成本为 13598.6 亿元，累计增长 1.7%；全国食品行业销售费用为 1540.3 亿元，累计下降 0.4%；全国食品行业管理费用达 695.1 亿元；全国食品行业财务费用为 91.5 亿元，累计下降 1.6%。

表 2 - 5　2020 年全国食品行业成本费用

类别 / 时间	营业成本（亿元）	累计增长（%）	销售费用（亿元）	累计增长（%）	管理费用（亿元）	累计增长（%）	财务费用（亿元）	累计增长（%）
1—2 月	1818.9	-15	245.4	-4.4	105.2	-7.6	14.2	-11.3
1—3 月	3066.5	-7.8	389.7	-2.2	169.5	-7.3	22.0	-4.3
1—4 月	4322.6	-2.8	529.8	-0.6	229.7	-5.0	30.3	-4.1
1—5 月	5596.9	-0.5	671.1	-1.1	288.1	-3.9	39.8	1.3
1—6 月	6921.5	0.2	830.7	1.0	357.2	-3.0	48.3	-3.2
1—7 月	8123.1	0.7	963.2	0.9	420.6	-2.4	58.8	3.3
1—8 月	9526.3	0.7	1100.8	0.4	486.3	-2.2	68.5	3.2
1—9 月	10852.6	1.4	1251.0	-0.4	558.0	-2.1	75.7	1.2
1—10 月	12164.2	1.3	1395.1	0	624.5	-2.3	83.4	-0.8
1—11 月	13598.6	1.7	1540.3	-0.4	695.1	-2.2	91.5	-1.6

数据来源：国家统计局、中商产业研究院。

2020年是中国食品行业从数量扩张向素质提升的一年，消费升级趋势明显，消费者对新产品呈现出从提供能量为主向满足能量、营养、功能甚至情感和文化等多种复合需求方向发展，食品企业的转型升级，使食品供应链未来有着很大的市场潜力。

2.3 食品产业面临的问题

2.3.1 农业生产

1. 产业化程度较低，科技利用水平不高

目前我国农业生产主体仍以分散的农户为主，种植地块零碎，经营管理分散，无法大规模使用大型农业设备和先进农业技术，导致农业生产任务繁重，生产效率较低，不能适应市场化、产业化、规模化的发展需要，制约了现代农业发展。加之农村基层专业技术人才不足，这就造成科技带动能力弱，对农业发展的贡献率不高。当前，我国多数农户家庭经营仍属于分散经营，存在着“小生产”与“大市场”的矛盾，面临着自然、市场和质量安全“三重风险”。专业大户和家庭农场尚处于发展早期，数量少，规模小。农民专业合作社发展也还处在起步阶段，龙头企业与农户间的利益联结机制还不健全，采用合作、股份合作等较为紧密联结方式的仅约占38.2%。总之，我国存在着农业科技成果的转化应用比较滞后、农机服务体系不健全、适合小规模土地经营方式的小型农业机械研发不足等问题。农业生产较多地依赖粗放式的要素投入，科技含量不高，亟须提升农业生产的科技含量。

2. 食品安全和环境污染问题较多

部分农民为了实现农产品的高产量，常常过量使用农药、化肥、抗生素等，而对农业生产过程缺乏控制，不仅造成环境污染，也导致食品中的有害物质残留。据相关部门统计，约35%的农民在使用兽药和农药时未经培训和指导，约48%的农产品生产基地周边环境受到不同程度的污染，约64%的蔬菜流通前未经产地检验。同时，一些企业的采购人员不够认真负责，采购原材料时未向供货方索取产品合格证，这样就极易采购到腐败变质甚至超出保质期的食品，从而导致食品在源头上就出现安全隐患，极易使消费者的身体健康受到严重威胁。

2.3.2 食品工业

1. 食品工业结构不够合理

从行业结构来看，食物资源粗加工多，深加工和精加工少，烟酒等嗜好性食品所占比重较大，针对特殊人群的食品发展不够。从产品结构看，产品品种花色少、档次低、包装差，产品更新换代慢，产品结构不能完全适应市场需求变化。从地区结构看，西部省区食品行业比较落后。

2. 食品行业标准体系和质量安全控制体系不完善

目前我国的食品标准大多是国家、行业、地方、企业这四个等级的标准，而且多数是具体的质量标准和卫生标准，其他重要的标准还没有制定出来，比如转基因等高科技产品的标准基本上尚属空白，同时由于缺少相应的判据，检查监督也比较困难。此外，还存在已有的四个等级的标准不配套、不协调，同类标准出自多个部门，缺乏统一高效的管理机制，检查的对象和区域范围受到一定的限制导致检验监督工作不够全面。

在食品质量安全标准体系建设上，制定和颁布主体分散化以及标准交叉现象严重。食品标准从计划的提出、制定到审批、发布，涉及政府多个部门，部门职责不清，管理分散，相互掣肘，不但导致管理的低效率，而且不可避免地造成技术标准重叠、交叉甚至技术内容矛盾。同时，标准制定不科学、透明度低，标准的有效性和实用性差，目前食品质量安全标准制定的参与主体较少，标准的制定程序不规范，缺少向社会公开征求意见咨询的程序。

在食品质量安全检验检测体系建设上，一方面，食品生产经营者质量安全自检能力薄弱。生产企业、批发市场、基地建立检测点的建设仍不足，大部分生产经营者还没有能力建立检测设施。一些质检机构为获取利益，往往违背基本的职业操守，甚至变成生产经营者欺骗消费者的工具。另一方面，检测机构的结构与布局不尽合理。镇一级的检测机构数量仍较少，食品安全类质检机构的数量不足，投入品类质检机构偏多而其检测任务不足等。

尽管我国大部分食品加工产品已有国家或行业标准，但普遍存在标准滞后、制定周期长、标准水平偏低的问题。有的标准与《国际食品法典标准》不接轨，加工过程中质量控制体系不完善，产业化程度不高。

2.3.3 流通体系

1. 港口冷藏设备和冷链运输设备严重不足

作为特殊商品的食品，防腐、保鲜、安全等有着较高的要求，因此，食品供应链从某种意义上说就是冷冻冷藏链、保鲜链和食物安全链。但由于我国目前的港口冷藏设备和冷藏仓储基础设施不够充足且发展相对滞后，还无法形成真正意义上的

食品冷冻冷藏供应链。总之，目前我国的食品冷冻冷藏供应链还存在很多问题，亟待迅速提升和不断完善。

从目前我国易腐保鲜食品的装卸搬运上看，无论是装船卸船还是装车卸车，大多是在露天作业，而不是按照 ISO 9001：2000 质量标准或食品安全供应链标准 ISO 22000：2005 等国际食品质量安全标准的要求在冷库和保温场所操作，也无法达到 HACCP 的食品安全危害控制要求。此外，在我国现有的食品公路运输总量中，易腐保鲜食品的冷藏运输率大约只有 20%，其余 80% 的果蔬、禽蛋、肉食、水产品大多是用普通厢式货车运输的，甚至直接用普通卡车运输。由于我国食品运输采用公路冷藏运输的比例较低，因此食品损耗高、效率低的问题一直没得到很好的解决，整个物流费用占食品零售价格的 70% 多，远远高于“食品物流成本最高不能超过食品总成本的 50%”的国际标准，这极大地削弱了我国食品在国际市场上的竞争力。

2. 食品产业的现代化信息技术平台尚未形成

尽管我国食品行业近年来在制造过程机械化、仓储管理自动化以及产品品牌推广、物流配送和食品安全控制等方面已取得了不俗的成绩，但时至今日，现代物流信息技术和设施在食品供应链物流中的应用仍很不充分，信息化水平仍较低，尤其是缺乏能反映物流现代化水平的物流信息技术和装备设施，从而严重影响了我国食品供应链的总体运作水平和运作效率，延缓了我国食品供应链与国际接轨的速度。

由于食品供应链的信息化水平较低，食品供应链易发生信息堵塞问题，不够透明和畅通，供应链各环节时常脱钩，从而造成食品在运输途中发生无谓耽搁，大大增加了食品的安全风险。国外的实践已证明，食品供应链的高效运作离不开供应链上各成员单位的精诚合作，因此食品流通领域的核心竞争早已从产品、资金、网点布局、品牌宣传的竞争发展到自动化技术、科学物流配送、人性化服务的供应链竞争，即以现代化、信息化为手段提高周转率、加快市场响应速度、降低安全风险和严格成本控制的信息化大战。目前国内针对食品流通行业特点，如品种繁多、单据格式复杂并日趋规范、客户结算烦琐、保质期管理严格、多单位结算、多币种换算、操作要求简单快速等，在引进或开发科学实用的食品供应链信息管理软件，以便为食品供应链管理和信息化诊断分析提供解决方案方面，还较为薄弱，无法有效为决策者监控食品供应链安全并及时解决供应链运作过程中的具体问题提供强有力的信息保障。

2.4 食品产业的未来发展趋势

2.4.1 农业生产未来发展趋势

1. 更加重视农产品品牌形象

随着农产品供需关系和消费者生活方式的转变，消费者对农产品的要求不再只是对价格的要求，对品质的要求也越来越高。农产品的质量安全是产业发展的基础和底线，提升农产品供给质量，是产业发展的目标任务和方向。这既离不开标准化的支撑，也需要品牌化的发展。在这样的大环境下，很多农民开始重视农产品形象这个问题，一方面严把产品质量关，在源头上预防问题，另一方面重视产品外观设计，加大宣传力度，以此塑造农产品形象，建立消费者信心。

2. 农业绿色发展

随着生活水平的提高，消费者早已不满足于单调的饮食，而是猪肉要吃生态的，蔬菜要吃有机的，总之，方方面面都追求健康和营养。近些年来，农业农村部也在深入贯彻新发展理念，把农业的绿色发展摆在突出的位置，推进减量增效、绿色替代、种养循环、综合治理，取得了明显成效。

3. 新型农民成为主流

近几年，越来越多的“新农人”来到乡村。这些人都有着较高的知识水平，将先进的理念带入了乡村。科学计划，智能管理，规划产出，他们为乡村注入了一股新的动力。“新农人”不但能看到“绿水青山就是金山银山”，而且把传统农业嫁接到互联网上为现代化农业的发展打下了坚实的根基。

4. 智慧农业市场规模不断壮大

当前，各行业的信息革命已从数字化、网络化进入以数据深度挖掘与融合应用为特征的智慧化阶段，农业自然也不例外。新时代技术正在与现代农业深度融合，为广大农企农民提供农业大数据分析、生产过程监控、安全追溯等一系列服务，推进农业现代化进程。不久的将来，重大动物疫病防控、生物种业、绿色投入品、农业机械、农产品加工等领域的关键核心技术，将取得不断突破，这些新技术、新模式将不断被运用，形成产学研紧密结合的农业科技创新体系，促进科技与农业深度融合。

2.4.2　食品工业未来发展趋势

1. 有机食品的开发

由于生产、物流、终端和消费者意识等多方面的限制，有机食品在现阶段仍属于高价格产品。有业内人士指出，总体上看，目前有机食品市场仍处于供不应求阶段，只要拥有资源和产品，就能获取较高利润。有机食品国内外市场这个蛋糕可以越做越大，中国有机食品产业完全可以大有作为。

2. 生物工程技术在食品加工中的应用

食品加工就是把原材料或成分转变成可供消费的食品的过程。在 Connor（1988 年）的书中有一个更完整的定义，即“商业食品加工”是制造业的一个分支，它将动物、蔬菜或海产品原料，利用劳动力、机器、能量及科学知识，转化成半成品或可食用的产品。近年来，随着食品加工业的发展，科技创新发挥着越来越重要的作用。目前，生物技术已在不同层次上推动着食品加工业的技术创新和产业升级，提高产品的综合利用率及附加产值。20 世纪 70 年代初诞生的基因工程，经过几十年的发展，现在已经成为生物工程技术的核心，并已转化为巨大的生产力，对人类生活产生了重要的影响。基因工程是指将外源基因通过体外重组后导入受体细胞，使这个基因能在受体内复制、转录、翻译、表达的操作过程。在改造食品原材料方面，基因工程技术得到了广泛应用，主要集中在改良蛋白质、碳水化合物等食品原料的产量和质量上。

（1）蛋白质类食品。通过采用基因导入技术，可获得高产蛋白质或高产氨基酸的作物。Clercq 等用 Met 密码子序列取代了拟南芥 2S 白蛋白的非保守序列，所获得的转基因拟南芥可生产富含 Met 的 2S 白蛋白。

（2）碳水化合物类食品。利用基因工程来调节淀粉合成过程中特定酶的含量或几种酶之间的比例，可以增加淀粉含量或获得特性独特、品质优良的新型淀粉。发酵食品的品质、风味及产率是影响发酵食品工业经济效益的关键因素，而这些又都取决于所使用的微生物菌株品种，但传统的微生物育种方法难以有效地达到定向改造微生物性状的目的，而利用基因工程技术构造基因工程菌是解决这一问题的方便、快捷的途径。天然的酿酒酵母由于酵母菌缺乏分解淀粉的酶类，用作发酵原料的淀粉需经液化、糖化等复杂步骤变成葡萄糖后才能被利用，构建具有较高水解淀粉含量和产生酒精能力的酵母工程菌，有利于简化发酵工序，降低生产成本。此外，基因工程菌株在酱油酿造、奶酪制造、面包焙烤等过程中均得到应用。

3. 功能食品的开发

随着人们健康意识的觉醒和增强，消费者对营养产品的需求增加，促进了营养产业市场空间及利润空间的放大。公众营养状况是宏观反映人口发展水平和素质的关键指标，也是一个国家和民族文明进步程度的重要标志。全面保证和积极改善公众营养，是政府的一项公共职能和战略任务。但目前我国食品工业开发生产的、用于营养改善的食品，无论是品种、质量还是方便程度，都难以满足人们营养健康的需要和市场的需要，我国必须以现代营养科学为指导，开拓食品工业发展新领域。

今后，我国营养产业的发展方向应该是“全”营养食品。根据中国居民的营养标准和膳食平衡原则，开发满足一日三餐营养需要的制成食品，实现餐桌食品工厂化和营养方便化。“全”营养食品主要有以下几种：①营养专用食品。根据不同年龄、不同职业、不同性别人群的营养需要，合理组配宏量与微量营养素和食物原料类别的配比，研制具有不同营养特性的系列专用化的营养食品，以适应食品多样化、专一化和个性化的发展要求，如孕妇食品、婴幼儿食品、军用食品、临床专用食品等。②营养强化食品。任何一种食品都不可能提供人体必需的全部营养素。为了达到合理膳食、均衡营养的目的，在提倡食物多样、合理搭配的同时，通过对食品进行微量营养素强化，在人们无须改变现有饮食方式的情况下，就可以提高食品的整体营养价值，使得广大群众以较低的成本，方便、安全地摄取每日身体所需的微量元素，如营养素强化面粉、大米、食用油、碘盐等。我国碘盐推广是一个成功的范例。③富营养素食品。加大对食物营养素资源的深度开发利用，充分利用工农业加工制造手段，生产富含某些营养素的特色食品，如富纤维食品、高蛋白食品、富硒食品等。④营养补充剂。开发生产蛋白质、维生素、多糖、脂肪酸、矿物质等营养素类的单体和复配体的补充剂食品。⑤牛奶和大豆制品。著名经济学家保罗·皮尔泽教授，在《第五波财富》中，阐述了 IT 产业之后将由健康产业领跑全球经济的著名论断，还指出“中国将是健康产业的核心地带”。我国既要控制金融风险和物价过快上涨，又要拉动国民消费，保持经济适度增长和社会稳定，营养健康产业的发展对于转变中国食品工业的增长方式、调整产业结构、提高经济效益、促进国民经济发展、提高国民健康营养水平，具有尤为重要的地位和作用。传统食品功能化、功能食品产业化、大众化正在成为中国食品工业的发展方向，发展潜力很大，前景十分光明。

2.4.3　流通体系未来发展趋势

1. 全要素流通

全要素流通，即隐性要素禀赋、无形要素禀赋都进入流通的过程。原来要素的流通是商品流通，在贸易当中的流通是最终品的流通，现在的流通既包括商品、商流、物流、信息流、资本流，还包括数据流和知识流的所有要素禀赋，它们都变成流通当中运行的物与非物，即物质要素禀赋和非物质要素禀赋。未来的大流通体系首先是全要素流通。

2. 全过程流通

全过程流通是涵盖生产、分配、交换、消费的全过程流通，是社会再生产的流通过程，制造是流通当中的环节，是流通过程当中的制造。现在，生产过程和流通过程的边界已经日益模糊，它变成一个全过程的流通，流通是从市场消费需求为起点开始的全过程流通，而不是从制造业为起点的全过程流通。物流的过程表现在两个方面：一是制造过程的物流化，整个制造过程就是流通过程。按照现代物流重新进行设计的过程中，整个制造过程是动态的、流动的。二是全球化的制造业使全球的贸易以中间品贸易为主体，国际化大流通使得制造业发生了颠覆性的变革，也就是说，全球制造业形成的全球产业布局，使我们对流通的定义发生了革命性和颠覆性的变革。

3. 全生命周期的流通与全开放的流通

全生命周期的流通，比如农产品从育种开始，生产基地、流通过程、市场销售到消费，之后再循环，实际上形成了一个循环经济、循环社会、循环城市，变成了一种全生命周期的流通，而这种流通的内涵要更为深刻。全开放的流通本质是开放、面向更多分享者进行流通。

4. 全产业链的流通

全产业链的流通，通过全球流通的配置，已经成为全球化的、嵌入式的供应链和服务链，这种供应链和服务链的层级越来越多，相互咬合程度越来越深，一荣俱荣，一损俱损。我们正经历百年未有之大变局，不仅是政治格局的变化，更深刻的是经济形态、经济内涵、经济方式、经济运行过程的再造。现代流通是颠覆性的力量，可以产生爆发力，不仅将来是国民经济的基础性力量，它也将成为国民经济的先导性力量和决定性力量。

3 食品供应链及其发展趋势

3.1 食品供应链的产生原因、特点及类型

3.1.1 食品供应链的产生原因

20 世纪 90 年代以来，供应链管理的思想已成为学术界及企业界关注的热门话题，尤其是供应链管理成功地应用于诸如 IBM（国际商业机器公司）、DHL（敦豪航空货运公司）等各种行业公司的经营管理之后，食品和农产品行业也纷纷效仿，将供应链管理的思想引入该行业来提高自身的竞争力。以 Zuurbier 为代表的国外学者于 1996 年在一般供应链管理思想的基础上提出了食品供应链管理这一概念，此概念提出后，美国、法国、加拿大等农业发达国家先后引入并推广了这一模式并取得了较好的实践成果。同时，这一管理模式逐渐在世界范围内得到各国学者的关注，成为如今比较受关注的话题。

食品供应链管理产生的原因，主要是人们对于消费领域的产品要求不断提高，总体而言，可以将原因归为以下几类：①消费者对食品及农产品的新鲜程度要求越来越高。②消费者对食品和农产品的质量要求也越来越高。③消费者对食品的质量安全越来越关注。为了满足消费者对于新鲜多样化食品及农产品的需要，越来越多的高科技被运用于食品领域，新科技、新产品（激素、抗生素等）的过度使用在满足消费者需要的同时，也不可避免地对人体产生了短期或长期的潜在危害，从而引起人们对于食品质量安全的关注。人们要求享有知情权，知道食品及农产品从农田到餐桌的一系列生产加工过程中的质量检测检验结果。④外在法律法规的要求，本着保护公民人身健康、国家长远发展的原则，以及受到消费者保护组织和其他研究学者的压力，各个国家都相应地制定了食品质量安全监管法律法规，这要求食品企业不得不按照食品供应链管理的思想来运作。

3.1.2　食品供应链的概念及特点

以食品为研究对象的食品供应链，是由食品原料供应商、食品生产商、分销商、零售商、消费者组成的一个链状结构或网状结构。在食品供应链中，以消费者需求为导向，通过物流、资金流、信息流的合理流通，可以达到满足消费者要求与供应链整体运行成本最小化的平衡状态，进而最终实现保障供应链的整体利益，达到供应链高效运行的目的。

食品行业，特别是食品原材料的来源与农业生产紧密相关，加之食品又是人们生活中消费弹性较小的必需品，其保质期短、易腐、消耗大，而且食品是快速消费品，这使得食品供应链与其他行业的供应链差别迥异，具体表现在以下几点：

（1）对环境的依赖性强，这既包括自然环境，如土壤成分、雨水、空气的湿度、温度、阳光等，也包括社会环境。

（2）物料周转时间短、环节多。由于食品具有易腐性和保鲜性，因此食品供应链各环节都必须有严格的时间控制，可是从原材料的采购到最终消费，食品供应链包括种植养殖、加工、储运保鲜、流通、销售等众多环节，每个环节都承担着不可预知的风险，这不但增加了成本开支，而且影响了价值增值。

（3）对储运设备及管理要求高。由于食品的易腐性和时限性，食品供应链对储运设备的温控技术依赖性较强，这不但对运输系统中的冷链技术要求高，而且对储存场所的冷控技术要求高。

（4）市场不确定性大。农业生产有明显的季节性，食品的原材料来源受农产品生产季节性的制约，显然在某种农产品的成熟季节和非成熟季节，其对应的食品市场需求和市场价格波动较大。食品供应链的市场不确定性难以通过增加库存来消除，合理利用市场反馈的信息，是做出决策的有效依据，但由此引发的投机行为将会增加管理风险。

（5）质量要求严格，风险性高。“民以食为天”，食品是人们生存的根本。“食以安为先”，食品的质量影响到人们的健康甚至生命安全。食品质量问题足以引起社会性灾难和恐慌，在环境的影响下，食品经营流程复杂多变、损耗大、成本高，且其供应链脆弱，一旦出现质量问题，生产商的产品将很难再得到消费者的信赖，影响的不仅是一个企业，而是整个供应链。如今，随着人们生活水平的提高，消费者对食品的质量要求越来越严格，关注度越来越高。因此，在食品供应链中，质量是占领市场的第一要素。

3.2 食品供应链的发展现状

3.2.1 食品源头环节

1. 食品源头环节现状

食品源头环节就是农业生产环节。“民以食为天”，粮食是人类最基本的生存资料，农业在国民经济中的基础地位，突出地表现在粮食生产上。如果农业不能提供粮食和必需的食品，那么人民的生活就不会安定，生产就不能发展，国家将失去自立的基础。轻工业中以农产品为原料的占比很大，同时，农村和农业生产部门还是中国工业产品的重要市场。中国农业的生产结构包括种植业、林业、畜牧业、渔业和副业，但数千年来一直以种植业为主。

(1) 粮食产量与耕地面积

2019—2020 年全国粮食产量及其增长速度如图 3-1 所示。2020 年全国粮食产量 13390 亿斤，比 2019 年增加 113 亿斤，增长 0.9%。

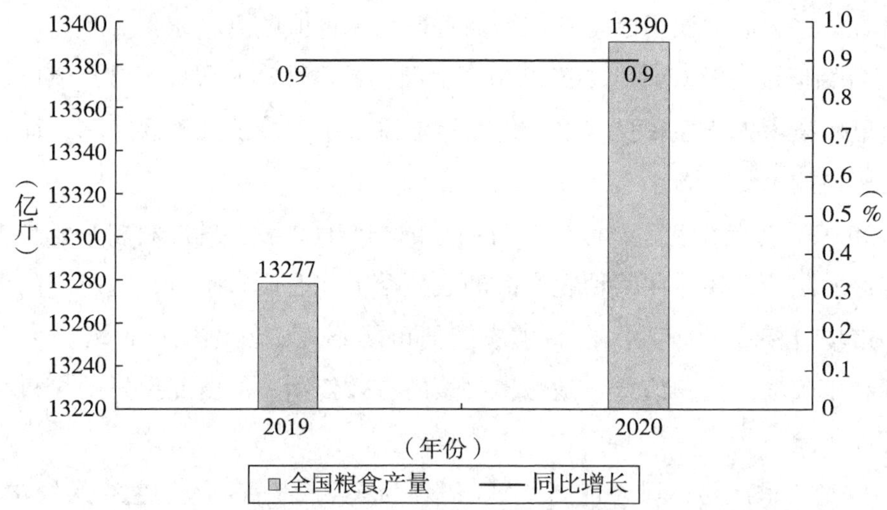

图 3-1 2019—2020 年全国粮食产量及其增长速度

数据来源：国家统计局。

2019—2020 年全国粮食播种面积及其增长速度如图 3-2 所示。2020 年，全国粮食播种面积 175152 万亩，比 2019 年增加 1054 万亩，增长 0.6%。

2019—2020 年全国粮食单位面积产量及其增长速度如图 3-3 所示。2020 年，全国粮食单位面积产量 382.0 公斤/亩，比 2019 年增加 0.9 公斤/亩，增

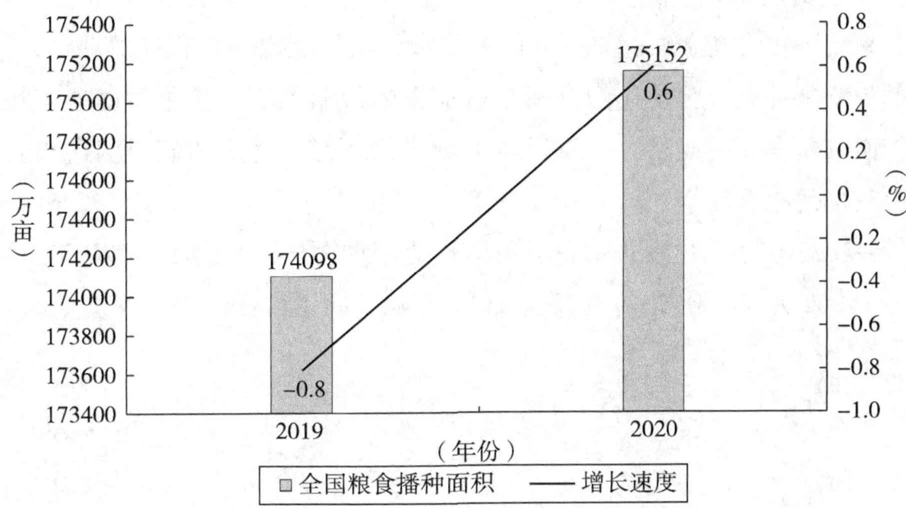

图 3－2　2019—2020 年全国粮食播种面积及其增长速度

数据来源：国家统计局。

长 0.2%。

我国粮食产量连续 6 年保持在 1.3 万亿斤以上，为扎实做好“六稳”工作、全面落实“六保”任务、应对复杂多变的国内外环境、克服各种风险挑战，为全面建成小康社会提供了坚实的基础。粮食的大丰收也为食品供应链的发展打下了坚实的基础。

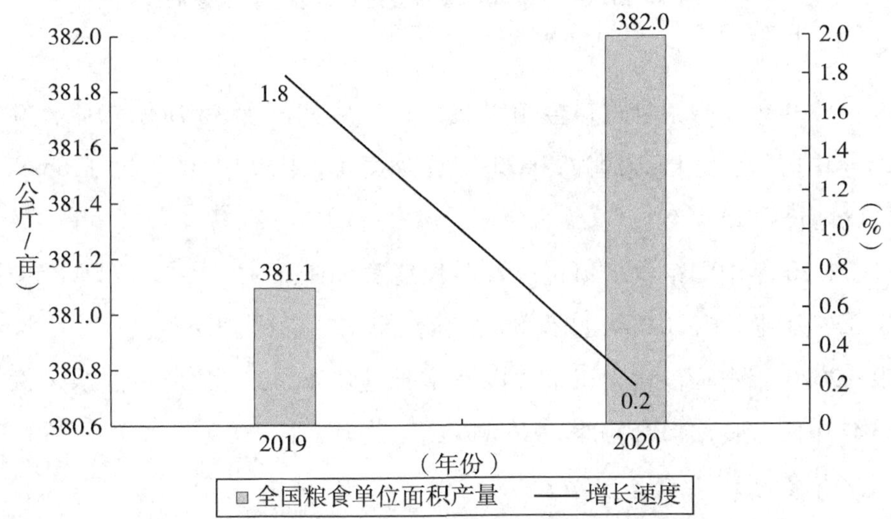

图 3－3　2019—2020 年全国粮食单位面积产量及其增长速度

数据来源：国家统计局。

（2）粮食的进出口情况

近年来我国粮食消费快速增长，国内粮食供求呈现出一定程度的缺口，需要寻求更多的粮食来补充。粮食作为全国乃至世界的战略物资，如果过度地依赖进口，则有可能面临粮食禁运风险。一旦世界市场供给不足，将无法满足国内粮食需求，从而威胁我国的粮食安全。

2019—2020 年中国粮食进口量以及增长速度如图 3 – 4 所示。2020 年中国粮食进口量为 14262 万吨，比 2019 年增加 3118 万吨，同比增长约 28.0%。

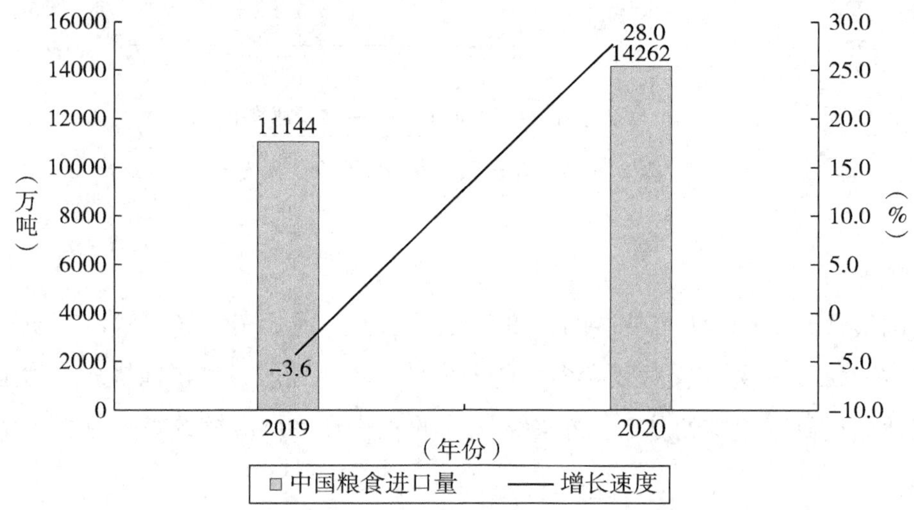

图 3 – 4　2019—2020 年中国粮食进口量以及增长速度

数据来源：中商产业研究院。

2019—2020 年中国粮食进口金额以及增长速度如图 3 – 5 所示。从金额方面来看，2020 年中国粮食进口金额为 50832.1 百万美元，比 2019 年增加了 8849.2 百万美元，同比增长约 21.1%。

2019—2020 年中国粮食出口量以及增长速度如图 3 – 6 所示。2020 年中国粮食出口量为 354 万吨，比 2019 年减少 80 万吨，同比减少约 18.4%。

2019—2020 年中国粮食出口金额以及增长速度如图 3 – 7 所示。从金额方面来看，2020 年中国粮食出口金额为 2026.67 百万美元，比 2019 年减少了 386.39 百万美元，同比下降约 16.00%。

国家发展和改革委员会价格成本调查中心工作人员曾对此表示，我国粮食进口同比有所增加，主要有两个原因：一是国内需求增长较快，二是国内外粮价倒挂。2020 年我国粮食进口（包括大豆在内）突破纪录，说明我国的粮食现状还是总量

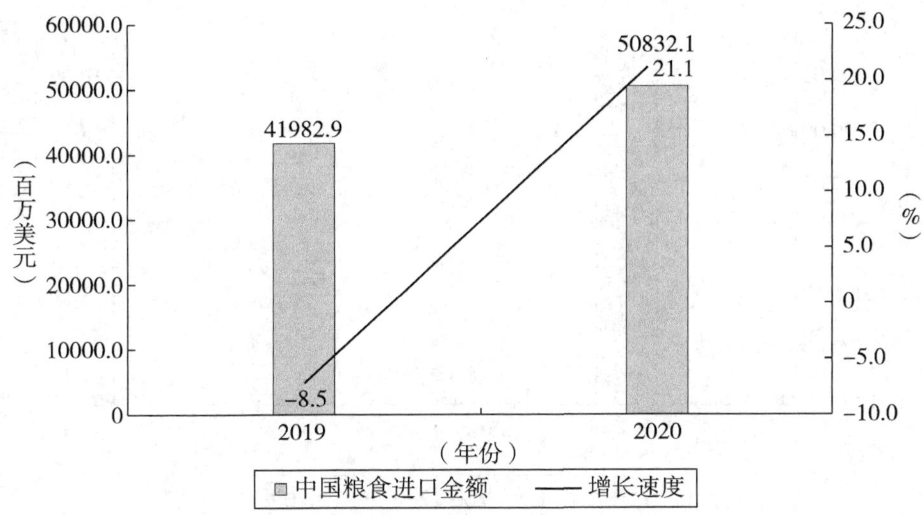

图3-5 2019—2020年中国粮食进口金额以及增长速度

数据来源：中商产业研究院。

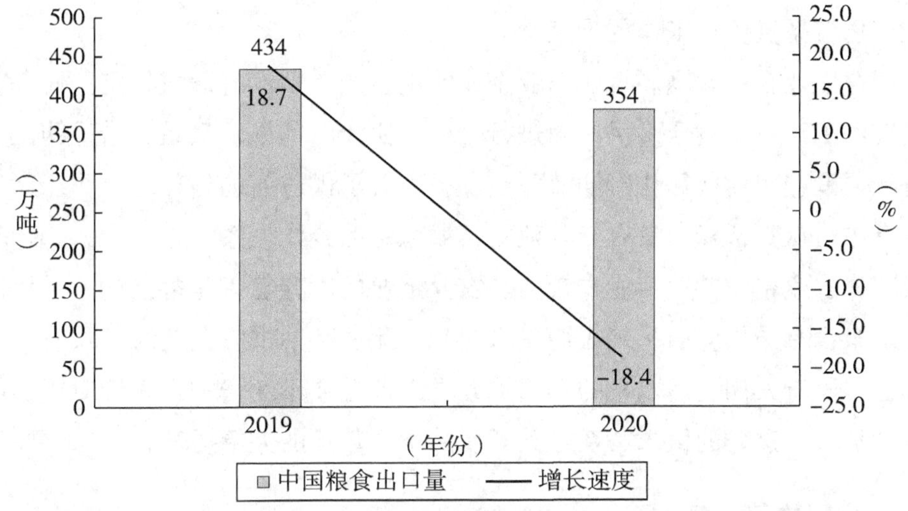

图3-6 2019—2020年中国粮食出口量以及增长速度

数据来源：中商产业研究院。

不足，仍然面临着一定程度的挑战。

2. 食品源头环节存在的问题

食品源于农产品，食品源头环节主要存在以下问题。

第一，食品供应链开始于农业，农户是食品供应链的源头。农户作为供应商，其数量巨大，并且分布广泛，增加了战略伙伴关系管理的难度。

第二，食品供应链源头的物流工作复杂而烦琐。农业物流系统从理论上讲，覆盖了农村与城市、欠发达地区与发达地区，加上农村物流基础设施相对落后等因

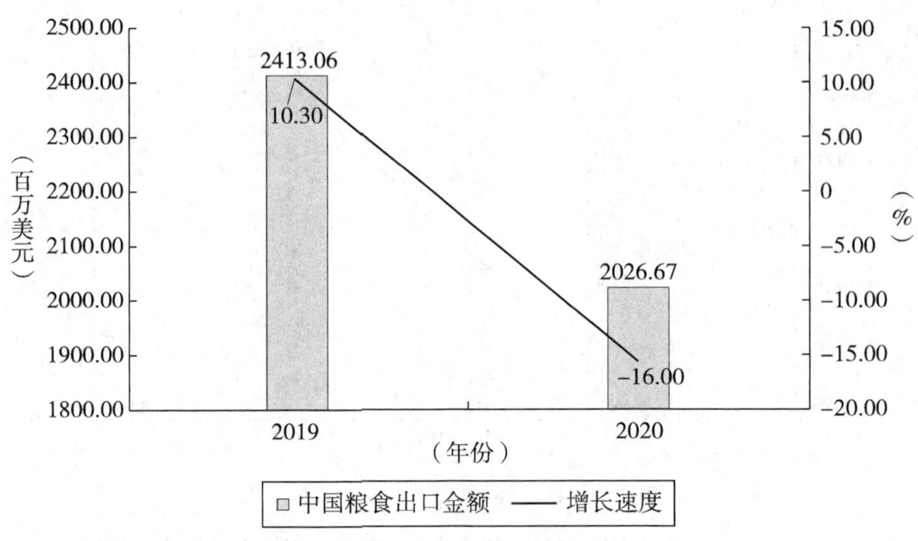

图 3-7　2019—2020 年中国粮食出口金额以及增长速度

数据来源：中商产业研究院。

素，使得物流系统优化工作的难度增大。

第三，农业企业问题。目前农业企业的供、产、销没有形成稳定的链条，农业企业传统的采购没有对众多供应商进行分析、比较、考察，只是凭借采购人员的经验来进行采购，因而往往从短期效益出发，失去了供应商的信任与合作。对于销售商也没有进行认真选择，没有与其建立长期稳定的合作关系。

第四，农业企业的库存成本较高。农业企业的库存管理是静态的、单级的，库存控制决策没有与供应商和销售商联系起来，无法共享供应链上的资源。

第五，随着人们生活水平的不断提升，人口总数不断增加，人们对于食品的需求也越来越多，这样的供求关系导致了食品生产数量的大幅提升。

3.2.2　食品生产加工环节

1. 食品生产加工环节现状

食品加工业是制造业的重要子行业，食品加工业在国民经济中具有十分重要的地位，能够调整农业结构，利于农业增效、农民增收。近年来，随着我国经济发展、工业化和城市化进程不断加快以及市场需求的不断增长，我国食品加工业市场规模始终保持较高的增长水平。

（1）营业收入与利润总额

食品制造业营业收入与利润总额是反映一定时间内食品工业生产总规模和总水平的重要指标。营业收入是企业补偿生产经营耗费的资金来源。营业收入的实现关

系到企业再生产活动的正常进行，加强营业收入管理，可以使企业的各种耗费得到合理补偿，有利于再生产活动的顺利进行。利润总额即企业在一定时期内通过生产经营活动所实现的最终财务成果。利润总额是衡量企业经营业绩的一项十分重要的经济指标。

2019—2020 年中国食品制造业营业收入与利润总额以及增长速度如图 3－8 所示。从营业收入和利润总额来看，2020 年，中国食品制造业营业收入 19598.8 亿元，较 2019 年增加了 524.7 亿元，同比增长 2.8%，较 2019 年 4.2% 的增长速度有所下降。中国食品制造业利润总额 1791.4 亿元，较 2019 年增加了 121.0 亿元，同比增长 7.2%，较 2019 年 9.1% 的增长速度有所下降。

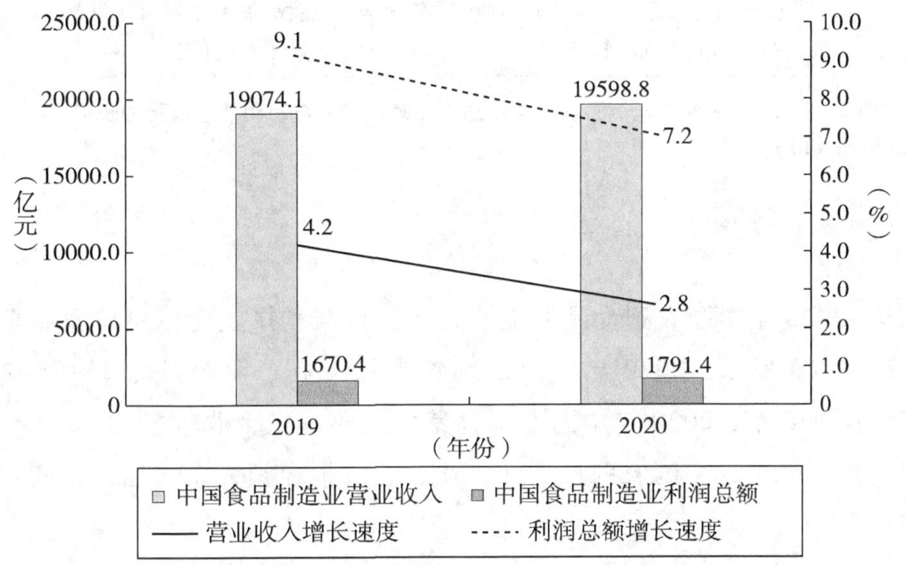

图 3－8　2019—2020 年中国食品制造业营业收入与利润总额以及增长速度

数据来源：国家统计局。

2019—2020 年中国农副食品加工业营业收入与利润总额以及增长速度如图 3－9 所示。从营业收入和利润总额来看，2020 年，中国农副食品加工业营业收入 47900.0 亿元，较 2019 年增加了 1090.0 亿元，同比增长 2.3%，较 2019 年 4.0% 的增长速度有所下降。2020 年，中国农副食品加工业利润总额 2001.2 亿元，较 2019 年增加了 113.6 亿元，同比增长 6.0%，较 2019 年 3.9% 的增长速度有所上升。

在经济持续增长，工业化和城市化进程不断加快的形势下，我国食品加工业初步形成门类比较齐全、技术不断进步、产品日益丰富的特点。从历史上看，食品加工业的发展和宏观经济具有较高的相关性，食品加工业的收入水平、利润水平与

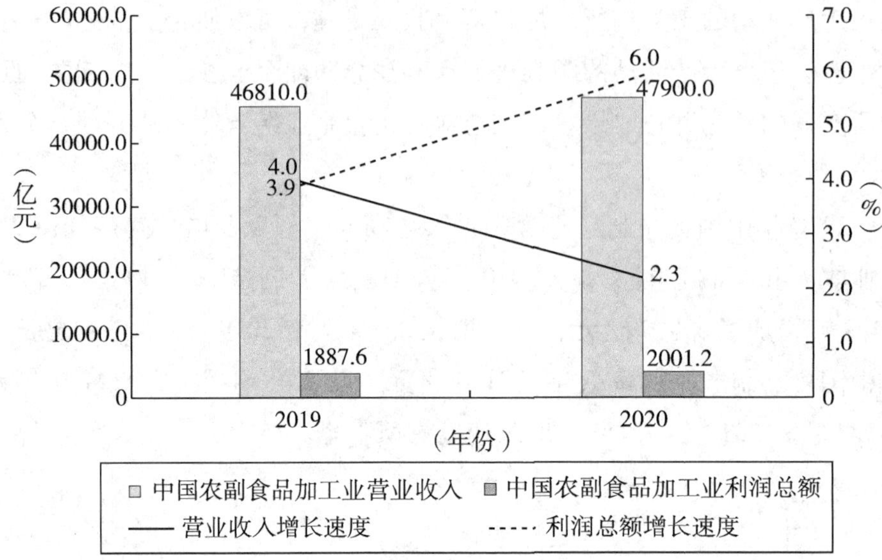

图 3 – 9　2019—2020 年中国农副食品加工业营业收入与利润总额以及增长速度

数据来源：国家统计局。

GDP 水平基本保持同步。

（2）企业情况

2019—2020 年中国农副食品加工业企业数量与亏损企业数量以及企业亏损金额如图 3 – 10 所示。2020 年中国农副食品加工业企业数量为 21453 个，比 2019 年减少 948 个，2020 年中国农副食品加工业亏损企业数量为 3604 个，比 2019 年增加 473 个；中国农副食品加工业企业亏损金额为 226 亿元，同比下降约 6. 1% 。

2019—2020 年中国农副食品加工业行业资产与负债如图 3 – 11 所示。2020 年中国农副食品加工业行业流动资产为 18220. 3 亿元，同比增长 7. 9% ；中国农副食品加工业行业总资产为 30471. 3 亿元，同比增长 5. 2% ；中国农副食品加工业行业总负债为 17500. 2 亿元，同比增长 6. 3% 。

2019—2020 年中国农副食品加工业行业投资收益与增长速度如图 3 – 12 所示。2020 年中国农副食品加工业行业投资收益为 190. 7 亿元，较 2019 年 114. 7 亿元的行业投资收益增加了 76 亿元，增长速度为 66. 3% 。

受益于国家扩大内需政策以及食品行业自身的刚性需求，我国食品制造业基本保持平稳增长。企业虽有亏损，但亏损金额有所下降，行业总资产逐年增加。而随着经济社会的发展和人们生活水平的提高，消费者更加注重食品的安全、卫生以及口味，“放心食品”“绿色食品”等安全、口感好、健康的产品成为消费者的首选。

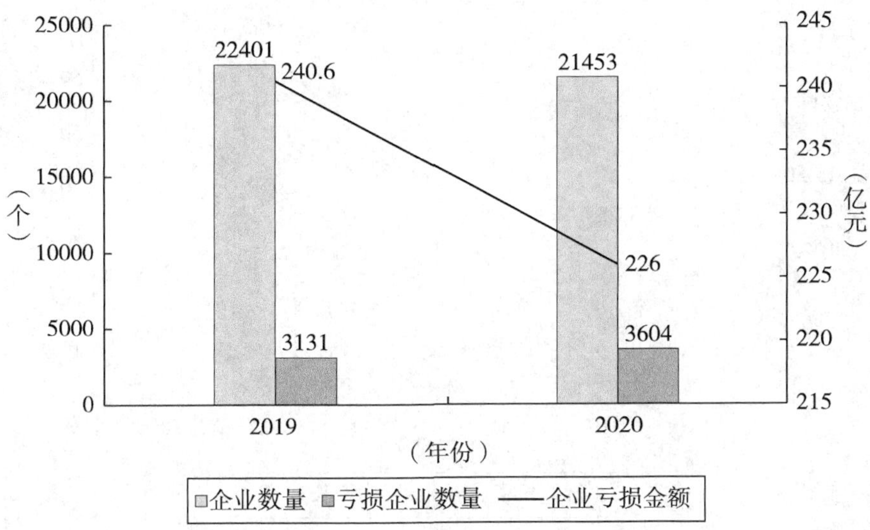

图3－10　2019—2020年中国农副食品加工业企业数量与亏损企业数量以及企业亏损金额

数据来源：国家统计局。

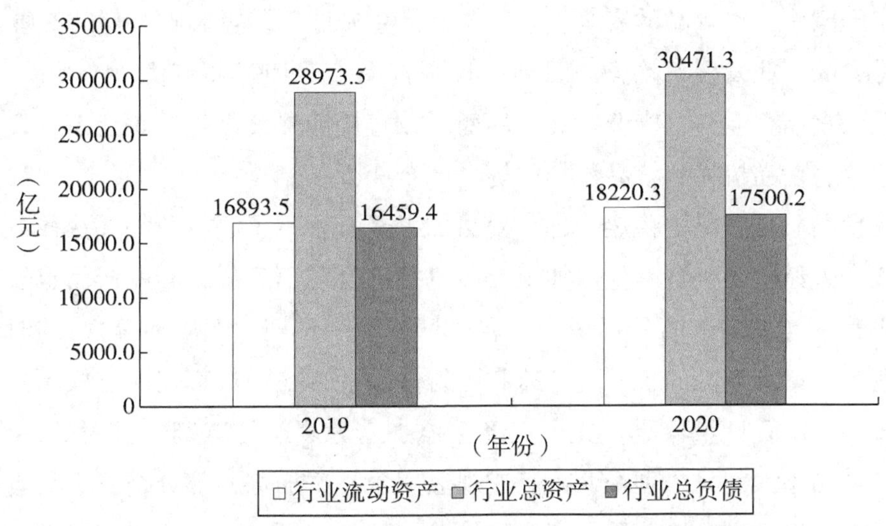

图3－11　2019—2020年中国农副食品加工业行业资产与负债

数据来源：国家统计局。

食品加工行业投资收益有较大提高。

2. 食品生产加工环节存在的问题

食品生产加工环节是整个食品供应链的核心环节，食品生产加工环节越重要，在此环节中暴露的问题及产生的后果也会越严重，不仅如此，食品生产加工环节中隐藏的安全风险和隐患也相当多，随着人们生活水平的提高，人们对高质量食品的需求也不断增加，从而推动了食品加工企业的发展。但是目前我国食品加工企业仍

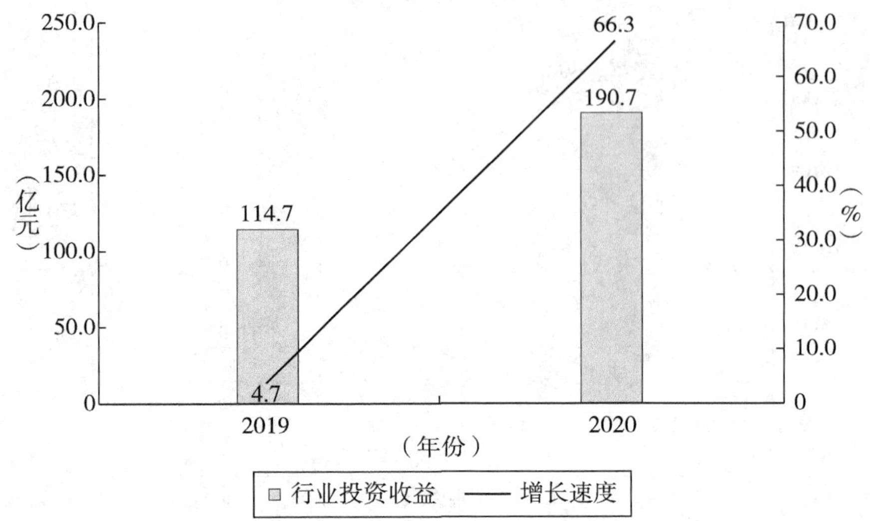

图 3－12　2019—2020 年中国农副食品加工业行业投资收益与增长速度

数据来源：国家统计局。

存在一定的问题，对食品的安全生产和质量产生威胁，严重影响人们的健康。

一是食品产业发展不均衡。目前，我国食品生产加工环节优势产品少，大型、集团型龙头食品企业少；产业发展不均衡导致直接消费食品生产企业多，食品配套生产企业少，食品机械、食品添加剂等生产企业少。

二是食品质量状况不稳定。部分食品加工经营者不了解行业相关法律法规，他们只是凭个人经验从事食品生产加工，质量控制管理不到位，有的产品也没有进行标签标识管理（如贴上商品标识、厂名厂址、生产日期、保质期等）。同时，部分生产企业为了追求产品的色、香、味和延长保质期，在添加剂使用上极不规范，体现为不按要求配置计量器具，凭个人经验添加着色素、增味剂、凝固剂、消泡剂、保湿剂等食品添加剂，个别企业甚至违规滥用食品添加剂，部分企业不具备产品检验能力，产品出厂没有经过质量安全的检验。

三是食品质量安全意识不高。一些企业负责人质量意识淡薄，对食品质量安全管理重视不够，企业管理人员素质高低不同，管理手段不够科学，不严格按照行业标准组织生产，生产过程中质量控制不严；原材料进厂检验和索证索票制度不能很好落实，检验室缺少器材且未严格执行产品出厂检验制度。企业生产管理比较松懈，管理制度不规范，甚至无管理制度，缺乏对食品质量的控制。从业人员食品安全意识差，流动性也比较强，同时文化程度普遍不高，他们质量控制意识不足，对规范操作毫无概念。有些从业人员往往未按要求穿戴工作衣帽、手套等基本生产安全用具，极易引起食品污染。

四是多数食品加工企业生产投资较少。资金问题是食品加工企业发展过程中面临的最主要的问题，中小型食品加工企业投资较少，影响企业的发展规模，造成中小型食品加工企业数量多，且企业间竞争压力较大，在激烈的竞争中企业为了自身的利益就会过于注重生产的数量，从而降低食品的质量，给食品的安全生产带来了安全隐患，甚至损害人们的健康。而且政府对中小型食品加工企业的资金投入相对较少，导致部分中小型食品加工企业基础设施落后，生产效率不高，阻碍食品加工企业的发展。

3.2.3 食品流通环节

1. 食品流通环节现状

食品流通，是指以食品的质量安全为核心，以消费者的需求为目标，围绕食品购销、仓储、包装、运输、配送等环节进行的管理和控制活动。流通过程即产品从生产者手中转移到消费者手中的过程。从“农田到餐桌”这整条供应链来看，食品的安全与食品生产的各个环节的监管都有很大的关系，而食品的流通领域是整个食品链必不可少且关键的一环。由于食品本身的特性、食品链前端（例如，生产加工环节）的影响以及食品异地生产、加工或消费的趋势等诸多因素，导致食品在流通消费领域影响质量安全的因素增多。因此，严格控制与管理流通环节的食品安全，对于确保人民健康、社会稳定和经济发展具有重要的意义。

（1）食品流通腐损率

我国各类食品流通腐损率与发达国家对比情况如图 3－13 所示。根据中物联冷链委相关数据显示，目前我国水果、蔬菜、肉类、水产品的流通腐损率分别达到 11%、20%、8%、10%。而在发达国家，果蔬流通腐损率一般控制在 5% 以下，其中，美国由于农产品全产业链以冷链物流为支撑，果蔬从田间到餐桌过程中的流通腐损率仅有 1%～2%。可见，易腐食品冷链应用率的差距，在很大程度上决定了食品最终效益的差异。

（2）中国及发达国家农产品流通成本占总成本比重对比

中国及发达国家农产品流通成本占总成本比重对比情况如图 3－14 所示。食品流通过程包括运输、包装、装卸、搬运、储存和加工配送等环节，并且要经过多个节点企业，运输规模小，致使食品运输成本、储存加工保鲜成本、流通中介费用等偏高。我国农产品流通成本一般占总成本的 35% 左右，鲜活果蔬食品流通成本约占总成本的 55%，发达国家物流成本一般控制在总成本的 10% 左右。

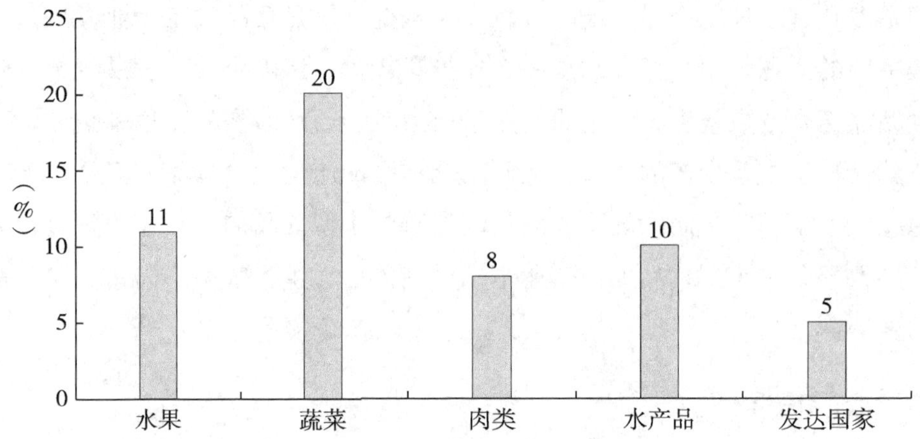

图 3－13　我国各类食品流通腐损率与发达国家对比情况

数据来源：中物联冷链委。

食品流通各环节受运输、包装不统一等因素的影响，在流通过程中食品会出现质量问题，这严重影响了食品的安全性，威胁到人民的身体健康。另外，一些出口食品因为质量安全标准问题屡屡遭遇贸易技术壁垒甚至被封杀，严重影响了食品出口企业的收益，不利于我国食品对外贸易的发展且制约了我国食品在国际市场上的竞争力。

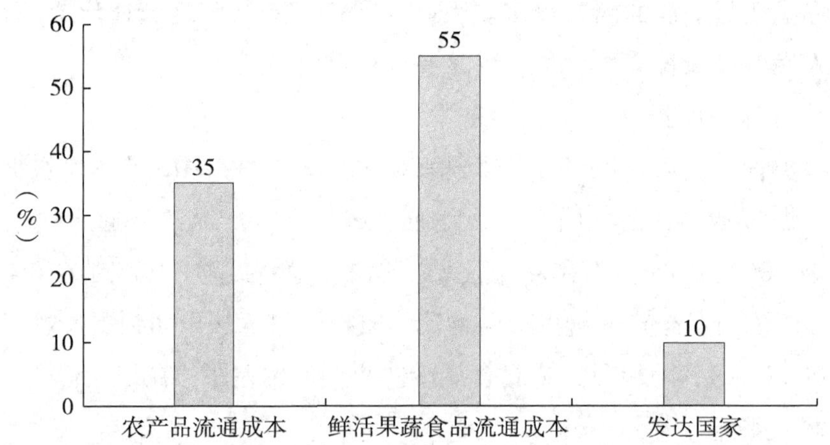

图 3－14　中国及发达国家农产品流通成本占总成本比重对比情况

数据来源：中物联冷链委。

（3）冷链物流

冷链物流可以使生鲜食品等商品在生产、运输、储藏等过程中保持低温，以保证食品质量，减少损耗。冷链物流是进入 21 世纪以来国家重点扶持的领域。和传统物流相比，冷链物流在每一个环节上对于技术的要求更高，资金投入也更大。冷

链物流涵盖冷冻加工、冷藏贮藏、冷链运输和冷链销售全过程。冷链行业景气度提升会带动冷库、冷藏运输车和速冻设备等冷链设施设备受益。随着人们生活水平的日益提高，中国居民消费能力持续增强，对冷冻和冷藏食品的需求越来越大；社会对食品安全的关注度不断加强，很多食品需要在生产、储存、运输等全过程使用冷链，导致对冷库的需求有所增加。同时，受益于国民经济持续增长以及国家鼓励节能减排改造、发展食品商业物流等民生工程的战略规划，冷库节能维护系统行业获得了巨大的发展契机。

我国冷链物流行业的市场规模及其增长速度如图 3 – 15 所示。2019 年，我国冷链物流行业的市场规模为 3391 亿元，比 2018 年增长 505. 2 亿元，增长速度为 17. 50% 。2020 年，我国冷链物流行业的市场规模为 4150 亿元，比 2019 年增长 759 亿元，增长速度为 22. 38% 。

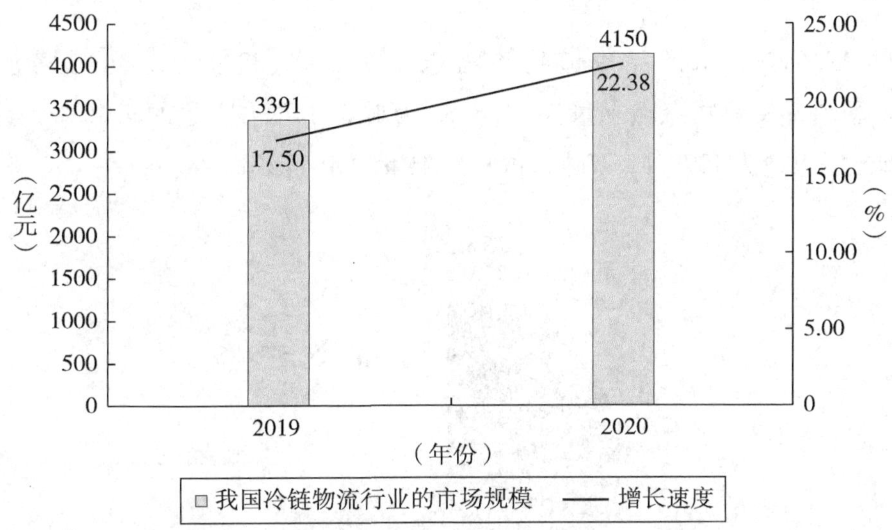

图 3 – 15　我国冷链物流行业的市场规模及其增长速度

数据来源：中物联冷链委、中商产业研究院。

中国食品冷链物流需求量及其增长速度如图 3 – 16 所示。2019 年，中国食品冷链物流需求量为 2. 33 亿吨，比 2018 年增长 0. 44 亿吨，增长速度为 23. 52% 。2020 年，中国食品冷链物流需求量为 2. 80 亿吨，比 2019 年增长 0. 47 亿吨，增长速度为 20. 17% 。

2019 年我国不同类型食品冷链物流需求量如图 3 – 17 所示。其中，蔬菜类冷链物流需求量为 6489. 23 万吨，占总需求量的 27. 84% ；水果类冷链物流需求量为 5480. 17 万吨，占总需求量的 23. 51% ；肉类冷链物流需求量为 4577. 68 万吨，占总

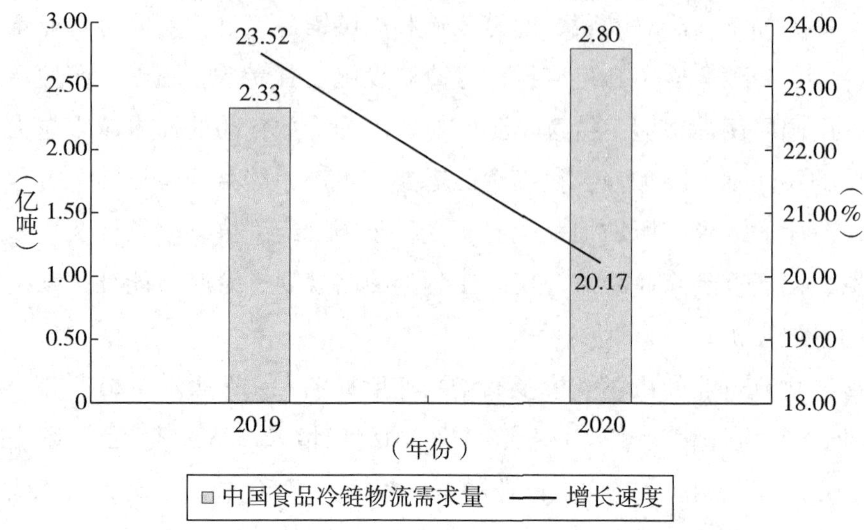

图 3－16　中国食品冷链物流需求量及其增长速度

数据来源：中物联冷链委、中商产业研究院。

需求量的 19.64%；水产品冷链物流需求量为 3823.32 万吨，占总需求量的 16.40%；乳制品冷链物流需求量为 1658.83 万吨，占总需求量的 7.12%；速冻食品冷链物流需求量为 1279.42 万吨，占总需求量的 5.49%。

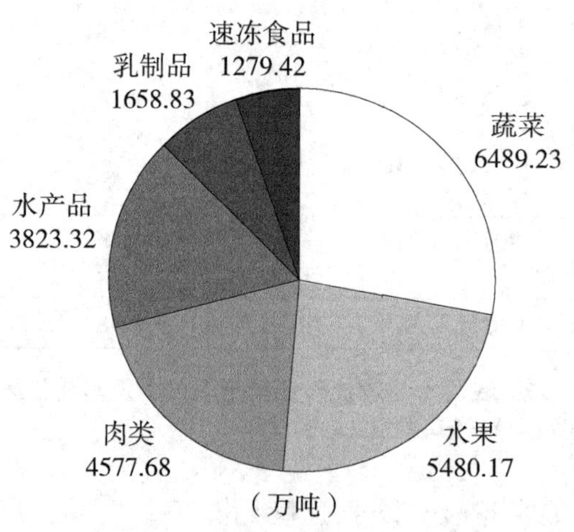

图 3－17　2019 年我国不同类型食品冷链物流需求量

数据来源：中物联冷链委、智研咨询。

尽管我国冷链物流进入全面转型升级时代，但与发达国家成熟完整的冷链体系相比仍然存在许多薄弱环节，主要体现在冷鲜产品损耗率高、生鲜产品运输率低等方面。目前，我国大部分的生鲜供应依旧处于传统方式层面，产品流通需要经过农户、产地、采购商、中间商、批发市场等多重环节，流通环节烦琐，损耗率居高不

下。随着行业发展环境的改善和市场需求量的提高，我国冷链物流行业的市场规模将逐年扩大。

2. 食品流通环节存在的问题

（1）食品安全作为消费者较为关注的问题之一，一直以来都在强调生产环节或是聚焦终端零售和餐饮，物流安全一直被大家忽略。所谓物流安全，第一体现在运输和配送环节，即车辆是不是在合格的卫生和温度条件下进行运输和配送；第二体现在仓储环节，食品运到物流中心或配送中心，食品的接收和储存是不是在合格的卫生与温度条件下完成的，是否配有适合的信息化追溯手段来把关。从整体冷链体系而言，我国的食品冷链还未形成体系。目前，我国还未建立起一套能保障食品从生产、包装、储存、运输到销售全过程的质量监控体系，因为相关的立法不够完善，所以食品卫生法规执行不力，致使部分食品在整个物流过程中的质量状况无法得到有效控制和保障。

（2）对新形势下的现代物流缺乏足够的认知。加入世界贸易组织后，我国运输市场必然要按照世界贸易组织的规则对外放开，允许外商投资和经营。市场前景比较好的有集装箱运输、冷藏运输、快件运输及其他特殊货物运输领域。我国目前在这类运输方面实力较弱，市场竞争力不强。世界低温物流公司纷纷看好中国的冷冻食品市场，抢滩中国，先后在上海、深圳等地登陆。如何面对这种挑战，做到知己知彼，这是国内从事冷链物流业务的企业首先要考虑的问题。目前，我国绝大多数的食品企业依然是前店后厂的个体经济，或者局限在区域市场上，在对食品行业的价值链认知上，对新形势下的现代物流都缺乏足够的认知。

（3）第三方物流服务不到位，食品冷链的市场化程度低。易腐货物不同于普通货物，想要有效运作冷藏物流，达到最佳的保存货物的效果，必须建立一套完整的冷藏物流链，严格控制温度和包装，在转移和放置易腐货物时，不应使其暴露在空气中，只有构造精良的冷藏运输装备和严格的运输管理机制，才能有效完成货物的保鲜并获得运输的经济效益。中国的易腐食品除了外贸出口的以外，大部分在国内流通的易腐食品的物流配送业务是由生产商和经销商完成的，食品冷链的第三方物流发展十分滞后，服务网络和信息系统不够健全，这大大影响了食品物流的在途质量及其准确性和及时性，同时食品冷链的成本和产品损耗很高。

（4）食品行业的负面公众形象。从整体冷链体系而言，中国的食品冷链还未形成体系，目前，我国还未建立起一套能监控、保障食品从生产、包装、储存、运输到销售（即从农田到餐桌）的全过程冷链质量体系，缺乏相关的立法机制，致使食品在整个物流过程中的质量状况无法得到有效控制和保障。

（5）冷链物流基础设施严重落后，运输损耗巨大。为实现食品低温运输，减少损失，形成统一的销售质量标准，需大力开发和制造各种冷藏食品硬件设施。目前我国的冷库总容量为700多万立方米，很多冷库只限于肉类、鱼类的冷冻贮藏，而在生产淡季和原料资源不足时，冷库往往处于闲置耗能状态。目前我国保温汽车车辆较少，约有3万辆，并且易腐物品装车大多在露天而非在冷库和保温场所操作，80%～90%的水果、蔬菜、禽肉、水产品都是用普通卡车装运。由此可以看出，我国目前的冷链设施和冷链物流装备不够充足，原有设施装备较为陈旧，冷链物流发展和分布不均衡，无法为易腐食品流通系统地提供低温保障。

（6）冷库问题突出。国内冷库发展和分布不均衡；大部分冷库空间利用率低；部分冷库设计不规范，存在诸多安全隐患；部分冷库设备技术落后，管理粗放，制冷方式落后；冷库节能措施未能引起足够重视；部分冷却设备能耗大，自动化控制程度低下；冷库中的除霜周期和除霜时间很长。

（7）保鲜技术不够先进。由于各类食品对温度的要求不同，因此个体经营的冷库并不能满足各种食品对温度的要求。产品贮藏保鲜及加工技术相对滞后，不能实现全程的冷链物流，这使我国生鲜食品腐烂损失十分严重，这已成为制约我国农产品加工业和食品工业发展的因素之一。

（8）冷链运输成本高。我国食品冷链在运输方面主要存在低温运输设备不足、技术落后、管理松散、成本高的问题。食品冷链物流在仓储方面要建立专门的生鲜冷库，在配送时要使用专门的冷藏车，对包装材料也有特殊要求，这些都会大大增加配送成本，部分企业偷工减料，以节约成本，致使食品运输在“最后一公里”断链。

3.2.4 食品销售环节

1. 食品销售环节现状

（1）蔬菜销售。蔬菜产业是我国农业的重要组成部分，蔬菜又是全国人均消费量最大的食品。2017—2019年我国蔬菜类成交额如图3－18所示，2019年达到7816.56亿元，目前我国蔬菜产业供销基本平衡，基本能够满足人们生活需要。

随着生活水平的提高，全国居民人均蔬菜消费量呈波动趋势，我国蔬菜的需求结构发生转变，逐渐由数量型转向品质型，此外，随着蔬菜产量和居民收入水平的提高，人们的菜篮子也不断得到充实。

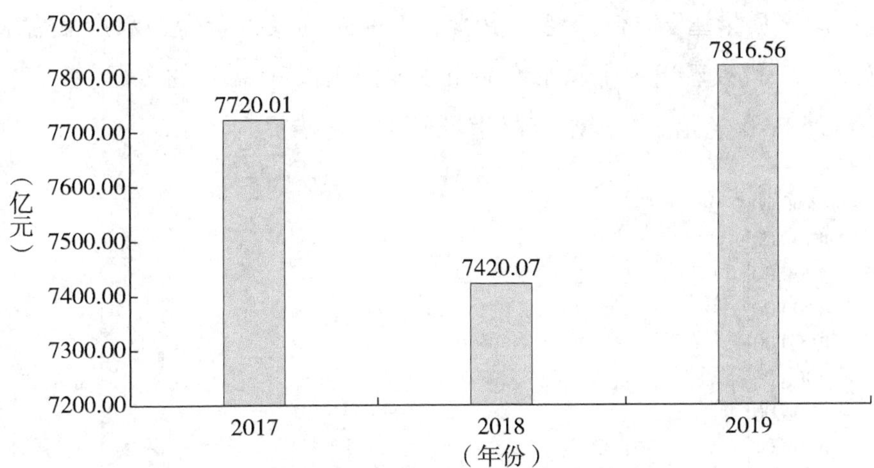

图 3－18　2017—2019 年我国蔬菜类成交额

数据来源：国家统计局。

（2）肉类销售。我国是世界第一大肉类生产和消费国，如图 3－19 所示，2017—2019 年全国居民人均肉类消费量先增加后下降，2019 年居民人均肉类消费量为 26.9 千克，城镇居民人均肉类消费量为 28.7 千克，农村居民人均肉类消费量为 24.7 千克。近几年中国猪肉产量、人均猪肉消费量虽然降低，但中国人对肉类的消费总量并未大幅下降。

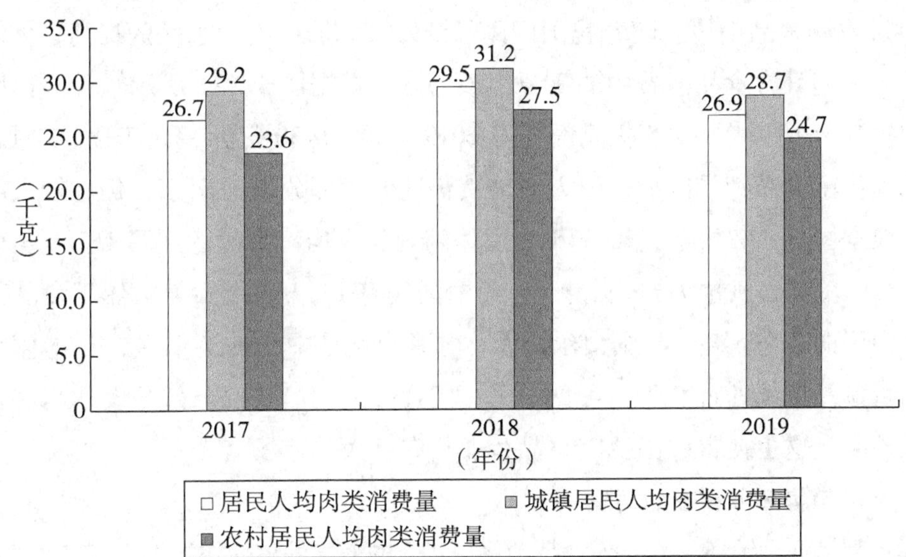

图 3－19　2017—2019 年全国居民人均肉类消费量

数据来源：中国统计年鉴。

（3）水产品销售。随着我国居民生活水平的提高，人们的消费观念也开始由

"温饱型"向"质量型""健康型"转变，产品结构发生转变，水产品需求快速增长。由图3-20可以看出，中国水产品市场成交额从2017年的3661.30亿元增长到2019年的4258.20亿元，中国水产品市场成交额稳步提升。

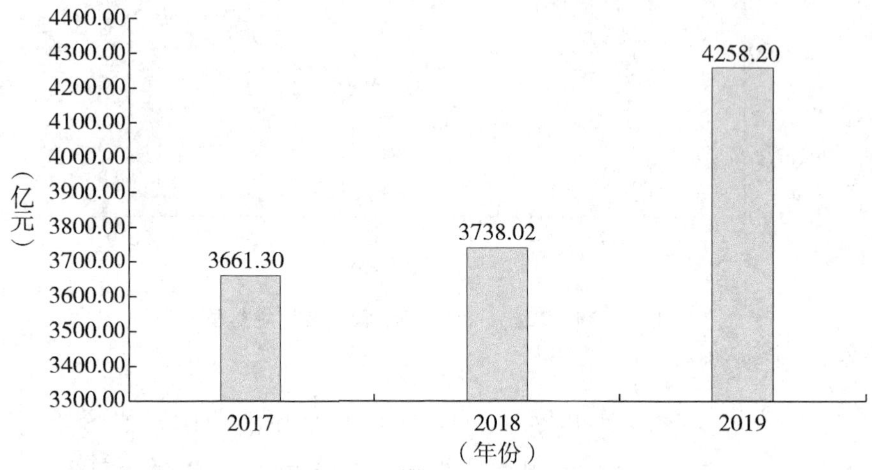

图3-20　2017—2019年中国水产品市场成交额

数据来源：国家统计局。

从近几年我国居民人均水产品消费量可以看出，中国人均水产品消费量大体呈稳步上升趋势。

（4）农副食品销售。随着我国国民经济发展和居民消费水平的提高，休闲食品已经成为人们日常食品消费中的重要组成部分。根据图3-21所示，我国休闲食品市场规模由2015年的7355亿元增长至2019年的11430亿元，处于逐年增长状态。虽然我国休闲食品销量巨大，但人均消费仍远低于部分发达国家，仍有较大的成长空间。根据图3-22所示，2019年美国休闲食品人均消费额达到了153.6美元，英国为106.5美元，日本为89.8美元，而中国仅有14.2美元。美国休闲食品人均消费额是中国的10倍多；英国休闲食品人均消费额是中国的7倍多；日本休闲食品人均消费额是中国的近6倍，可见中国休闲食品人均消费额与部分发达国家相比仍有较大差距，这也使得中国休闲食品行业具有巨大的市场潜力。

2. 食品销售环节存在的问题

（1）网络食品销售、微商等食品销售模式入网信息的审核往往不规范，经营商地址模糊、隐蔽，自制食品、分装食品、新奇特食品等易发生问题的食品泛滥，且出现问题后现场检查、取证困难，存在监管盲区，缺少与其相适应的网络筛选、入网监控等技术监管手段。建议加强互联网技术监管手段，与有关互联网主管部门加强合作。

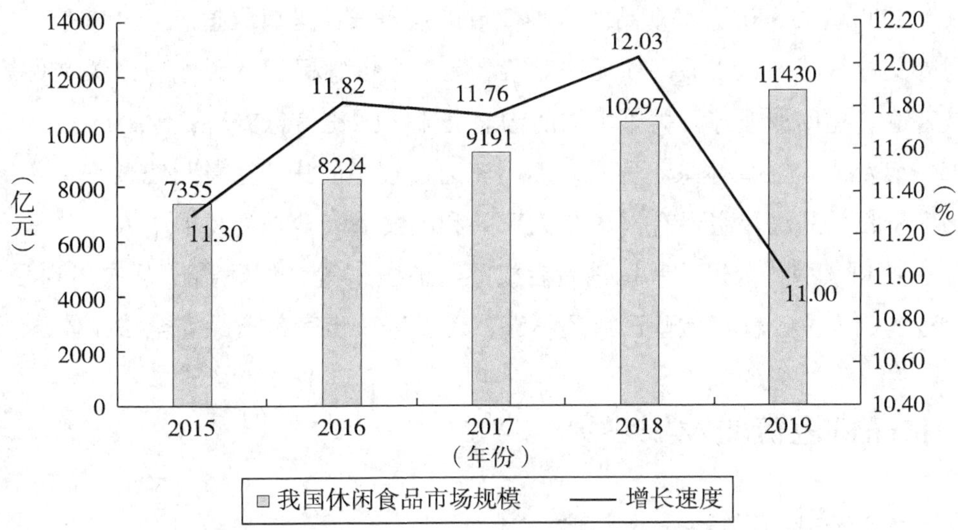

图 3－21　2015—2019 年我国休闲食品市场规模与增长速度

数据来源：国家统计局。

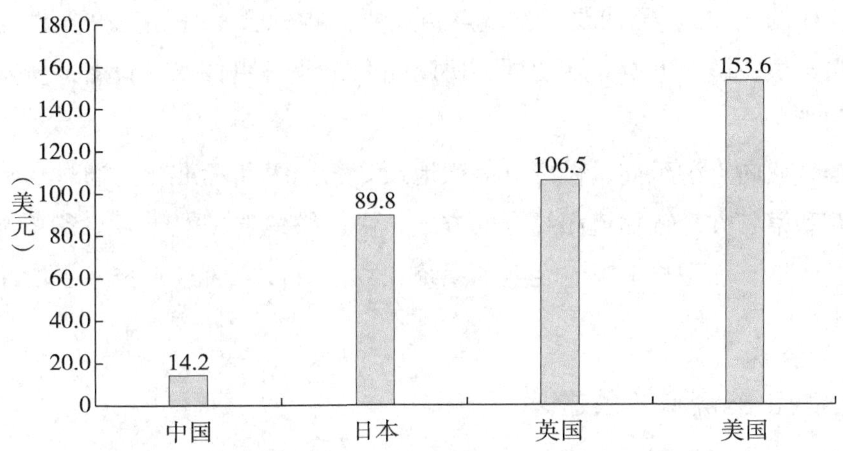

图 3－22　2019 年中国及部分发达国家休闲食品人均消费额

数据来源：Euromonitor（欧睿国际）。

（2）食品（尤其是食用农产品）销售从业门槛低，从业人员文化水平不高、法规意识相对淡薄，对食品安全相关制度落实不到位，发生食品安全问题源头追溯难。建议加强专业的教育宣传，强化与行政审批部门和乡镇政府沟通合作，对相关从业人员进行必要的审核。

（3）消费者的食品安全意识不强。总体来说，全社会对食品安全的理解程度参差不齐，加上宣传力度不够大，导致消费者的食品安全意识还不够，特别是位于农村和城乡接合部的消费者其食品安全意识更是缺乏，因此食品安全隐患无处不在，全社会都需要加强食品安全意识。

（4）进口食品、仿进口食品的品种数量迅猛增长，进口渠道、产地繁杂，中文标签与外文标签不一致或关键项无法对照、无中文标签标识、无相应海关文件等现象比较普遍。建议加强与海关等机构的沟通交流，强化信息支持。

（5）食品安全法律体系不完善。商品流通过程中的法律条款仍需要完善，目前与食品安全相关的法律主要有《中华人民共和国食品安全法》《中华人民共和国产品质量法》和《中华人民共和国消费者权益保护法》等，但距离“从农田到餐桌”的全过程食品安全，仅有这些法律还不够，还需进一步完善食品安全法律体系。

3.3 食品供应链的发展趋势

3.3.1 供应链上下游进一步整合

2020 年 4 月 10 日，商务部等 8 部门联合印发《关于进一步做好供应链创新与应用试点工作的通知》。通知要求，试点企业要勇担社会责任，充分发挥龙头带动作用，加强与供应链上下游企业协同，协助配套企业解决技术、设备、资金、原辅料等实际困难。

供应链企业向上游延伸，做好食品产地预冷、分级和标准化，通过自建核心冷链物流体系和第三方冷链物流相结合的方式，快速搭建省、市、县、乡（镇）多层级食品配送网络。加强与上下游企业的系统和数据对接，通过新技术手段缩短食品流通链条。

3.3.2 区块链的溯源体系建设

1. 推动食品供应链溯源体系中区块链与各项新技术的融合

区块链与物联网的结合能够实现可靠的数据采集，物联网设备能够实时记录关键信息，保证了信息源的可信度，解决了信息在初始采集阶段的痛点。再利用区块链的不可篡改性进行储存，形成食品供应链所需的信任闭环。区块链与人工智能的结合能够进一步为食品供应链溯源体系提供安全保障。人工智能能够实现漏洞挖掘和修复的自动化，并利用全系列的设备支持和多样化的应用场景，保障区块链技术的安全部署。区块链技术与大数据技术融合，能够遏制数据过度集中的现象，提高食品供应链上企业的透明度，消灭信息孤岛。

2. 利用区块链技术重塑食品供应链监管机构

区块链可以促使相关机构以供应链中的企业作为节点来建立一套新的监管体

系，让监管机构更为系统全面地对食品安全加以监控。可以预见，未来各国政府将出台区块链在食品供应链中应用的相关法律法规，推动监管部门的建设升级，保障食品安全，提高国民幸福感。

3. 基于区块链建立国际食品安全溯源体系

食品安全是全世界共同面临的严峻问题，安全问题的出现不只在国家内部发生，也可能出现在国家与国家之间。区块链的出现不仅能够在技术层面帮助解决食品供应链溯源问题，而且是一个全新的推动建立国家之间食品进出口溯源体系的契机。各国之间应该联合制定与食品相关的追溯体系以及召回体系，以便快速鉴别、调查和控制食品安全事件，为保障世界人民的食品安全努力。

3.3.3　积极探索开展供应链金融服务

创新供应链金融业务模式，完善供应链金融监管体系，加强同商业银行、金融机构的深度融合发展，持续优化供应链资金流。

2019 年 11 月 15 日，国家发展改革委、人民银行、银保监会等 15 个部门联合印发《关于推动先进制造业和现代服务业深度融合发展的实施意见》（以下简称《意见》）。《意见》指出，探索重点行业重点领域融合发展新路径。提高金融服务制造业转型升级质效。坚持金融服务实体经济，创新产品和服务，有效防范风险，规范产融结合。依托产业链龙头企业资金、客户、数据、信用等优势，发展基于真实交易背景的票据、应收账款、存货、预付款项融资等供应链金融服务。鼓励发展装备融资租赁业务。

加大金融支持。鼓励金融机构结合职能定位，按照商业化原则，向两业融合发展企业和项目提供适应其生产和建设周期特点的中长期融资，稳妥开展并购贷款业务，积极支持开展供应链金融服务。支持符合条件的企业上市融资和发行企业债券、公司债券、非金融企业债务融资工具。建立知识产权质押信息平台，扩大知识产权质押融资规模。

4 食品商流及其发展趋势

4.1 食品商流概述

4.1.1 定义及特点

食品通过买卖活动而发生的价值形态变化和所有权的转移，叫作食品的价值转换，简称食品商流。食品商流主要突出了流通，是指以货币为媒介的食品和商品的交换，也就是食品从生产领域向消费领域的社会经济移动。

在食品产品交易的活动中所出现的商流并不是独立存在的，它与物流活动相互影响，在食品产品交易的过程中共同存在。因此，食品商流最明显的特点就是无法与食品流通过程相分离，即从食品商流与食品物流关系的角度来看，呈现出相互结合、相互分离、相互制约的三种状态，具体如下。

第一，在一般情况下，食品产品交易过程中的商流和物流是结合在一起的，食品产品所有权的转移会引起商品实体的运动，在这种情况下，商流与物流的关系对食品流通渠道的形成与选择并没有明显影响；第二，在商流与物流相分离的情况下，无论是商流在前，物流在后，还是反之，或者光有商流，没有物流，都会使食品流通呈现出价值实体与物质实体相分离的双重渠道，双重渠道在特定历史条件下有利于促进商品从生产领域向消费领域的转移；第三，商流与物流相互制约的情况有两种，或者是商流不合理导致物流不合理，或者是物流不畅通导致商流停滞，这两种情况都会导致食品流通渠道的不畅，因而应积极创造条件，协调二者的关系。

因此，由上述介绍可知，食品商流在食品流通过程中是非常重要的，这是因为如果食品商流能够正常流通，那么也代表着食品产品的交易能够正常完成，食品产品的所有权能够进行合法的转移，资金和资本能够正常流通。

4.1.2 主要活动

食品商流的主要活动共有四个步骤，具体内容如图 4－1 所示。

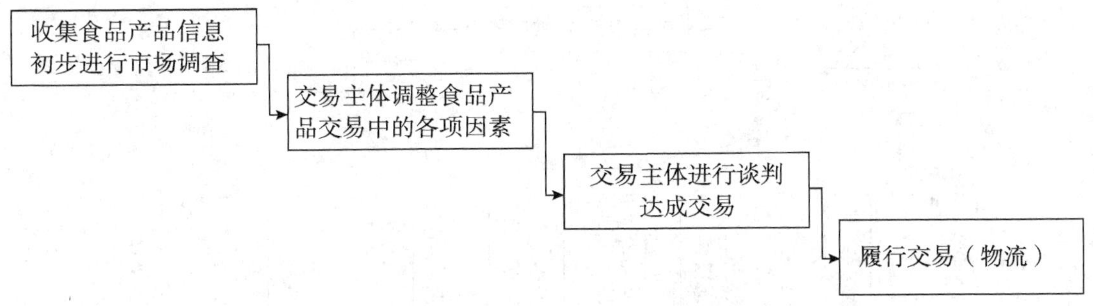

图 4－1　食品商流的主要活动

由图 4－1 可知，在交易前首先要收集食品产品的各类相关信息，其中包括食品原料的来源地及具体生产信息、相关产成品及加工信息，并根据具体食品产品进行市场调查，其中包括相关食品市场安全要求、特定食品产品的具体定价等；其次，梳理并整合市场调查的信息，通过对信息进行分析，交易主体对特定食品产品的生产计划、数量和质量、销售渠道等因素进行调整；再次，交易双方就特定的食品产品的交易细节进行谈判，通过调整交易双方的具体内容以达成最终的交易；最后，通过相关物流活动履行交易。

4.2　原料食品交易现状

4.2.1　原料食品的界定

原料食品是指不需要经过加工即可用来食用的食品，例如，水稻、花生等经济作物以及蛋、奶、水产品等，以上均是直接由农、林、牧、渔业产出的初级农产品，这些初级农产品可以直接当作原料食品在销售市场进行交易。

4.2.2　原料食品的交易模式

原料食品的交易模式是指通过食品原料的生产商独立自主地获取生产资料及要素进行生产活动，最终将产成的初级农产品等原料食品销售给分销商（零售商）或消费者，本章以初级农产品为例，简要介绍原料食品的多种交易模式，其交易模式同样适合其他原料食品，原料食品的交易模式如图 4－2 所示。

原料食品的交易模式主要包括三部分，一是提供生产资料和拥有生产技术支持的要素市场，例如，农业种植中的植物种子、农民劳动力、自动收割机等，都属于要素市场中的商品。二是包含四大参与主体的初级农产品供应商，现阶段我国农业

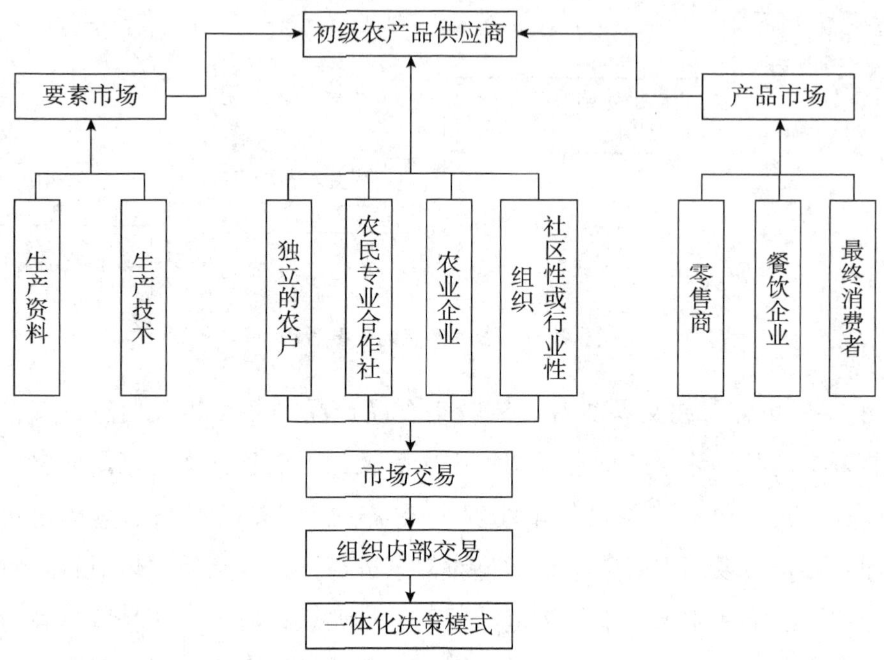

图 4-2 原料食品的交易模式

生产和经营的主体有四类，分别是独立的农户、农民专业合作社、农业企业、社区性或行业性组织，随着农业生产和经营状态的不断革新，每种主体的功能以及主体之间的关系都在朝着更利于交易的方向改进。三是产品市场，包括零售商（分销商）、餐饮企业和最终消费者三部分。

1. 四大参与主体

众所周知，农户一直以来是中国农业生产和经营的基本单位，是原料食品的直接提供者，是较为基础的经营主体。随着国家不断要求农业深化改革，农户的种植及运营的能力均在不断提升，因此农户也逐渐摆脱传统的相对低效的生产模式，不断融合新技术，进行新合作以提高生产效率，进一步降低生产成本，同时增加收入。

农民专业合作社就是由部分散农户聚集而成，具有国家政策扶持的农民群体的代表组织。农民专业合作社的成立一方面有利于降低农业生产成本，保证农产品的质量，提高生产效率，另一方面有利于开发市场，促进农产品的销售，且合作社能够方便地获取农业生产信息技术和服务，提高农产品的品质，通过把分散的农户组织起来，实现统一经营，进一步提供更好的食品产品可追溯服务。

农业企业是指通过种植、养殖、采集、渔猎等生产经营而取得产品的营利性经济组织。广义的农业企业包括从事农作物栽培业、林业、畜牧业、渔业和副业等生产经营活动的企业；狭义的农业企业仅指种植业，或指从事农作物栽培的企业。我国现阶段的农业企业，主要是国有农场和集体所有制农业。国有农场以全民所有制为主体，具有多种经济形式。在其内部，依据因地制宜、自愿互利的原则，实行国营、集体经营，或家庭、职工个人经营，或联合经营。

社区性或行业性组织中的社区是由居住在一个特定地域内的家庭建立的一种社会文化体系。农村社区是相对于城市社区而言的，农民在农村社区中的参与行为以及表现出的社区交易方式，主要是亲缘、地缘与业缘三种方式；以亲缘群体、地缘群体、业缘群体为表现的集体行动方式，则形成了多种多样的社区性农业经济组织，而行业性即多数以特定产品进行具体分类。

2. 合作模式

基于农户在交易过程中的基础性地位，近年来不断形成了“农户 + 农民专业合作社”“农户 + 农业企业”“农户 + 社区性或行业性组织”等多种综合主体形式，因此主体之间的交易模式也被具体划分为市场交易、组织内部交易和一体化交易模式。

市场交易是指农户作为原料供应商，其他综合性组织均作为采购方，建立起原材料的批发市场，根据农户所提供的批发价进行交易。这种交易模式中，农户是最原始的供应商，而其他综合性组织，例如，农民专业合作社和农业企业都按照批发价来购买农户所产出的食品，再作为一级批发商，通过大规模的集中和整合，将产品以销售价格面向终端市场。因此这类综合性组织与农户并没有合作关系，而是直接的交易关系，农户无法直接接收到终端市场的信息，而只能通过综合性组织的采购情况判断终端市场的需求情况。

组织内部交易即由农户与其他组织形成合作模式，以低于批发价的价格将原材料销售给相关组织，且相关组织将所收购的原料食品集中处理后，负责相关品牌建设等运营活动。这种交易模式是建立在市场交易的基础上的，由于在市场交易中农户存在不了解终端市场的需求信息的情况，且相关的综合性组织并没有在原料购买中获得更低的价格，当这些组织转手再进行销售时，势必会通过提高销售价格来提高利润，但相对于农户的低批发价格而言，综合性组织的销售价格并没有较强的竞争力。为了解决以上问题，农户与相关综合性组织进行合作，农户可以为其提供低于市场批发价的价格进行销售，而相关组织通过运营等手段，负责原料食品的销售形象、品牌建设等内容，弥补了农户在销售端的弱点，两个参与主体从相互竞争关系转为合作关系。

一体化交易模式即在组织内部交易的基础上由农户与相关组织形成一体化决

策，其中包括生产资料的购买、生产过程的履行及监控、原料的销售等多个环节。这种模式是在组织内部交易基础上的深化，当农户与相关组织形成合作关系后，能够简单地解决市场交易存在的问题，但是如果想要更进一步达到降本增效的目的，只有用到更加合理的合作方式、更加规范的合作要求，才有可能达成更高效的合作结果。因此一体化交易模式是将农户与相关组织在形式上进行统一，不是在实体中合并，而是在信息共享的条件下，共享原料食品交易信息，真正地以整体利益最大化为目标。

以上原料食品交易参与方所形成的合作模式在一定程度上能够有助于实现食品产品生产环节降本增效的目标，且有利于食品产品生产行业的长期可持续发展。

3. 三大产品市场

原料食品的最终市场包含零售商（分销商）、餐饮企业和终端消费者。其中，销售原料食品的商店、超市、批发市场等统称为零售商，它们在原料食品的产品市场中占了极大比重。其中较为特殊的是其中的餐饮企业，这是由于餐饮企业的最终菜品是原料食品经过相应的烹饪加工产出的，而在这其中也会有部分加工食品的参与，例如，在海底捞等火锅餐饮企业中，浓缩番茄汁是锅底的制作原料之一；在烧烤店等企业中，辣椒面等作为调味品被用于食品的制作。因此，餐饮企业是食品产品不可或缺的市场之一。

4.3 加工食品交易现状

4.3.1 加工食品的界定

直接以农、林、牧、渔业产品为原料进行的谷物磨制、饲料加工、植物油和制糖加工、屠宰及肉类加工、水产品加工，以及蔬菜、水果和坚果等食品的加工活动所产出的食品即为加工食品。对食品半成品和食品成品的界定比较模糊，但它们都属于加工食品的范畴。食品半成品是介于原料与成品之间的一种食品状态，将一种或多种食品配料，以适当的、少量的食品添加剂进行组合加工，最终得到食品成品。

食品配料指的是公认的、安全的可食用物质，指用于生产和制备某种食品并在食品成品中出现的物质，但不包括食品添加剂。食品配料在用于加工食品时用量相对较大，但食品配料与食品的界限具有相对性，有时某种食品配料本身就是食品

（如酱油），它用于一些加工食品时却成了食品配料。食品配料与食品添加剂的界限也有相对性，随着食品配料功能的提升，其在食品中的添加量可能会逐步减少而发展成食品添加剂，因此本章所提到的食品半成品包含食品配料和食品添加剂等多种食品产品。

由于加工食品是由食品供应商产出原料后，再由相关的食品加工企业进行加工活动，最终产出可以销售的食品产品，因此参与交易的主体是食品供应商、食品加工企业，而后食品产品流入市场，其中具体的交易流程根据销售时选择的销售主体及其功能而定。

4.3.2 食品交易渠道的演变

在我国，消费者对食品的需求是多样化的，传统的单一渠道交易模式难以满足需求的快速增长，因此消费者需求和食品的特性综合促进了交易渠道多样化的发展，并且对于不同类型的交易渠道，其中参与交易活动的主体是不同的，食品交易渠道的类型是多样化的。

1. 传统渠道的交易模式

食品交易渠道与多数产品是一样的，均以传统渠道为基础，且传统渠道的交易模式仍是食品交易的基本模式，传统渠道的交易模式如图 4－3 所示。

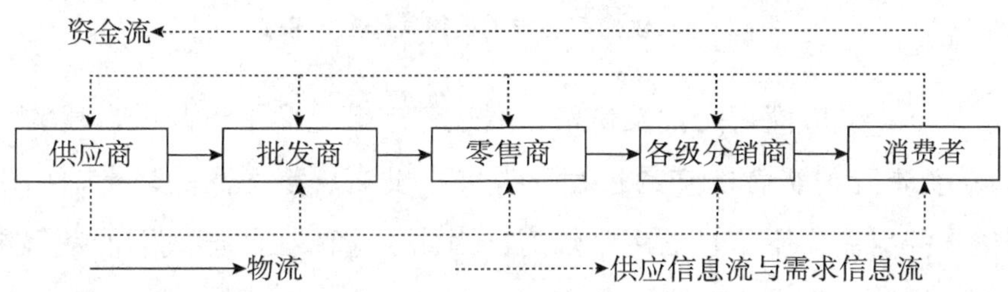

图 4－3 传统渠道的交易模式

传统渠道的交易模式由供应商生产，批发商采购，零售商进货，各级分销商进行销售，消费者在店内购买，完成整个交易过程。其中参与的主体较多，交易环节较为复杂和烦琐，因此存在各级主体交易成本增加，消费市场需求大小因信息不对称而出现传递不准确的问题，因而食品的损耗增加，各级主体的利润降低。

这种模式是后续交易模式发展的基础，市场中流通的食品产品均可以用此模式进行交易，例如，从云南生产的荔枝，各地的批发商通过与供应商进行交涉，批发大量的荔枝进行销售，各个生鲜超市（零售商）从批发商处购买荔枝，再进行二次销售，最终送到消费者的手中。

2. 网络直销的交易模式

为了弥补传统渠道交易模式的不足，依托电子商务的高速发展，网络直销的交易模式逐渐发展并趋于成熟。越来越多的食品供应商开始在网络上销售食品，包括原料食品及加工食品等食品全品类。网络直销的交易模式可以有效解决传统渠道交易模式的信息不对称问题，能够实现供应商和消费者之间交易信息的双向流动，且中间多级参与主体随之减少，食品的交易效率较快、交易成本降低。网络直销的交易模式逐渐被各级食品交易主体青睐，主要是供应商和零售商及其利益相关者，因此网络直销的交易模式也分为供应商和零售商分别主导的网络直销交易模式。

（1）供应商主导的网络直销交易模式

在供应商主导的网络直销交易模式中，供应商不止参与到食品的生产过程中，更是参与到食品的销售过程中，供应商主导的网络直销交易模式如图 4－4 所示。

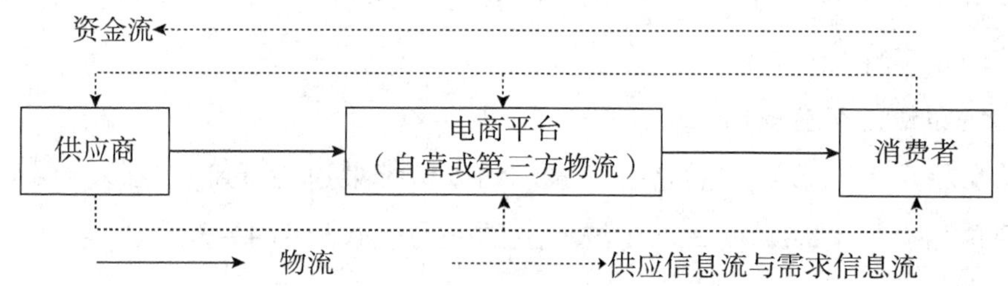

图 4－4　供应商主导的网络直销交易模式

在该模式下，供应商设定批发价格，通过京东等电商平台开设自营的“网络旗舰店”，直接负责与消费者的交易过程，省去批发商、零售商的环节。由于此类电商平台有很强的引流作用，且信用度较高，因此供应商在此模式下能获得更多的零散订单，拓宽销路，提高供应商的利润。

例如，北京老栗树企业，主要生产并销售北京怀柔的板栗，其在淘宝开设了旗舰店，在旗舰店中销售生栗子、精加工的熟栗子、板栗糕等多种样式的食品产品，企业并没有设置实体销售店面，主要销售渠道是线上的电商平台，也是通过平台的聊天窗口等与消费者进行沟通。消费者在电商平台提交订单，销售人员通过与平台合作的快递公司或者消费者自己选择的快递公司发货，最终通过相应的第三方物流公司完成物流过程，由消费者在电商平台中确认收货，完成货权转移，而后电商平台将扣除平台使用费用后的收入发给老栗树企业。在此种模式下，电商平台拥有较大话语权。

（2）零售商主导的网络直销交易模式

对于规模较大、有一定品牌影响力的食品供应商而言，能够自主开发线上的渠道进行交易，但在我国，大多数的食品供应商仍是农村合作社或散农户，其单个规模较小，产品信誉度较低，且缺乏足够的经营成本投入线上渠道的运营中。因此依托自身物流体系优势所发展起来的食品电商，逐渐在供应链中占有较强的话语权，零售商主导的网络直销交易模式应用也越来越广泛，具体交易模式如图 4－5 所示。

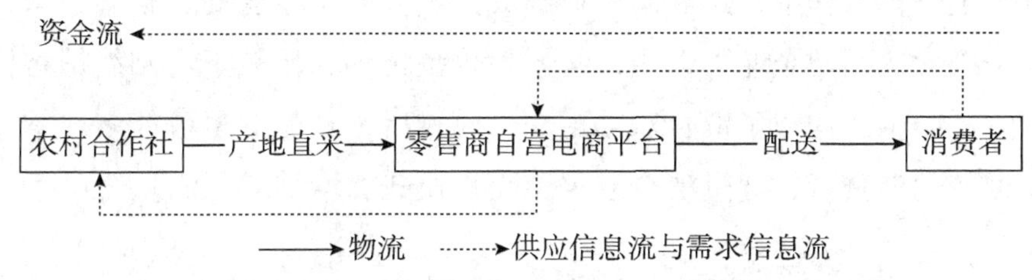

图 4－5　零售商主导的网络直销交易模式

对于食品中较为特殊的生鲜农产品而言，通过零售商自营电商平台发展更为迅速，例如，每日优鲜、顺丰优选等，通过建立生鲜农产品产地直采，利用电商平台（或 App）进行销售运营，提供冷链配送的物流体系，逐渐形成较为成熟的交易模式。通过零售商线上促销，能够拥有更低的销售成本，销售更多数量的生鲜农产品，较供应商而言，此种模式对于零售商更有利。

（3）双渠道交易模式

随着电子商务的发展愈加成熟，供应链主体拓展基于电子商务的线上流通渠道能够获得更多的利润，因此双渠道交易模式逐渐代替传统单一渠道的模式，而不同的主体所承担的责任不同，也分成了供应商主导的混合双渠道交易模式、不同零售商主导的分离双渠道交易模式和同一零售商主导的混合双渠道交易模式。

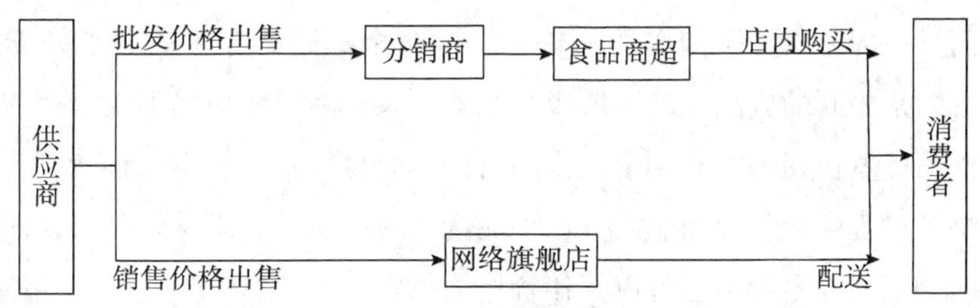

图 4－6　供应商主导的混合双渠道交易模式

由图 4－6 可知，在供应商主导的混合双渠道交易模式中，混合了传统渠道的交易模式和供应商主导的网络直销交易模式，供应商充分利用双渠道优势，增加销量，提高收入。

例如，主营零食产品的达利园企业，是生产食品产品的加工企业，通过对原料食品的加工，形成的多种零食产品，既可以通过分销商、零售商到达消费者，也可以通过在淘宝、京东等电商平台的达利园官方旗舰店进行销售。但是由于达利园企业在这两种渠道中的身份不同，在传统渠道中达利园企业作为供应商，并不能直接与消费者进行交易，因此话语权较弱，只能以批发价格销售零食产品给分销商；在电子商务线上销售过程中，达利园企业则成为供应商＋零售商，且渠道中仅有它一个零售商，因此达利园企业可以用最终零售价销售，相比较下，网络销售模式利润更高。当达利园企业构建了混合双渠道交易模式后，其能够尽可能多地掌握整个产品销售所覆盖的消费者，通过混合双渠道交易模式，增加其利润。

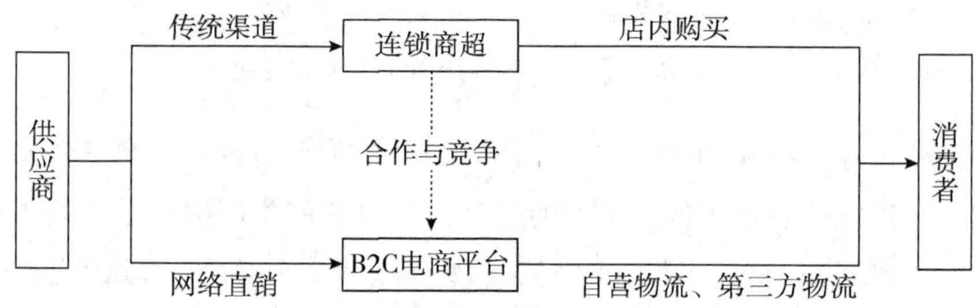

图 4－7　不同零售商主导的分离双渠道交易模式

由图 4－7 可知，在不同零售商主导的分离双渠道交易模式中，融合了传统交易模式和零售商主导的网络直销交易模式，这两种模式中的零售商是不同的主体，因此两个渠道是相互独立的，同时存在竞争关系。但由于线上线下的渠道本身就会产生相互促进的作用，因此连锁商超与 B2C 电商平台中的零售商也是合作关系。

例如，在销售同一种食品时，供应商将相同品牌的同口味膨化食品经由两个渠道流通到市场中，一部分经由订单分发到各个超市，在实体店中的销售货架上进行展示并销售，而另一部分卖给了淘宝的零售商，这两个不同的零售商分别处于两个渠道中，但销售的是相同的食品，二者形成了竞争关系。因为线上线下渠道存在互相补充的作用，当消费者在超市中看到了此食品后，可能会在网上搜索，订货到家，当消费者在网页浏览过程中看到此商品后，也可能会到超市购买，以尽快品尝，因此在一定情况下，两个不同的零售商也可以算作合作关系。

由图 4－8 可知，在同一零售商主导的混合双渠道交易模式中，大型零售商在供应链中占主要地位，建立了自营的传统渠道＋网络直销的混合渠道，线下门店依托自营电商平台，扩大销售辐射范围，而线下门店作为线上渠道所需产品的供给

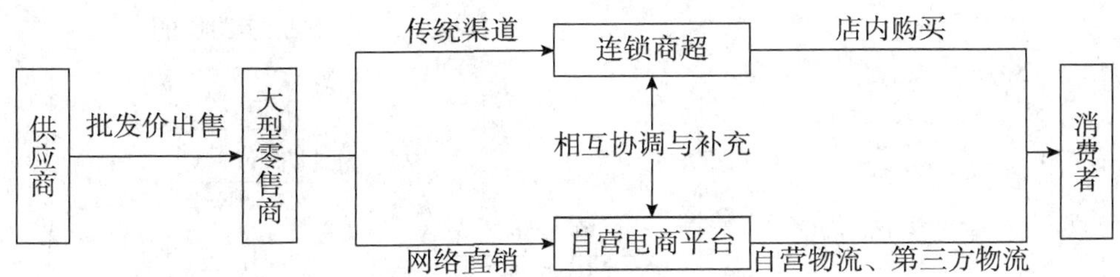

图4－8　同一零售商主导的混合双渠道交易模式

站，由大型零售商实现双渠道的统一运营与控制。

例如，盒马鲜生，在食品零售行业有着非常高的市场占有率，且品牌形象好，消费者认同感强。盒马鲜生的成功并不是一蹴而就的，它的优点在于能够紧抓发展机会，不排斥新兴模式，主要是紧抓电子商务的蓬勃发展，在建立线下门店的基础上，自行设计并使用线上的盒马 App。消费者既可以在盒马鲜生门店自行购买，也可以在网上平台购买，由附近的门店配货，通过送外卖的形式送货上门。在这种模式下，线下门店和自营的电商平台之间合作大于竞争，网上平台是一种引流作用，订单均是从线下门店配货，二者相互协调和补充，更加高效、快速地完成交易活动。

4.3.3　双渠道背景下的团购交易模式

团购交易模式是现今聚焦消费者群体的一种新兴模式，主要是通过建立具有相同需求的消费者群体，在消费者间形成的团购关系，将零散订单进行集约化，进一步降低零售商的销售成本，既满足消费者对销售价格和取货便捷度的双重要求，也帮助零售商建立关系紧密的销售圈，是一举多得的创新模式。现如今的团购交易模式均建立在电子商务的背景下，一种是通过建立社区微信群这种聚集性客户群，融合线上订单、线下配送的形式；另一种是消费者并无明确的地域界限要求，而零售商主要是特定的电商平台，提供引流和订单集约的作用。这两种交易模式的区别主要体现在参与主体（零售商）的运营模式中。

1. 社区团购

社区团购即零售商聚焦于有限的社区范围内，通过提供团购的方式，建立起较为紧密的销售—消费关系，帮助消费者以更低的价格购买到心仪的产品，是依托线下实体社区，借助线上社交工具进行的一种由团长发起的“线上预订＋线下自提”的团购模式。运用此种模式的前提是团长离消费者所在区域较近且较为熟悉，如能满足一定的订量要求，就可以提供送货上门或自行取货的配送模式，社区团购交易模式如图4－9所示。

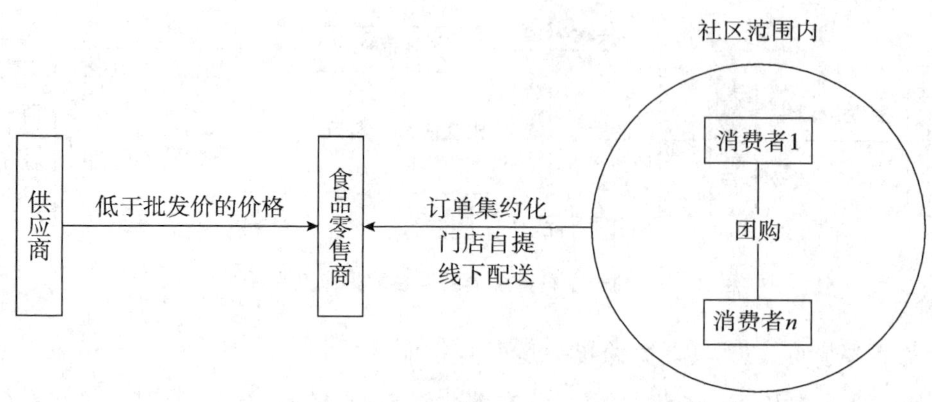

图4－9　社区团购交易模式

由图4－9可知，社区团购这种交易模式火爆的原因取决于其市场定位，因其团购的形式给消费者带来的最直接的好处就是价格优惠、方便快捷，这种形式很适合对价格较为敏感的消费者，说到底就是“薄利多销”。而这种模式对零售商是有利的，由于末端订单集约化后，对某一食品的需求量增大，零售商有更大的话语权向供应商要求更低的批发价格，又可以通过减少交易环节增加每个交易主体的利润，因此在消费者得到物美价廉的食品时，零售商也能够获取较大的利润，社区团购的交易流程如图4－10所示。

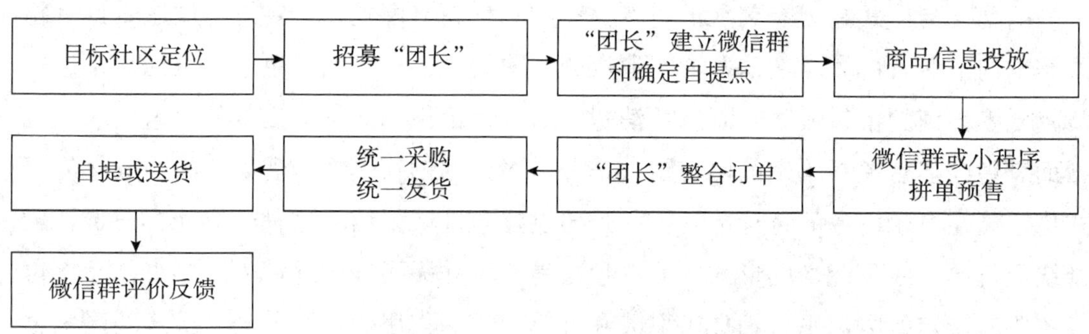

图4－10　社区团购的交易流程

社区团购模式是由零售商集中提供食品商品及售后服务保障，招募宝妈、社区便利店主等社区周边人员作为“团长”，利用其社交能力和已有消费者的信任度，担任分销渠道管理者，负责在微信群中发布预售信息、整合订单、反馈问题等工作内容，“团长”直接服务于消费者，平台则是间接地服务于消费者，二者通过共同服务形成了将用户需求前置“以销定采”的模式。消费者只需通过微信群接龙或小程序拼团预定自己需要的食品，选择“团长”送货上门或自提，就可以享受熟人经济下安全可靠、价廉物美、方便快捷的优质服务。

2. 社群团购

社群团购的特点是消费者群体并不是固定于某一地理范围内，而是根据消费者的社交方式形成社交圈，确定了团购的参与者，而社交电商由此而生。

社交电商即通过社交网络平台，或者电商平台自身含有的社交功能，将社交化的元素融合到线上购物过程中，通过消费者的社交圈找到具有相同需求的消费者，消费者可自行拼单，对于零售商而言，这仍然是一种团购模式。对于专注于运用团购的电商主体来讲，同一账号的用户不能与自己拼单，也就是说一些专注于“体验+分享”的社交电商最主要的目的是引流，而类似拼多多的销售类电商平台则是消费者完成最后的团购交易过程的场所，社群团购的交易模式如图4-11所示。

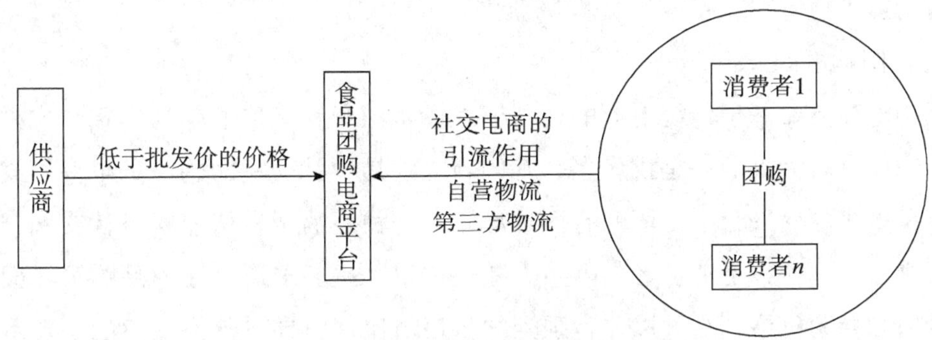

图4-11 社群团购的交易模式

（1）社交电商

在这种交易模式下，社交电商的引流是最终销售的主要推手。社交电商以内容分享驱动电商发展，主要注重的是各个消费者分享的内容，例如，消费者购买某一食品的体验感，食品是否与购买介绍相符等，从而在一定程度上起到宣传作用。

社交电商的主要模式有三种，最初，专营某些品类、品牌的销售人员通过微信等聊天平台，在平台内直接分享商品，引导其社交圈内的人购买，他（她）们都更像是品牌的加盟商，能力也是良莠不齐，收入多少全靠个人能力。

接下来，随着社交平台的飞速发展，出现了很多博主通过微博等社交平台分享“种（拔）草”笔记的新形式，他（她）们通过展示商品原貌、用后效果等，让消费者更快地了解商品，有的博主是“自由人”，完全自费测评各类商品，为的就是给消费者最真实的测评体验，也有部分人是品牌推荐官，这些人常常是因为已经经过前期的测评，积攒了优质、有黏性的客户群体，进而为与之合作的品牌商提供专业的测评服务，一般他（她）们选择的也是信誉度较高、品牌效应较好的优质商品。

现今，还有主播通过快手、抖音等网络直播平台，以更直观的方式定期、定时为观众展示商品，这些主播一般都是被请来专业“带货”的，其作用就像是线下实体店的“导购”，为消费者推荐最好用、最实惠的商品，从而逐步推动食品销售量在线上流通渠道的快速增长。

总的来说，这些模式都有一个共同点——将社交无声无息地融合到销售中，消费者都是追随各个销售人员，而不是最终的品牌商，而这种形式决定了“销售人员”作为中间人的绝对地位，消费者通过销售人员购买各个品牌的食品，而各个品牌通过销售人员取得销售渠道，这在一定程度上改变了品牌商在供应链中的绝对地位，也营造了更有“人情味”的购物氛围。

（2）团购电商

团购电商主要基于传统电商的运营模式，将消费者单独下单的模式改成拼团的模式。现如今较为火爆的是拼多多，其创新之处是“社交+团购”的电商模式。

在拼多多电商平台中，团购有两种形式，一种是消费者依靠自身社交圈，与熟人进行拼单，另一种是消费者与陌生人随机拼单。拼多多通过在商品购买界面显示拼团价格和单购价格，给人以非常强烈的价格对比，引导对价格敏感的消费者选择拼团，在最初的时候就是以 24 小时内成团的形式，促使消费者通过微信平台寻找熟人进行拼单，而后增加了陌生人拼团功能，消费者可以直接在购买界面与陌生人拼单，以此来靠团购扩大利润。而且拼多多所推广的每日签到、拼拼小果园等各项 App 活动，足以在满足消费者的消费需求之余，满足消费者的娱乐需求，因此拼多多在电商平台的基础上，将团购的效益发挥到最大，并不断开发其社交模块，形成较为成熟的社群电商平台。

4.4 食品商流相关问题

4.4.1 食品交易模式中双渠道引起的冲突

随着网络购物的广泛兴起，线上和线下产品销售对于产品经营主体来说是同样重要的两个渠道。线上销售产品的价格比实体店的价格普遍低一些，但相应地，线上销售产品的质量安全水平有时难以保证。总体而言，食品交易模式中双渠道引起的冲突包括以下几个方面。

线上线下的食品需求量始终存在差异，一般情况下，线下食品需求量始终高于线上食品需求量。但随着消费者对线上购买食品接受度的提高，两者需求量的差距呈现先大后小的趋势，双渠道销售食品对于制造商来说是越来越有利的，这是因为总需求在增加，仅通过线下单一渠道进行食品销售的零售商其利润会不断被挤占，竞争力逐渐减弱。

线下食品的零售价格和食品质量安全水平都普遍高于线上。随着消费者对线上购买食品接受度的增强，线上食品市场竞争力增强，线上食品的价格与质量安全水平都逐渐提高，双渠道的食品价格与质量安全水平差距逐渐缩小。

目前来说，在食品的质量方面仍是线下门店所销售的更好一些，这是因为线下销售渠道比较成熟，零售商自身素质较高，相关部门的监管体系较为完备，销售活动较为正规；而线上渠道为了引入更多的消费者，通常会压低价格，甚至虚假宣传等，且线上销售渠道仍在不断发展中，相关的监管体系仍有待完善，因此所销售的食品质量参差不齐，但平均销售价格低于线下零售。

这种双渠道的冲突时刻都在发生，需要相关部门更加细致地制定规则，参与主体更加规范地履行规定，经过多方努力才能够得到解决。

4.4.2　销售对象群体老龄化不利于电商平台食品交易模式的推广

老龄化是世界人口发展的必然趋势，我国是世界上人口老龄化程度较高的国家之一，我国 60 岁以上的老年人数量非常庞大。与此同时，中国人口老龄化速度也在不断加快，这给社会生产生活带来了很大的影响，主要有以下两点。

第一，老龄化导致生产结构被迫重组。一部分老龄化人群失去参与社会生产活动的能力，而填补上来的劳动力人数不足，在一定程度上会影响生产活动的进行，因此相应的食品生产及加工效率会受到影响，进一步影响到食品商流的快速发展。我国的食品商流等交易活动发展较晚，不同于部分西方发达国家在人口老龄化发生时，它们的经济发展已处于较高程度，生活水平也相对处于较高水准。我国在出现人口老龄化的时候，还是发展中国家，经济发展水平较发达国家还有一定的差距，这使得我国食品商流的发展速度受到一定程度的制约。

第二，人口老龄化在一定程度上代表着消费老龄化。现有老年群体的教育水平参差不齐，对电子商务等新兴技术有一定的排斥心理，复杂的遴选、操作、收货等多个环节，对他们来说有一定的操作难度，容易使他们出现畏难情绪，在使用几次后往往对新兴模式的满意度不高。

综上所述，人口老龄化对食品生产活动和食品消费情况均有较为明显的影响，且在某种程度上不利于电商平台食品交易模式的创新。

4.5 食品商流发展趋势

在食品销售环节，食品销售主体融合多种渠道，寻求各种模式与自身销售食品类型的适配性，以选择最优的食品交易模式，本书总结了如下三种食品交易模式，分别是以大型食品批发市场运营商为主导的食品交易模式、以连锁商超为主导的食品交易模式和以生鲜电商为主导的双渠道生鲜食品交易模式。

第一，以大型食品批发市场运营商为主导的食品交易模式是未来多种多样交易模式发展的基础，这是因为此模式是以传统交易模式为基础，虽然简化了交易的参与主体，但仍然具备最完整的交易流程，可以说这种模式具有普适性，且食品批发市场环境的不断改善以及标准体系的建立，均能够对这种模式进行优化，因此以大型食品批发市场运营商为主导的食品交易模式在未来的食品交易发展过程中占有很大的比重。

第二，以连锁商超为主导的食品交易模式，是现有市场中实体零售商能够与终端消费者有直接交易的一种模式，也是现有零售市场的主要组成部分，且在未来的发展过程中通过对连锁商超经营方式的革新，优化连锁商超的功能，能够为消费者提供更好的食品以及相关服务。

第三，以生鲜电商为主导的双渠道生鲜食品交易模式。生鲜电商是未来食品交易发展的重要组成部分，这是因为生鲜电商的出现打通了生鲜食品交易的壁垒，丰富了生鲜食品交易的模式，且优化了生鲜食品销售的结构。而且随着生鲜电商的不断发展，越来越多的生鲜电商并不是只停留在线上，而是通过与实体零售门店的融合，形成更具有竞争能力的双渠道交易模式；同时，生鲜电商逐步扩大其销售品类，并不局限于生鲜食品，还开拓了普通食品（即不需要冷链物流的食品）领域，因此以生鲜电商为主导的双渠道生鲜食品交易模式正在逐渐涵盖全渠道，容纳全品类的食品产品，是未来不可或缺的一种食品交易模式。

4.5.1 以大型食品批发市场运营商为主导的食品交易模式

由于我国市场经济的不断发展，在食品供应中除国家把控的主要经济类作物外，其余均从以往的计划经济模式转向了市场经济模式，出现了很多的食品销售

市场，这些市场在当地政府的领导下或依靠自身发展成为专营食品的大型批发市场。这些大型批发市场的运营商根据自身的特点定位市场、创建品牌，随着制度和模式的完善和成熟，形成了以大型食品批发市场运营商为主导的食品交易模式，通过各级参与主体的运作，将整个供需链条串联起来。具体交易模式如图4－12所示。

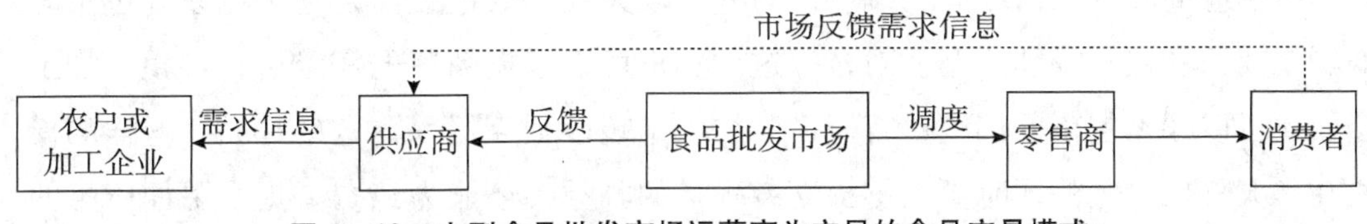

图4－12　大型食品批发市场运营商为主导的食品交易模式

食品批发市场将消费者的需求反馈给供应商，供应商再将需求信息反馈给上一层，也就是农户或加工企业，通过这种信息的交流促使生产商所生产的食品更加符合市场需求，例如，生鲜蔬果的成熟度以及单果的规格等，以达到将各个环节的风险尽量降到最低的目的。

而这种大型食品批发市场作为供应商和零售商之间的衔接点，在一定程度上，它能够更加精准地掌控市场需求，也有能力对各个环节进行调度，确保产品能够在某个时间到达，并将产品派送到各个销售点，这样便可以更好地促进各个环节的联结，减少产品缺货和积压现象，这对于一些生鲜食品而言，能够将冷链物流的成本和损失控制在最低，因此很多大型食品批发市场已经不只有最初单一的销售功能，还发展了集存储、批发、加工和运送为一体的系统服务。

4.5.2　以连锁商超为主导的食品交易模式

随着超市的不断发展，为了满足更多人的需求，超市也将食品纳入主要销售商品类别。超市中的食品不仅包括加工食品，还包括初级农产品以及各类半加工熟食类，有的超市甚至提供餐饮服务。因此，超市的服务逐渐标准化，且超市里常设的冷链设备能够非常好地满足生鲜以及熟食等食品的保鲜需求，加工和包装也更加系统正规，受到很多消费者的欢迎。连锁商超在各个城市中的布点较多，能够及时将产品在超市内部进行调度，超市中成熟的促销手段也可以最大限度地减少产品的积压。以连锁商超为主导的食品交易模式如图4－13所示。

超市能够直接接触消费者，根据产品的销售情况和消费者对产品的反馈，超市对消费者的需求把握得非常准确，并能够根据这些数据及时调整各种产品之间以及

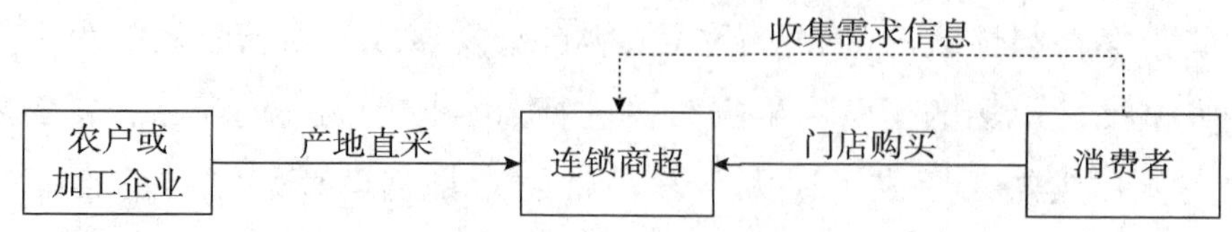

图 4－13　以连锁商超为主导的食品交易模式

与上游供应商和生产商之间的调度。另外，较大规模的连锁商超甚至可以绕过中间的经销商，和农户或加工企业对接，这样农户可以根据超市的需求进行种植，加工企业也可以根据超市的调度进行生产和加工，超市则直接采购这些产品，这样的模式在大大降低风险的同时更能够提高各环节的收益，还能为消费者提供更加优惠的价格，使产品的流通更加顺畅，提高效率，因此以连锁商超为主导的交易模式仍是当今最为常见的食品交易模式，在未来的食品交易模式发展中仍占有一席之地。

4.5.3　以生鲜电商为主导的双渠道生鲜食品交易模式

随着食品流通渠道的拓宽，传统的线下流通模式逐渐被线上线下一体化代替。目前生鲜电商经营的产品品类主要包括水产、肉蛋、奶制品、粮油、水果蔬菜等，可以看出生鲜电商已涵盖需要常温物流与冷链物流两种物流模式的不同食品品类。以生鲜电商为主导的双渠道生鲜食品交易模式如图 4－14 所示。

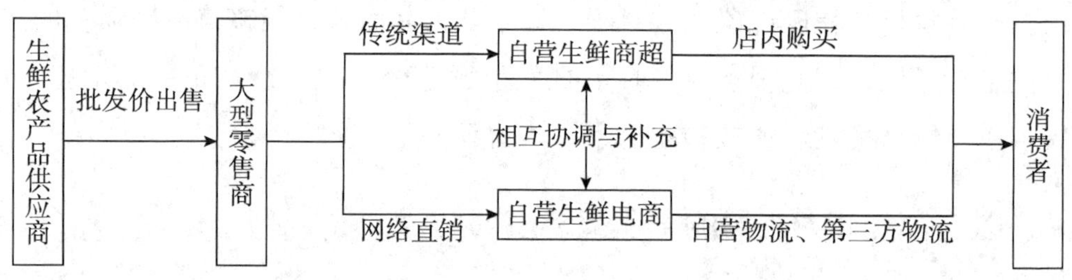

图 4－14　以生鲜电商为主导的双渠道生鲜食品交易模式

以生鲜电商为主导的双渠道生鲜食品交易模式能够为食品交易的发展带来新机遇。近些年，生鲜电商的发展迅猛，在市场中较受好评的就是阿里巴巴集团下的盒马鲜生。盒马鲜生以“生鲜商超＋餐饮体验”“生鲜配送＋餐饮外卖”为特色，积极构建深度体验式的场景化营销场所，不断扩大其商品类别，满足各类消费人群的多样化、个性化消费需求，提供多种消费体验。

盒马鲜生的线下门店通常布局在城市商业区及社区商圈内，在控制门店租金成本的同时，通过持续性地线上线下整合营销，为消费者提供较为智能化的“一站式购买”“多场景体验”的新型销售环境。盒马鲜生设计打造的“盒马” App 可供消

费者下单、购买产品，其利用后台进行消费者数据收集、分析等，构建消费者画像，打造更好的电商销售平台。

盒马鲜生最有竞争力的一点就是其主打进口食品及生鲜农产品销售，其食品的种类较为多样化，融合了普通商超和进口商超的营业范围，且实体门店可以为消费者提供海鲜加工等服务，进一步吸引消费者。盒马鲜生还打造了“3 公里半小时极速物流配送圈”“24 小时不间断配送”等服务，显著提升了盒马鲜生的用户覆盖面及渗透率，是生鲜电商中的佼佼者。

5 食品物流及其发展趋势

5.1 食品物流概述

5.1.1 定义及特点

食品物流是将食品生产与消费（生产消费与生活消费）连接起来的中间过程，帮助企业更快地将食品送到消费者手中，也就是帮助消费者以更便利的方式获得食品。因为食品特有的易腐、易损坏等特点，食品物流相较于其他产品的物流，具有以下突出的特点。

第一，为了保证食品的营养成分和安全性，食品物流要求高度清洁卫生，同时对物流设备和工作人员有较高要求。由于食品是直接与人体接触的商品，且要进入人体内，因此食品的卫生是非常重要的，物流要建立在不破坏食品卫生的前提下。

第二，由于食品具有特定的保鲜期和保质期，食品物流对交货时间即前置期有严格标准。食品由于单个规格小，大多数情况下不是单独销售，而是以组合的形式，以总重量为定价依据，因此食品对物流的承载能力有一定的要求。另外，食品具有特定的保质期，与衣服等产品不同，食品一旦超过保质期，即便是未开封仍应该按照过期食品的处理方式处理掉，因此食品对时间控制的要求也较为严格。

第三，食品物流对外界环境有特殊要求，比如适宜的温度和湿度。由于食品在不适宜的温度和湿度条件下，会有一些微生物引起的反应，破坏食品的营养结构，甚至直接损坏食品，最终不可食用。例如，酸奶的保存温度是2～6℃，如果奶柜温度过高，酸奶容易滋生细菌而变质；奶柜温度过低，不利于益生菌的生长，会降低其活性。因此不同食品所适宜的湿度、温度均有所差别，在物流活动中，为食品提供的外界环境会直接影响食品的最终品质。

第四，生鲜食品和冷冻食品在食品消费中占有很大比重，所以食品物流必须有相应的冷链设施。食品物流主要分为常温运输和冷链运输，随着人民生活水平的提高，消费者对生鲜食品的新鲜度要求越来越高，例如，消费者在批发市场购买蔬菜

果品的时候，会挑拣一些新鲜度较高、外表损坏较少的产品，在多次的拣选之后，剩下的蔬菜果品大多是有一定缺陷的。这种情况主要是由保鲜措施和保护措施不得当且不充足所造成的，由此可以看出冷链物流的重要性。

第五，物流成本高，大多数食品的单位价值相对较低，但对运输设备、仓储拣选等物流环节的要求相当严格，物流服务提供方承担的成本较高。由于食品种类较多，不同类型的食品对仓储运输的要求也不尽相同，因此在仓储运输过程中，物流服务提供方承担着很大的损失风险，且最终利润相对较低。

5.1.2　主要环节

物流环节有七个部分：物体的运输、仓储、包装、搬运装卸、流通加工、配送以及相关的物流信息处理。细化后包括以下几个方面：用户服务、需求预测、订单处理、配送、存货控制、运输、仓库管理、工厂和仓库的布局与选址、搬运装卸、采购、包装、情报信息。而食品因其特殊性，具体到每个环节的要求都会与普通产品有所区别。

在包装活动中，运输材料或容器应当在保证完整性的同时达到卫生清洁的要求，且应该有一定的保护能力。在装卸、运输和仓储过程中，包装的材料应当能够避免内部食品受到损伤。当包装不耐压的食品时，应在普通包装容器内加支撑物或衬垫物，以减少食品的震动和碰撞；当包装易失水的食品时，应在包装容器内加塑料衬，且各种包装填充物需要满足食品安全要求。

在运输活动中，要合理控制食品、食材的温度和湿度，保障各类食品，尤其是生鲜类食品的品质，尽量加大使用物联网等技术，提高物流运输活动的科学性。例如，运输工具的箱体内不能放置具有尖角、棱角或凸状物的设施或者物品，以免损伤食品进而造成污染；必须提前将运输工具制冷、除霜，保证开始装货时，箱体内部温度降低至或略低于需要冷藏的食品的温度要求；每完成一次运输活动后，都需要严格地对运输工具进行清洗。

在仓储活动中，储藏食品的库房及相关空间需要提前调整温度、湿度，达到要求后食品才可以入库储藏。凡是入库的食品必须清洁、新鲜，且具有强烈挥发性气味的食品、要求不同储存温度的食品、需要特殊处理的食品以及容易交叉污染的食品都需要专库储存，不得混合储存。

5.1.3　重要性

由于食品行业流通总量大、交易频次高，因此在食品行业中加强物流运输，特别是加强食品食材、成品的及时配送是食品生产、食品加工及销售活动顺利开展的关键。

（1）食品物流是食品企业生产和销售的重要环节，是保证企业高效经营的重要方面。对于一个生产型企业来说，物流包括从采购、生产到销售中涉及的仓储、运输、搬运、包装等各项活动，它是贯穿企业活动始终的。而各项物流活动又串联起食品行业相关的各个企业，包括批发商、零售商，这是一个庞大的关系网络，之间都有着直接或间接的利益关系，因此只有物流顺畅，才能保证企业的正常运行。

（2）食品物流服务水平是构建食品物流系统的基础。物流服务水平不同，物流的形式将随之而变化。企业的物流网络如何规划、物流设施如何设置、物流战略怎样制定，都取决于其物流服务水平。

（3）提高利润是食品企业开展物流活动的根本目标。事实已经证明，由于物流能够大幅度降低企业的总成本，加快企业资金周转，减少库存积压，促进利润率上升，从而给企业带来可观的经济效益，国际上普遍把物流称为“降低成本的最后边界”，物流是排在降低原材料消耗、提高劳动生产率之后的“第三利润源泉”。开展物流活动，尽量降低食品的损耗，进而降低物流成本，能够提高企业的运营利润。

5.2 食品物流运行模式

现有的食品物流主要有食品生产企业或经销商自营物流以及第三方物流服务，且由于食品行业不同主体的集中度不同，自营物流可以覆盖整个食品交易流通过程的较少，因此现如今大多使用的两种模式是部分自营+部分依托第三方物流和全部依托第三方物流。

无论企业选择哪一种物流模式，食品物流都需要满足以下三点要求：

（1）安全性：安全性是由食品的特殊性决定的。食品具有易腐性、易被污染等特点，一旦保存或者运输等环节出现问题，就会引发食品安全事件。因此，物流环节是保证食品安全的重要环节。安全性也成为食品物流的主要特征之一。

（2）及时性：由于食品都具有保质期，特别是生鲜食品，保质期比较短，这就需要及时将食品送到客户的手中。因此，食品物流要具有及时性的特征。自营物流模式有利于缩短物流时间，提高送货效率。

（3）专业性：无论是自营物流还是第三方物流，都应当具有专业性。专业性主要是指专业的物流技术、操作流程和基础设施等。特别是对于冷链物流来说，

需要具有专业化的运输工具和完善的配套设施，这样才能保证食品安全的送达客户。

综上所述，食品物流应在满足以上三点的前提下，进一步追求物流效率最大化，进而降低物流成本，提升食品物流活动相关利益主体的利润。

5.2.1　自营物流模式

自营物流模式是指食品生产企业或经销商自主运营的一种物流模式。在自营物流模式下，企业能够及时掌控物流信息，并及时对物流操作环节进行规范，有利于实现企业一体化战略。

自营物流就是企业自身经营物流业务，建设全资或控股物流子公司。从长期发展的角度看，食品企业或经销商应根据自身的资源条件考虑发展自营物流。自营物流要求企业通过自有物流设备或网络将原料食品、加工食品等送达至相应的目的地。企业自备仓库、车队等物流设施，内部设立综合管理部门统一企业物流运作或者是各部门各司其职、自行安排物流活动，在自我运输服务需求满足的情况下，企业会把闲置的物流资源提供给原材料供应商、其他企业或消费者服务机构。现代自营物流则把企业的物流管理职能提高到战略地位，即通过科学、有效的物流管理实现产品的增值，夺取竞争优势。

1. 食品生产企业或经销商自营物流的优势与劣势

具体优势有如下三点：

（1）掌握控制权。企业可以对企业内部的采购、生产和销售环节，生鲜农产品的特性、规格，供应商以及销售门店的经营状况进行全过程的有效控制，建立起以信息化为手段的高度控制系统，全面监控食品企业的运营活动。

（2）降低交易成本。自营物流可以使零售商直接与供应商或消费者见面，因此食品企业能够掌握上游供应商与下游消费者的供求信息，即掌握“第一手”资料，满足门店的特殊化需求，避免由于物流外包产生信息的不对称影响企业的利益，必要情况下还可以根据交易信息将自己门店的商品品类进行丰富，提高经营品类的多样性，进而提高竞争力。另外，食品企业通过内部行政权力控制生鲜农产品的采购和销售，可以跳过就运输、仓储、配送和销售服务佣金问题进行谈判的步骤，避免多次花费，减少交易结果的不确定性，降低交易风险，减少交易费用。

（3）避免商业机密的泄露。对于任何一个企业来说，其内部的运营情况都应处于相对封闭的状态，这不仅是因为外界对企业运营了解渠道匮乏，更重要的是企业为了保证正常的运营，特别是对于某些特殊的运营环节，不得不采取保密手段，尽量杜绝商业机密泄露。当企业将物流环节外包，特别是引入第三方物流时，其基本的运营情况就不可避免地向第三方公开，而这种公开有可能削弱企业的竞争力。企业通过自营物流，则可以避免商业机密的泄露。

具体劣势有如下两点：

（1）资源配置不合理。食品物流活动中最主要的环节就是运输和仓储，然而由于食品的特性，其对于运输效率的要求更高，仓储要追求零库存，而供应又要稳定和快速，这就存在零库存和稳供给的矛盾，即存在运输资源和仓储资源配置不合理的问题。

（2）管理机制约束。在企业现有经营管理机制下，如何协调各方面的利益，甚至要求某些部门牺牲自身利益以达到企业整体效益的最大化是一件比较困难的事。如果将物流管理权力提高到各事业部门之上，可能会导致原本分布在各环节的物流活动被互相推诿，责任不明确；如果把物流管理权力下放到各事业部门，则无法避免个体利益的最大化和整体利益的弱化；如果把物流管理权力放在与各事业部门平行的位置上，则可能导致物流管理无法有效地执行。

2. 食品零售企业建立的一体化自营物流模式

主营线上业务的食品零售企业建立的自营物流，其本质是为了打通与终端消费者交易过程中的物流部分，而随着人们对物流要求的提高，食品零售企业，建立了包含终端交易过程以及源头采购的一体化自营物流体系。食品零售商在食品交易过程中占据非常重要的地位，是直接与消费者进行交易的主体，因此其会更加重视食品质量问题，且对生鲜食品的质量要求更高，因此部分能力较强的零售企业会大力投入食品自营物流的建设，形成食品零售企业自营的食品物流模式。

例如，永辉集团在福州销售生鲜农产品的物流模式就是纯自营的形式。目前永辉集团已形成以零售业为龙头，以现代物流为支撑，以食品工业和现代农业为两翼，以实业开发为基础的大型企业集团，拥有现代食品工业园，建立了一批自营和合作的蔬果生产基地，并在全国范围内建立了庞大的远程采购体系。

在采购端，永辉集团针对部分地区不生产生鲜农产品的问题，在全国范围内形成了稳定的生鲜农产品供应网，含山东果品采购中心、湖南果蔬采购中心、江西水产采购中心、福建生鲜采购中心等多个采购基地。其中，在福建各地采取双向物流配送体系，形成闽东、闽西北、闽西南以及其他地区的供应和销售网，在此基础上，建立了生鲜超市与当地农户结盟的果蔬生产基地，如六凤洲蔬菜基地、建新蔬

菜基地、北峰无公害蔬菜基地以及闽侯、长乐、平潭、古田、霞浦、东山等地的蔬菜、水果、菌产品和冰、活鲜产品基地，依靠遍及大江南北的采购中心保证货源的充足和供应量的稳定。

在销售端，永辉集团在自己的生鲜超市里避开热点竞争，积极抢占连锁超市的生鲜空白点，瞄准中低层次客户需求。永辉集团的生鲜超市营业面积一般在4000平方米以上，且涉及的品种有5000多种。在永辉集团线下的门店中，生鲜农产品作为主打经营特色，使消费者选择产品的自由度和个性化得以极大体现，永辉集团将生鲜农产品的销售逐渐鲜活化，并通过包装以及售后加工服务赢得消费者的赞誉，进而形成黏性较高的消费者群体。

综上所述，永辉集团在充分了解企业发展需求以及整合企业现有资源的情况下，选择了更有利的自营物流模式，并通过一体化的物流体系建设，逐渐增强其竞争力，为企业谋得更多的利益。

5.2.2 依托第三方物流的食品物流模式

依托第三方物流的食品物流模式主要是指食品生产和加工、销售等主体将与食品物流相关的活动外包给可以提供相关服务的第三方物流企业。这些企业不参与产品的生产和买卖，专业从事物流代理服务。

随着食品企业对物流服务专业化要求的提高，部分第三方物流企业也会提供具有定制化特点的物流服务，通过第三方物流的信息整合功能，为食品企业提供市场容量数据，通过分析食品贸易季节性特点，来划分淡季和旺季，从而决定食品及其相关原料的运输数量，这是第三方物流较明显的优势。

目前的第三方物流以货物代理、仓储、库存管理、搬运和定向运输服务为主，虽然第三方物流有非常大的优势，但能提供综合性、全过程、集成化的现代冷链物流服务的专业企业较少，其发展仍未达到理想的程度，因此仍需要促进其发展。

1. 龙头电商企业提供的第三方物流服务

京东是以电商平台为起点发展起来的电商行业的龙头企业，随后建立了以京东集团为母体的京东物流，进而开辟了自营物流的业务板块，物流业务涵盖所有品类，其中食品物流是京东物流的一大特色，这源于京东物流的设施设备较好以及物流体系较为完善。最初京东物流仅仅是服务京东集团自身的业务，随着不断地发展壮大，京东物流已经发展成了一个成熟的业务板块，不断推出更加优质的物流服务，逐渐变成专业的第三方物流企业。

为了提高京东物流的服务能力及竞争力，京东宣布子公司“京东到家”与“达达”合并，合并后新公司保持独立运营和发展，主要业务分为众包物流平台和超市生鲜O2O平台两大板块。其中，众包物流平台将原来“达达”和“京东到家”的众包物流体系相结合，继续使用“达达”品牌，为国内许多零售企业，提供成本低、规模化的“最后三公里”物流服务；为了持续深耕超市生鲜领域，超市生鲜O2O平台也会继续用“京东到家”的品牌，深入合作线下商超以及零售店。

“京东到家”的物流环节至少包括商品供应、储存和配送三个方面。“京东到家”的用户需求是即时、碎片化（时间、地点）、高频，更适合点对点、离散型的物流模式，需要动员社会闲置运输力来降低成本。现如今“京东到家”的配送时间平均在一个小时左右，未来配送时间将会越来越短。

因此可以看出以京东物流为首的自营物流龙头企业提供第三方物流服务的物流模式也是物流服务越来越专业化的一种表现，因为京东物流从电商行业发展起来，所以京东物流的服务能够更好地满足电商销售食品的需求，对于食品供应链的发展有促进作用。

2. 专业的第三方物流

由于建设资金的限制和物流的发展，很多食品配送商会结合自身需求，采用第三方物流模式。这种模式可以降低农产品配送的物流成本，同时第三方物流公司也比较专业，物流配送的速度比较快、损耗低，是一个不错的物流选择。具体模式就是：配送商从农户那里收购农产品，客户下达订单之后，配送商自己分拣包装，再通过第三方物流，运送到客户那里，整个运输过程均由第三方物流公司负责。

例如，顺丰物流就是市场中较为成熟的第三方物流。顺丰物流是国内领先的快递物流综合服务商，经过多年发展，已初步具备为客户提供一体化综合物流解决方案的能力，不仅提供配送端的高质量物流服务，还延伸至价值链前端的产、供、销、配等环节，从客户需求出发，以数据为牵引，利用大数据分析和云计算技术，为客户提供智能仓储管理、销售预测、大数据自助分析等一揽子解决方案。公司的物流服务主要包含时效快递、经济快递、同城配送、仓储服务、国际快递等，同时，为生鲜、食品和医药领域的客户提供冷链运输服务。

顺丰冷运依托强大的运输网络、领先的仓储服务、智能的分仓解决方案、专业的温控技术和先进的系统管理，为客户提供专业、安全、定制、高效的全程可控冷链服务，业务已覆盖食品行业、电商、经销、零售等多个领域。

顺丰冷运的市场占比很高，市场竞争力较强，其发展标志着食品物流中的第三方物流企业正在提高其服务水平且逐步变得更加成熟。

5.2.3　自营+依托第三方物流的混合物流模式

此种模式是指食品企业一部分物流业务选择自营方式，一部分选择与第三方物流公司合作的混合方式。食品企业应根据自己的需要和资源条件，综合考虑，慎重选择物流模式，以提高企业的市场竞争力。

1. 混合物流模式的优势

第一，混合物流模式能最大化地利用社会的物流资源。这是因为自营物流主要利用了食品企业的自身资源，搭建起物流系统以满足企业的物流需求，而第三方物流则是综合了专业的物流公司以及一部分的社会资源，为企业提供物流服务。混合物流能够利用更多的物流资源，更高效地完成物流活动。

第二，混合物流模式能使食品企业更灵活地完成食品物流任务。由于不同的食品企业在食品供应链中的角色不同，主要以生产端、采购端、消费端三部分简单划分，因此不同角色需要完成的物流活动有一定的区别。混合物流模式可以将不同的角色的任务与自营物流和第三方物流重组，形成多种匹配关系，选择最适合的食品物流服务主体，能够使食品物流活动完成得更加高效。

2. 混合物流模式的劣势

混合物流模式的劣势是它综合了自营物流和第三方物流的缺点，主要包括建立自营物流的食品企业自有的风险，以及第三方物流所带来的信息壁垒等。

另外，由于混合物流模式在物流活动中会随着物流需求替换物流服务主体，因此对食品企业的自营物流与第三方物流之间的协调合作要求较高，这就需要食品企业和第三方物流企业提前制定好相关的合作要求，以总物流效率最大化为目标，顺利完成相关的食品物流任务。

综上所述，混合物流模式主要是平衡了自营物流与第三方物流的优劣势，最大化地利用物流的相关资源，是现如今食品市场中大多数食品企业主要选择的模式。

5.3　食品物流存在的问题

5.3.1　食品物流的信息技术水平低

在信息时代，大量物流管理企业加强了物流信息优化建设，在优化员工生产管理的同时，极大促进和提升了服务质量，并在后期运用和管理方面合理采用物理信息技术，有效降低了企业的运营成本，极大延续了物流企业的健康发展和运营管理质量。

在食品物流活动中的信息技术，主要包括条码技术、EDI（电子数据交换）技术、GPS（全球定位系统）技术、RFID（射频识别）技术等。在现有的食品物流活动中，以上技术都是支撑食品物流活动完成的基础技术，相对于制造业的物流活动，食品物流活动的先进信息技术开发情况及其应用情况并不理想。

尤其是在食品生产过程中，中小型食品物流企业过于注重当前营利，容易满足，缺乏降低平台管理成本和维护成本的意识，忽视了信息技术的多元性特征。例如，企业在构建信息物流管理模式中，多强调某一单生意的完成率和质量，没有挖掘网络技术和交易运营的潜在力量，忽视了各个部门之间的联动性，反而在复杂的产业交易模式下降低了物流信息化管理的质量。此外，由于信息技术对于物流企业而言属于“冰山一角”，企业在这方面缺乏长期战略，在企业竞争中忽视消费者的需求，这一点不利于完整的物流信息化体系建设。

现实情况中，食品的生产与销售过程未能达到高信息化水平，没有形成具有较高经济效益的供应链信息体系，而物流作为联结食品交易整个过程的不可或缺的工具，没有能够依托信息技术达到更高的效率。在大多数食品企业尤其是在大规模食品企业中，在食品或者食材的运输过程中部门和企业之间没有保持密切的信息沟通，大多数企业无法掌握物流的现实状况，导致食品物流的实时监控效果比较差。

5.3.2 食品物流面临的挑战多

1. 成本高，前期投入大

从目前食品企业自营物流的发展来看，普遍存在的问题就是前期投入比较大，运营成本一直居高不下。这是因为在自营物流发展前期，食品企业需要建设大量的仓库，购买大量的运输工具，招聘大量物流人员，这些都需要投入大量资金，使成本迅速提高。而这些成本在第三方物流企业建立物流系统的阶段也同样存在，由于第三方物流企业所建设的物流系统一般情况下相较于食品企业的自营物流要求更高，因此其资金、技术等投入也会更多。

2. 在物流管理方面，食品企业也面临诸多困境

对于食品企业的自营物流而言，一方面，自营物流制度并不完善。食品企业自营物流的发展并不成熟，很多还处于刚起步阶段，只是建立了物流运营的操作流

程，而评价考核机制并不完善。评价考核机制对于自营物流的发展具有推动作用，可以帮助自营物流达到更高的标准。另一方面，食品企业的经营核心在于业务发展，可用于物流管理的精力比较有限，这些都增加了物流管理的难度。

3. 物流人才匮乏

我国食品企业自营物流的发展还处于起步阶段，对物流人才的需求比较大，第三方物流企业的发展同样需要更多专业的物流人才，人才市场却存在供给不足的情况。

一方面，高学历人才配备不足。另一方面，高素质的综合型人才匮乏。物流人才不仅需要掌握信息处理、运输等方面的知识，还需要具备人文、沟通等方面的技能。但是目前来看，我国这方面的人才还比较紧缺。

5.3.3 冷链物流服务需求远大于供给

据调查可知，从市场规模来看，现今市场中需要冷链服务的食品超过了10万亿元级，这足以看出随着人们生活水平的提高，市场对冷链物流的需求呈爆发式增长。而且我国食品种类丰富，中式食品的生产加工相比西餐要复杂很多，因此实际上我国在食品冷链方面的需求较其他国家更大一些。然而目前，在基础设施设备和技术投入方面，与部分发达国家相比，我国仍有一定的差距，不断出现需求大但服务供给少的情况，致使损失较大。

冷链物流普及率较低的原因之一是冷链的相关技术研发较为困难，开发周期较长，且投入使用及测试的过程较为烦琐，导致现实中冷链物流流通比例较低。这样直接导致食品在运输的过程中常常出现比较高的货品损耗率，这种情况在大多数中小型食品企业中发生较多。原因之二是资金条件的制约，大多数中小型食品企业还是采取普通运输的方式。我国农产品中大多数的农产品是需要冷链物流作为运输方式的，但据调查目前只有小部分进入冷链物流体系，这直接导致水果和蔬菜在流通过程中容易出现腐烂等现象，使得食品运输货损率居高不下。

而高损耗率也导致相关参与主体会损失更大利润，而利润的减少会进一步制约冷链物流技术的研发和投入使用，形成恶性循环，最终制约冷链物流的发展。

5.4 食品物流发展趋势

随着我国食品行业不断发展，食品生产加工企业以及相关的零售企业逐渐变得专业化，即深耕于单一品牌，甚至是单一品类，以谋求更强的行业竞争力。自营物流的建设资金投入大，后续需要解决的物流问题较多，不适用于规模较小的企业，在此种情况下，第三方物流的优势得到很好的展现。因此，我国第三方物流企业逐渐提高对食品物流的重视度，根据食品物流的相关要求构建服务体系，其中包括创新集成化运行模式和建立专业化的冷链物流体系，以更好地为需求方提供服务。

关于冷链物流的推进，国家推行了节能环保政策，更加注重节能减排与系统安全。随着互联网、物联网技术的发展，冷库运行和管理也将远程智能化，自动温度调节、无人值守、远程监控仓储等冷库运营技术愈加完善。

5.4.1 第三方物流成为主要的物流服务商

第三方物流和自营物流相比较，最明显的区别就在于第三方物流所构建的物流体系更加丰富。

第三方物流有以下几点优势。

第一，第三方物流可以投入更多成本，使用更为先进的信息技术。例如，第三方物流可以通过信息技术选择从食品存货到供应销售整个过程中的合理途径，进行分辨和筛选后，生成优选方案，从而缩短服务时间、提升服务效率，这对于满足食品物流对时间的高要求更加有利，并且第三方物流能够通过大批量的测试及使用进一步提高信息技术的试验频率，推动相关信息技术的发展。

第二，第三方物流能够通过应用更好的信息技术提高业务的专业化程度。例如，京东物流通过建立“亚洲一号”智能化库存仓库、配备无人配送车等，提高物流活动的效率，并且智能化设备有利于保存食品这类易腐易损的特殊产品，进而减少很多因人为操作而产生的损失。

第三，第三方物流能够利用更好的信息整合能力，达成更高效的物流服务目标。例如，通过数据集成分析功能，不断拓展物流大数据服务能力，扁平化、精准化对接供需双方，不断降低双方库存，不断提升物流效率，从而持续降低成本，使服务更加精准。

综上所述，相较于小规模的自营食品物流，第三方物流有着更好的发展前景，且通过应用更加先进的信息技术，如大数据、区块链等，能够提供更加专业化、智能化、高效化的物流服务。

5.4.2　基于第三方物流的集成化物流运行模式

集成化就是通过集中资源，包括生产、订单、配送等多种资源，以更加高效的方式完成物流活动。现有的食品物流还不够成熟，实现食品的产地物流、中转地物流、销地物流的无缝对接仍有一定困难。我国食品物流发展的局限性，使得现有食品物流中较为专业的物流主体主要是第三方物流服务商，或少数的企业自营物流机构，而第三方物流的集成化能为食品物流的发展带来更大的机遇，因此食品市场对于第三方物流的集成化更加重视。

现有的第三方物流与传统运输、仓储的区别不大，仅仅是更换了一个主体，因此市场更加强调对第三方物流专业化的需求。第三方物流将逐渐在完成自身业务的同时搭建合作平台，形成战略联盟式的运作模式，将能够提供运输、仓储服务的物流企业结合成战略同盟，形成第三方网络系统，进一步实现网络系统内部的业务协作、信息交流与资源共享，将服务能力集约化、工作效率最大化。在战略联盟的基础上，第三方物流将提供更加专业化的物流服务——全面负责生产企业的物流活动。

销售端的零售商或分销商等主体将订货信息提交给第三方物流，供应商向第三方物流提供产品的供货计划，然后经第三方物流从供应商处取货，再运送到食品生产或加工企业，最后将生产或加工完的食品运送至第三方物流服务中心储存，继而发货给销售端主体，完成整个物流过程。当销售端是基于电子商务的网络直销模式时，第三方物流服务商则可以直接与消费者接触，通过订单信息直接从第三方物流服务中心配货、发货。

5.4.3　基于第三方物流服务商的冷链物流运行模式

针对我国冷链物流发展的滞后现象，最经济的办法就是以较为成熟的第三方物流为主体，构建完善的服务专业化、社会化的冷链物流体系。第三方冷链物流服务商通过自身的网络技术，构建基于网络化冷库等设备的冷链集散中心、冷链运营产地及销售地等，提供低温储藏、分拣、加工以及包装等服务。

未来第三方冷链物流主要向两个方向发展，即合规化和规模化。从当前的消费市场来看，中国的零售行业已走在全球前列，逐渐兴起的新零售、社区团购等多种模式在逐渐冲击原有的交易模式，进而使食品物流也发生了很多的改变。由于消费者对线上购买的需求快速增加，市场对物流的要求更加严格，而现有的冷链物流体系仍有可以提升的空间，冷链物流体系的规模化效应会越来越显著。

6 食品信息流及其发展趋势

6.1 食品信息流概述

6.1.1 定义及内涵

在商流和物流过程中，往往伴随着信息的传播和流动，称为食品信息流，主要包括食品的生产、物流、销售信息的传播和流动，其功能主要体现在沟通连接、引导调控、辅助决策以及经济增值等方面。

生产信息即产品的产地、品种及简单加工过程的相关信息，一般情况下生产信息是信息流的源头。而后是物流信息，物流信息总是伴随其他物流职能而产生，物流信息一般包括食品的包装、运输、贮存等多个物流环节中的信息，能够对其他物流职能以及整个物流过程起支持保障作用。物流信息的传送连接物流活动的各个环节，并指导各环节的工作，起桥梁和纽带作用，同时帮助企业对物流活动进行有效的计划、协调与控制，以达到系统整体优化的目标。最后是销售信息，涵盖分销商（零售商）与消费者交易过程中的所有信息，如市场需求、消费者建议等宝贵的信息，而资金交易信息是在商品销售完成后形成的，有一定的反馈效果，这些信息对食品交易的发展有一定的指导作用。

食品信息流是拉式的，始于消费者，终于食品生产商和加工商，具体流向如图6－1所示。

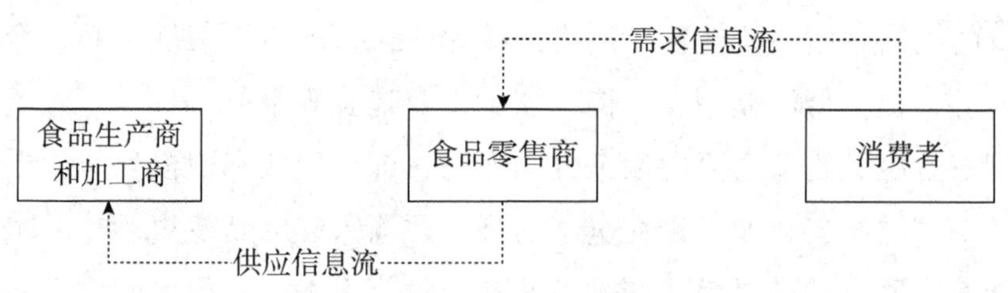

图6－1 食品信息流的流向

消费者是一切信息的源头，由消费者确定需求，进而将需求反映给食品零售

商，最后由食品零售商反馈给食品生产商和加工商，进而形成供应信息流，供应信息流就是需求信息流的集合。如果没有拉式的信息，就不会有推式的物流，信息流的正确流通是物流活动完成的条件。

6.1.2　信息流的功能

1. 连接功能

信息流不仅具有连接食品流通体系内部各个角色和环节的功能，而且具有沟通食品流通体系与外部系统及环境的功能。食品流通体系不是孤立的系统，它处在社会经济的大系统之中，是大系统的重要组成部分。其他系统构成食品流通体系的外部系统和外部环境，影响着食品流通体系的运行。不同系统之间的相互影响和联系，同样是靠信息来达成的。例如，食品流通体系中不同环节的主体对生鲜农产品的重视程度不同，但政府对生鲜农产品越来越重视，一定会影响到生鲜农产品的生产与销售市场，进而影响到生鲜农产品的食品流通体系，而政府的相关政策则处于经济社会的大系统之中，通过信息的连接作用，影响到生鲜农产品流通体系中各个主体的具体决策。

2. 调控功能

信息流的调控功能产生于连接功能。流通信息是能够被人类理解、接收和利用的信息，是经过一定程度处理的信息，例如，食品零售商对于销售的食品品类和数量信息进行统计处理，进而传递到食品生产商，被食品生产商接收并利用，以调控生产计划。因此，信息在连接各个要素的时候，所反映的客观内容就是食品流通参与主体行为的状态和结果。这样，在食品流通参与主体之间就产生了一个交互，每一个主体都能获取其他主体的信息，这些信息会影响单一主体的决策行动和后果，信息的变化也将会使主体行为发生变化，这就是信息流的调控功能。

具体来说，流通信息把市场状况传递和反馈给食品生产者和终端消费者，以及与食品交易相关的政府管理部门，从而引导着食品产业结构的变动和生产力布局的优化；调节着生产规模和资源配置；调整着商品结构，促使供求平衡。从实际的流通过程来看，各种指令、计划、合同、数据、报表、凭证、广告、商情等信息流，都是流通主体活动的依据，具体地调节着商流过程和物流过程。

3. 决策功能

食品流通是不断变化的动态过程，其所赖以存在的环境也是不断变化的动态环境。无论是运动着的流通过程，还是变化着的动态环境，都存在大量的不确定因素，这些不确定因素影响食品流通过程中的各个环节，最终影响了食品流通交易主体的决策和利润。信息的重要功能，是使决策主体了解动态，以减小不确定性，从而作出恰当的决策，并控制行为的后果，而信息越完善、充分、及时，不确定性就越小，决策就可以越合理。

决策过程实际上就是信息收集、传递、分析、处理、判断的过程。当决策主体对收集到的食品交易信息进行处理，作出判断，确认了不同决策可能产生的后果时，就完成了整个食品交易的决策过程。显然，影响决策的这些信息需要经过收集才能得到，而信息的质量对决策来讲至关重要，在食品流通过程中更加重要，如果出现虚假信息等，不仅会使相关交易主体有不可逆的损失，更可能会直接影响消费者的人身安全。

6.2 食品信息流的构成

6.2.1 食品生产及加工信息

生产过程中的食品信息主要是产地标识，即食品生产企业的名称、地址等，或者是种植植物源性农产品或养殖动物源性农产品所在位置。产地标识是获取植物源性食品产地信息的唯一途径，同时也是记录种植过程信息的载体，对实施从“餐桌到农田”的全程品质安全信息追溯具有重要作用。

产品标识是指对产品的名称、产地、生产者名称、地址、产品质量状况、保存期限、使用说明等信息的表述。标识是产品的生产者给产品的销售者、购买者的信息，以帮助其了解产品的成分、质量、所执行的标准，说明产品的使用、保养条件，起到介绍产品、指导消费的作用。

一般情况下，加工食品的产品标识会更加全面，而生鲜产品的产品标识较为简单，尤其是生鲜农产品，如蔬菜、水果等。这些生鲜农产品的产品标识包括产地及品牌，还有口感等，但关于具体生产地、生产用的种子种类、物流活动中的质量状况等信息较少。

6.2.2 零售商库存信息

食品零售商的物流与信息流是协同发展的。零售商采购食品后，就会统计与供应商相关的交易信息；零售商销售食品后，就会统计与消费者相关的交易信息，而

零售商通过对各类信息的处理，进而做出决策。与食品零售商相关的信息种类有两种，一种是零售商向供应商采购食品时的相关信息，包括食品品类、采购数量、采购单价等；另一种则是食品在销售过程中的销售品类及其数量、销售价格等。

1. 采购活动中库存信息的作用

库存信息是伴随着库存管理活动而产生的信息。与订购、预测、计划和执行等管理活动相对应，库存信息有订货、订货商品的出库和商品采购反馈等信息。例如，沃尔玛在订购一批乳制品的时候，需要从乳制品的相关库存信息中筛选出有效的信息并迅速加以处理，以保障乳制品的采购活动能够更高效的进行。库存管理一般是在服务水平和成本平衡的基础上确定如何订货、订货多少及何时订货。现如今沃尔玛已经建立起大型库存信息系统，这使得沃尔玛的食品采购活动越来越规范、高效。

从采购业务的角度来看，库存信息由采购在单量、实际库存量和已分配库存量三者组成，并且可通过订货作业和入库作业来修改采购在单量和实际库存量。

2. 销售活动中库存信息的作用

销售管理最重要的是严格地按照顾客要求的送货时间、地点和数量进行送货，这时，库存信息便会起到纽带作用，成为保证整个信息系统顺畅完整的关键。各部门都需要库存信息来决定其运作，比如，采购需要以库存信息为基础决定订货数量和时间；销售需要以库存信息为基础决定是否进行销售，指导销售价格和交货时间；财务需要从中计算库存资金占用和资金周转的时间。总之，不同的业务部门需要从库存中获得不同的信息以使其业务更有序的开展。同时，各业务部门也会对库存信息加以修正，改变其数据，用以指导和制约其他业务的进行。具体地说，一个系统中的采购、销售、仓库保管和财务四大业务对库存信息的需求和修改是各不相同但又互相联系、互相制约的。

6.2.3　市场需求信息

市场需求信息是市场上的食品在交换过程中所产生的各种情报、消息和数据资料的总称。语言文字、符号与数据、凭证与报表以及商场和广告等，都是市场需求信息的表现形式。由于在市场经济下，这类信息对企业经营和决策的影响较大，因此它是国家和企业都十分关心的信息。按地域，可分为国内市场需求信息和国际市场需求信息。市场需求是指一定的顾客在一定的地区、一定的时间、一定的市场营销环境和一定的市场营销计划下对某种商品或服务愿意购买且能够购买的数量，因此市场需求信息是极其重要的。

食品市场需求信息是单个消费者需求信息的综合体，主要包括影响消费者购买食品的相关因素、消费者具体购买的数量及消费特点等，这些信息对食品的生产活动、销售活动、物流活动都很重要，是指导食品交易完成的基础。例如，在销售终端，蒙牛乳业的销售代理商通过统计单个门店的蒙牛纯牛奶销售数量，并将其汇总到总销售代理商处，进而指导蒙牛生产部门的生产计划。一般在食品交易活动中订货时间和交易数量都是极为重要的信息。

另外，对食品市场需求信息进行统计与处理，能够得出辅助决策的重要信息，随着信息技术的出现，对于食品市场需求信息的分析手段越来越多样化。例如，依靠移动信息技术快速响应的特性，移动信息化系统能够快速、及时、准确地提供决策主体所需的重要信息，这就为提高决策的质量提供了有利条件。另外，辅以信息系统科学的决策模型和信息加工处理方式，有利于提高食品企业管理人员特别是中小型食品生产企业决策者的决策能力，从而最大限度地降低决策过程中的不确定性、随意性和主观性。

6.3 食品信息流存在的问题

6.3.1 信息流传递效率低

信息流传递效率低是现今食品信息流存在的很明显的问题，其一是因为信息传递过程本身就具有逐级欺瞒性；其二是由于供应链上下游主体的信息不对称，食品交易的各参与主体在实现其商业目标的时候产生负面影响，进而降低了信息流的传递效率。

1. 交易主体的欺瞒行为

食品需经过生产、加工、包装、运输和销售整个供应链的全过程，这就决定了食品供应链的上游过程对下游过程具有欺瞒性。生产者为了自身的利益，会对加工者隐瞒食品的相关信息，以此机会主义的行为寻求自身利益的满足；加工者同样会为了自身利益对批发商隐瞒一部分真实的信息；批发商可能会对零售商隐瞒食品质量安全的相关信息；零售商出于无知或机会主义，为了自身利益可能会向消费者提供片面信息。这些情况的出现，最终使得食品信息流的传递与接收具有风险。

2. 信息不确定性

在食品交易的过程中，主要会出现以下三种信息不确定的情况，分别发生在需

求端、销售端和供应端。

（1）需求端市场需求的不确定性

第一，消费者的购买偏好不同。市场上，即使收入相同的消费者，由于每个人的性格和爱好不同，其对产品与服务的需求也不同。消费者的偏好支配着其在使用价值相同或相近的产品之间进行消费选择。但是，人们的消费偏好不是固定不变的，而是在一系列因素的作用下慢慢变化的，因此想要精准预测消费者的偏好是比较困难的。除了一些日常具有规律的食品，例如，每月购买的粮油、米面等具有周期性的食品以外，大多数消费者购买食品都是随机的。可能某个人有非常固定的购买特点，但消费者的主体是非常庞大的，大量的随机样本集合到一起，又是非常难以分析的，只能根据不同销售渠道、销售主体所在的不同商圈以及商圈内的居住人口特点等情况来简要分析大多数消费者可能的偏好。

第二，消费者的购买习惯不同。消费者的购买习惯是很随机的，尤其是对于食品，有的人比较习惯定时定量购买，例如，一次性购买大量的食品，以备下一周的需要。但有的消费者比较习惯需要的时候再临时购买，不同的购买习惯存在着时间和数量的差别。

第三，食品具有季节性。以生鲜农产品为例，一般情况下一种食品在其生产旺季需求量比较平稳，但是当热度过去之后，人们对此类食品的需求又会缓慢下降，而其他食品又会成为“需求冠军”。

（2）销售端食品销售的不确定性

第一，需求的不确定性。终端消费者需求的不确定性会直接映射到销售过程中，因此食品销售主体很难随时对爆品、销售量进行具体的、较为准确的预测，这就会直接影响销售主体拟订订货计划。

第二，销售主体的销售能力不同。例如，相同食品在不同渠道销售时，就会因为渠道的优劣势而使得同一个订货周期内相同食品的库存消耗情况不同。一般情况下，零食等加工食品在线上网络直销的销售速度要快于线下门店，但线下门店的生鲜类的销售量一般大于线上网络直销的销售量。另外，在同一渠道内，不同的销售主体的销售能力也不同，例如，品牌形象较好的连锁商超与一般的社区便利店相比，连锁商超拥有更多的客源，拥有更高的消费者黏性，能够提供更多品类的食品，进而能够销售更多的产品。

（3）供应端食品供应的不确定性

食品的生产过程是非常不确定的，其中包括种植量、产出量。例如，在一段时间内杧果成为热销品，但是荔枝却相对逊色，那么很有可能在下一年的种植过程中生产商会加大杧果的种植量而减少荔枝的种植量，因此最终产成品在基础种植量上是有一定不确定性的。除了生产商根据市场需求信息直接对生产活动进行调节以外，还有政府相关政策的颁布对生产活动的引导，例如，为了扩大经济作物的生产面积，政府会给予相应的补贴，以刺激生产者配合。

另外，在食品的生产与加工过程中经常会出现损耗，例如，出现特大自然灾害等，在我国多种农业气象灾害中，洪涝灾害的破坏力仅次于旱灾，农业水旱灾害是农业自然灾害的主要形式，这些都会给食品的生产带来非常大的破坏。

6.3.2 信息可追溯能力较弱

1. 食品生产过程中信息采集较为困难

在食品生产过程中，采集信息是较为困难的，因为信息是动态、连续的。例如，对于植物源性食品，其可追溯信息可能涵盖影响其品质安全的食源性细菌及病毒、农药残留、土壤中重金属污染，以及加工储运中的一次、二次微生物侵蚀等，这些可追溯信息是随着食品生产过程的进行逐步、连续形成的。采集这些可追溯信息十分困难，有的专业性太强，需要借助专业的检验检疫机构，这无形中会增加生产成本。

此外，许多植物源性食品的可追溯信息会因时间、季节的变化而变化，表现为上述信息在不同时期具有动态差异性，造成了信息采集的困难。对于动物源性食品，其可追溯信息主要包括牲畜养殖过程中的饲料及饲料使用的安全性、牲畜疾（疫）病防治（疫）所用药物的正确性及其残留程度等。一般而言，规模较大的生产企业具备采集这两类信息的相关能力，而散养模式的个体农户因不具备获取这些信息的能力而无法或无力采集和提供。

我国目前尚未形成完善的产地标识规范体系，导致部分过程信息无法被准确有效地记录并传递。《国土基础信息数据分类与代码》（GB/T13923－92）、《农产品产地编码规则》（NY/T1430－2007）等虽对产地标识进行了规范，但适用性不强。产地标识体系的缺乏，使产品的种植、养殖信息无法具体定位到特定的地块和农户，也就很难准确地记录食品的生产信息，在信息流的源头切断了信息的传递。

2. 食品加工企业缺乏过程可追溯信息的传递动力

食品信息可追溯系统一般具有“跟踪”与“溯源”双重功能。跟踪是指沿食品供应链从上游至下游跟进食品运行路径的能力；溯源是指逆食品供应链，鉴别从下游至上游供应链中特定原材料的来源与特性的能力。就食品生产加工过程而言，加工企业（尤其是小型食品加工企业）无法实现食品过程可追溯信息的有效传递。建立有效的食品信息可追溯体系，要求加工企业使用同一来源的原材料生产同一个批次的产品，为此，就需要改进加工企业的生产流程，减小各个批次的生产规模，这不仅大大增加了加工企业的工作量，也增加了成本。显然，在我国尚未建立成熟的补偿机制的情况下，加工企业缺乏过程可追溯信息的传递能力。

3. 在流通过程中建立全面的生鲜食品冷链物流体系较难

目前我国生鲜食品冷链物流比例不高，我国尚未建立较为全面的生鲜食品冷链物流体系，致使食品可追溯信息无法有效传递。

流通环节过程可追溯信息缺失，生鲜及速冻类食品流通环节的可追溯信息采集困难。一方面是因为我国尚未建立相应的食品冷链物流体系，而传统的物流体系不利于这些食品的品质安全保障；另一方面是因为即便部分生鲜及速冻食品实现了以冷链物流方式流通，但因其流通过程和外界环境的动态性，流通环节的可追溯信息采集仍存在困难。

4. 食品消费者很难获取食品可追溯信息

在食品消费环节，采集可追溯信息需要付出相应的成本，且提供的信息广度、深度、精度要求越高，所需付出的成本也就越高。在我国尚未形成相应补偿机制的情况下，食品供应链上各相关企业没有意愿增加额外的成本采集更多的食品品质安全信息提供给消费者。在这种情况下，消费者仅通过有限的信息，无法充分判断食品品质的好坏从而进行理性选择，进而造成食品需求信息无法有效传递。

6.4　食品信息流发展趋势

6.4.1　加强国家监管及企业管理能力

对于企业人为形成的信息不真实的情况，可以通过加强监管来杜绝，因此要加强国家及相关政府的监督作用和相关参与企业的自身管理能力。

一方面，由国家权威机构负责实施强制检验检疫的食品，一般可提供具有较高可信度的食品品质安全信息，这是受政府强制监督而达成的结果。而大型的、注册的食品生产（加工）企业按规定均设立有相应的质量检验部门，生产（加工）的食品需按照国家相关标准检验（检疫）合格后才能进入市场，故也可提供可信的食品品质安全信息。然而，众多小型、个体食品生产（加工）企业的产品，由于生产的零散性、弱规模性，通常不经过严格检验或逃避检验，无法提供相关的食品品质安全信息，因此必须加强对这些小型、个体食品生产（加工）企业的监督。

另一方面，在我国商品抽样检验（检疫）不完善、第三方检验（检疫）尚不健全的情况下，一些生产（加工）企业出于市场和竞争方面的考虑提供不真实的食品信息，因此应该提高食品生产加工行业的准入机制，以更高的企业自身管理能力进行逐年考核，以保证企业的合规性，促进食品企业提高自身的管理能力，进一步提高信息的真实性。

6.4.2 利用新技术提高信息流传递效率

对于信息不透明所导致的风险及影响，可利用先进的信息技术建立相应的智慧化系统，更好地将信息整合，利用大数据的分析整合能力，进行信息的预测和传递，提高信息流的传递效率。信息技术包含通信、计算机与计算机语言、计算机游戏、电子技术、光纤技术等，现代信息技术以计算机技术、微电子技术和通信技术为特征。

物联网和云计算作为信息技术新的高度和形态被提出并发展。根据中国物联网校企联盟的定义，物联网为当下几乎所有技术与计算机、互联网技术的结合，实现物体与物体间：环境与状态信息的实时共享以及智能化的收集、传递、处理、执行。物联网和云计算在现有的信息系统中主要是在高价值商品领域被频繁使用，而在食品领域的使用则较为贫乏，但这正是食品交易过程中所需要的先进的信息技术。

在光纤技术方面，我国不断推进建设的5G网络以及5G基站，能够在数据传输速度上提高信息流的传递效率。所谓5G网络就是移动通信网络的第五代网络，与之前的四代移动通信网络相比较而言，5G网络在实际应用过程中表现出更强的功能，并且理论上其传输速度每秒钟能够达到数十GB，这种速度是4G网络的几百倍。5G基站是5G网络的核心设备，提供无线覆盖，实现有线通信网络与无线终端之间的无线信号传输。5G基站的架构、形态直接影响5G网络如何部署。由于频率越高，信号传播过程中的衰减也越严重，因此5G网络的5G基站的密度将会更高。

支撑技术的不断创新以及使用上的推进，能够使其更好地服务于信息流的相关系统，从技术的角度提高信息流的传递效率。

6.4.3　构建食品信息可追溯系统

食品信息难以有效传递的问题源于市场信息的不对称性，市场中的食品供给方比需求方更了解有关食品的各种信息；掌握更多信息的供给方可通过向信息贫乏的需求方传递可靠信息而获益；供需双方中拥有较少信息者会努力从对方处获取信息；市场信号在一定程度上可以弥补信息不对称的问题；政府在减少信息不对称对经济产生危害的方面可以发挥一定的作用。

因此，将信息完整化，使其成为可追溯的信息，建立食品信息可追溯系统即可传递食品可追溯信息。依据消费者获得信息的途径和真实程度等的不同，产品可分为搜寻品、经验品和信用品三类，食品安全信息特征综合了经验品和信用品所具有的特征。尽管消费者在发生购买行为时拥有的信息不完全，但企业在因高质量带来的收益一直持续的情况下，愿意一直维持其声誉。而对于信用品，消费者事先无法作出判断，购买后也需要很长时间才能掌握相关信息，这时生产者很难建立质量声誉，食品市场就会出现逆向选择现象。这需要有足以令消费者信任的第三方介入市场，通过设计出一些管制性的干涉措施和独立的质量评价工具，如质量认证、标签管理等，有效地将信用品转换成经验品或搜寻品，来保证生产者向外界所传达信息的真实性、准确性。

食品可追溯信息的传递以其特有的形式进行，如品牌、质量认证、质量标签管理、广告以及质量分级管理。品牌是一种产品区别于另一种同类产品的标识，代表了企业的形象和对产品质量的保证。不管是生产者还是经营者，品牌都是其通过长期努力建立起来的一种质量信号。食品质量认证是国家权威机构对食品质量安全进行监督管理的一种检测检验过程，带有强烈的、权威的信息传递功能。食品质量标签管理主要是对食品的产地、名称、品质、成分、储运、保质期等相关信息进行记录，是食品信息传递的一种有效载体。广告将食品的品质、特性、质量信息等广而告之，是一种食品信息有效传递的形式。而食品分级管理通过对不同品质、不同功能以及不同用途的食品进行分类，向相关交易主体传达关于该食品品质的有效信息。

生产环节是食品在供应链上的第一个阶段，生产过程中要建立食品的生产档案管理子系统，记录生产过程中食品的相关信息；对食品的标识建立标识管理子系统；为全面保障食品的质量安全，也要建立食品质量安全预警系统。

加工环节是食品信息进一步传递的环节之一，有利于实现信息传递的连续性和保证信息链的完整性。加工环节需要记录相关的信息，同样需要建立加工档案管理子系统、标识管理子系统和食品质量安全预警系统。

销售环节是食品供应链的最后一个环节，消费者通过电话、互联网、超市终端设备等查询食品相关信息，实现食品信息可追溯。同时，销售可追溯系统的运行机制主要监控食品在销售环节的质量情况，以及统计销售数量情况、品类情况，随时记录其信息，以便为生产和加工提供反馈信息。

综上所述，建立信息的可追溯系统，使食品信息可以被追溯、随时被提取，不仅可以增加食品信息的透明度，让消费者购买食品时可以获取更多的食品相关信息，还可以增加食品安全性。

7 食品行业资金流及其发展趋势

7.1 食品行业资金流定义

食品行业资金流的定义指的是在供应链成员间随着业务活动的展开而发生的资金往来，包括食品行业资本结构以及食品行业结算模式。

7.1.1 食品行业资本结构

资本结构，是指企业各种资本的价值构成及其比例关系，是企业一定时期内筹资组合的结果，主要体现为企业的资产负债率。资产负债率是负债总额除以资产总额的百分比。资产负债率的高低可以反映出企业经营风险的大小，资产负债率越高，说明企业的经营风险越大，反之，资产负债率越低，说明企业的经营风险越小。表7-1至表7-3反映的是食品行业资产负债率的具体情况（分别以农副食品加工业，食品制造业，酒、饮料和精制茶制造业为例）。

1. 农副食品加工业

从2020年1—12月农副食品加工业资产负债率可以看出，2020年农副食品加工业的资产负债率呈现出先上升后下降的趋势，其中，1月到8月为上升趋势，9月到12月为下降趋势。从整体来看，农副食品加工业的资产负债率在60%以下，平均值约为58%。

表7-1　　2020年1—12月农副食品加工业资产负债率

类别 月份	资产总计（亿元）	累计增长（%）	负债合计（亿元）	累计增长（%）	资产负债率（%）
1月	29528	3.1	16841.9	4.6	57
2月	27857	5.7	16284.7	6.6	58
3月	28308	5.9	16596.9	7.7	59
4月	28495	5.2	16747.3	7.0	59

续 表

类别 月份	资产总计 （亿元）	累计增长 （%）	负债合计 （亿元）	累计增长 （%）	资产负债率 （%）
5月	28610.2	4.9	16805.5	6.3	59
6月	28848.6	4.5	16985.5	6.0	59
7月	28828.6	4.6	16872.0	6.6	59
8月	29145.9	4.6	17054.3	6.0	59
9月	29548.2	4.9	17259.1	6.6	58
10月	29774.2	4.7	17416.6	6.7	58
11月	30354.1	4.9	17733.9	7.0	58
12月	30471.3	5.2	17500.2	6.3	57

数据来源：中商产业研究院。

2. 食品制造业

从2020年1—12月食品制造业资产负债率可以看出，2020年，食品制造业的资产负债率呈现出先上升后下降的趋势，其中，1月到9月为上升趋势，10月到12月为下降趋势。从整体来看，食品制造业的资产负债率在50%及以下，平均值约为49%。

表7-2　　2020年1—12月食品制造业资产负债率

类别 月份	资产总计 （亿元）	累计增长 （%）	负债合计 （亿元）	累计增长 （%）	资产负债率 （%）
1月	16278.2	5.1	7859.0	6.8	48
2月	15671.9	9.0	7456.0	8.7	48
3月	16021.3	9.7	7906.3	13.5	49
4月	16296.3	11.0	8043.1	15.5	49
5月	16534.3	11.0	8120.7	13.7	49
6月	16701.4	10.9	8236.4	13.5	49
7月	16971.9	11.6	8351.9	14.2	49
8月	17273.3	11.0	8475.1	12.5	49
9月	17203.3	9.0	8615.0	13.0	50
10月	17422.8	9.7	8500.6	11.2	49
11月	17607.3	8.6	8585.9	9.9	49
12月	17691.9	7.1	8549.3	6.9	48

数据来源：中商产业研究院。

3. 酒、饮料和精制茶制造业

从2020年1—12月酒、饮料和精制茶制造业资产负债率可以看出，2020年酒、饮料和精制茶制造业的资产负债率呈现出先下降后上升再下降又上升的波动趋势，其中，1月到4月为下降趋势，5月到8月为上升趋势，9月到11月体现为下降，12月又上升。从整体来看，酒、饮料和精制茶制造业的资产负债率在43%以下，平均值约为41%。

表7-3　2020年1—12月酒、饮料和精制茶制造业资产负债率

月份＼类别	资产总计（亿元）	累计增长（%）	负债合计（亿元）	累计增长（%）	资产负债率（%）
1月	17785.1	5.9	7395.0	5.3	42
2月	16812.3	5.7	6758.4	2.0	40
3月	17097.5	5.7	6911.2	2.9	40
4月	17248.4	5.8	6966.6	3.9	40
5月	17317.9	5.9	7040.2	6.3	41
6月	17592.6	5.6	7293.9	5.1	41
7月	17536.9	5.3	7243.8	4.9	41
8月	17636.4	5.0	7332.5	5.2	42
9月	17923.1	6.0	7385.1	4.4	41
10月	18012.4	6.4	7321.2	5.6	41
11月	18599.2	9.0	7652.5	9.3	41
12月	18890.0	7.5	7903.4	8.2	42

数据来源：中商产业研究院。

从整体来看，2020年食品行业的资产负债率都在60%以下，其中，农副食品加工业的平均值约为58%，酒、饮料和精制茶制造业的平均值约为41%，资产负债率平均值相差17%。由此可见，不同产业之间资本结构差距较大。宁光荣在《我国上市公司资本结构最优化问题研究》以及其他文章中都提到，一般公司的最优资产负债率为50%～60%，相较于这个水平，我国食品行业的资产负债率显然偏低。

7.1.2　食品行业结算模式

食品行业上下游企业联系频繁，企业的经营涉及原料采购、生产、加工、销售等多个环节，因此，对于经常合作的上下游企业来说，往往会频繁使用信用销售即赊销和预付款的方式（以农副食品加工业，食品制造业，酒、饮料和精制茶制造业为例）。

上游企业的结算模式：企业为更好地进行财务管理，通常采用赊销的方式支付上游供应商的货款，这体现在企业的应收账款科目中。随着食品企业生产规模的逐渐扩大，上游供应商必须提前准备 2～3 个月的原材料，以保证生产的连续性，此时，核心企业必须为供应商提供一定的流动资金做保障。下游企业的结算模式：由于食品企业在销售环节的利润较高，企业一般要求各经销商采用预付现金的方式获得产品。

表 7－4　　2020 年 1—12 月食品行业应收账款情况

类别 月份	农副食品加工业		食品制造业		酒、饮料和精制茶制造业	
	应收账款（亿元）	累计增长（%）	应收账款（亿元）	累计增长（%）	应收账款（亿元）	累计增长（%）
1 月	—	—	—	—	—	—
2 月	2319.7	17.5	1585.7	21.8	1108.8	15.3
3 月	2397.2	12.3	1581.8	18.7	1134.1	9.3
4 月	2462.7	18.7	1664.1	20.0	1164.2	10.4
5 月	2524.8	21.2	1714.1	18.6	1207.4	13.6
6 月	2483.9	20.3	1718.9	20.8	1062.0	10.9
7 月	2538.3	23.2	1674.4	15.7	1099.2	13.1
8 月	2626.7	25.3	1773.6	15.7	1119.9	10.8
9 月	2713.0	26.8	1848.7	18.3	1145.2	13.5
10 月	2795.4	29.7	1843.0	18.8	1085.9	15.5
11 月	2883.1	28.8	1899.5	23.0	1038.5	11.4
12 月	2725.5	27.9	1864.2	21.0	1050.6	16.3

数据来源：中商产业研究院。

由表 7－4 可知，2020 年，农副食品加工业、食品制造业的应收账款均呈现逐步上升趋势，酒、饮料和精制茶制造业的应收账款则呈现先上升后下降的趋势。

7.2　食品行业资金来源

食品属于高运输成本产品，并且食品行业也带有浓厚的地域色彩，这些因素都

使得食品行业在扩大规模、进行再推广等经营过程中有大量的资金需求，这些需求一方面由内部资金满足，另一方面需要借助外部融资。

7.2.1　内部资金

1. 经营现金流

经营现金流——属于企业内部提供的资金，主要来源于企业正常经营活动所产生的现金流量。当一个企业能够产生足够的现金流量时，那么这个企业的融资可能大部分就借助公司的内部盈余，公司对外融资包括债权融资和股权融资的需求都会降低。

2. 企业利润

企业利润的分配一般遵循以下流程：结转未分配利润以提供分配；弥补之前年度亏损；提取法定公积金；提取盈余公积金。其中，法定公积金提取到一定规模后可以不再提取，盈余公积金则由股东大会决议后进行提取；法定公积金用于弥补亏损或者资本保全；盈余公积金用于扩大再生产。

表 7－5　2020 年 1—12 月各月累计食品行业利润情况

类别 时间	农副食品加工业		食品制造业		酒、饮料和精制茶制造业	
	利润总额（亿元）	累计增长（%）	利润总额（亿元）	累计增长（%）	利润总额（亿元）	累计增长（%）
1—2 月	218.3	2.2	168.3	－33.5	299.5	－21.9
1—3 月	358.7	11.2	286.6	－27.4	534.9	－11.2
1—4 月	516.8	20.0	456.8	－13	688.2	－8.9
1—5 月	650.1	19.0	628.8	－2.5	823.8	－9.6
1—6 月	796.7	14.8	801.2	4.0	1108.1	－2.9
1—7 月	964.3	20.1	967.1	8.5	1272.5	－1.0
1—8 月	1127.1	17.7	1150.9	10.8	1444.8	－0.5
1—9 月	1327.2	16.7	1316.9	11.9	1759.1	4.4
1—10 月	1505.0	14.6	1441.2	10.0	1906.4	5.1
1—11 月	1693.5	8.9	1585.9	6.0	2080.2	5.6
1—12 月	1001.2	5.9	1791.4	6.4	2414.0	8.9

数据来源：中商产业研究院。

由表 7－5 可知，2020 年，农副食品加工业的利润增长波动较大，酒、饮料和精制茶制造业前三个季度的利润增长几乎为负。与全行业相比，食品行业资产利润率明显低于全行业平均水平，现金流创造能力较其他行业偏弱，因此对于食品企业来说，企业内部资金供给不足，有进行融资的需求。

7.2.2 外部融资

1. 债权融资

我国食品行业固定资产比例高，食品行业企业以农副原材料初加工为主，在生产加工方面投入很多。固定资产是企业在进行对外融资时银行极其看重的抵押资产，其价值越高，企业借款越容易。同时，随着资产价值的上升，融资的额度也会上升。因此，对于食品行业这种拥有高固定资产比例的行业来说，其在债权融资方面有很大的优势。同时，在原材料生产的旺季，食品行业企业需要大量资金来进行生产经营，而在淡季，对资金的需求不是很多，甚至企业内部可能会闲置一部分资金。所以对于季节性强的食品行业企业来说，其需要的是短期资金，企业可以向银行融入短期资金来满足企业季节性的需求。而股权融资则是长期资金，资金的进入和退出都耗时很久，对于处在淡季的企业来说，长期资金使用效率低下，不能带来充分的投资回报率。因此，债权融资可以满足食品行业企业季节性的资金需求，主要有以下几种。

（1）银行贷款

食品行业企业存货周转率高，对产品的周转率要求也很高，一笔销售订单可以触发采购、生产、订单履行、分销等整个供应链和库存的变化，因此，食品行业企业会对库存严格控制并且对市场做出及时的反应。这种高周转率的经营特点导致食品行业企业需要期限短、易获取的资金，而所有权益类融资都不能够及时为食品行业企业提供资金，其耗时很久且程序复杂，不适合食品行业企业这种经营模式。而银行贷款则相对便利很多，省去了很多程序，对于长期合作且信用良好的食品行业企业来说，银行能够在第一时间满足企业的融资需求。

在食品行业企业债权融资中，银行短期借款占了很大比重。短期借款主要指企业借款的资金期限在一年以下，而长期借款则是期限在一年以上的。食品行业企业短期借款占融资的比重远远超过了长期借款占融资的比重，短期借款占融资的比重在70%以上，而长期借款占融资的比重在10%左右，这表现出食品行业企业对短期借款的偏好。首先，从借款的资金成本来讲，短期借款的利率要低于长期借款，可以为企业节省一部分的资金成本。其次，从食品行业企业借款的难易程度来讲，期限长、风险高导致长期借款的难度要远高于短期借款。对于企业来说，与其花费

很多精力和人力去申请利率高的长期借款，不如去申请利率低且难度低的短期借款。至于期限的问题，企业可以在短期借款到期时再去申请新一轮的短期借款。再次，我国金融机构对于长期借款的项目有一系列的限制条件，比如银行会对企业设置资本金限制，这就提高了企业申请长期借款的门槛。而食品行业企业整体规模偏小、抗风险能力弱，这就更增加了企业申请长期借款的难度。最后，从银行的角度来说，由于对银行监管愈加严格，银行越来越注重加强自身的资产负债管理，严格把控贷款的资金头寸，而发放短期借款无论是在资金头寸还是在利率方面，都比发放长期借款灵活得多。

（2）民间借贷

多数中小微型食品行业企业存在规模较小、缺乏资产抵押、商业信用度较低、缺乏担保等问题，因此并不是商业银行贷款的首选。除此之外，食品行业的收益相较高附加值行业而言缺乏优势，不确定性因素较多，企业经营存在一定的风险。因此，对中小微型食品行业企业来说，贷款成本高、风险大、监督难，这些因素都增加了其向商业银行申请贷款难的难度。相对于向商业借贷而言，民间借贷的门槛相对较低、申请贷款手续简单。民间借贷作为一种资源丰富、操作灵活便捷的融资手段，具有一些优点，但其利息较高，会增加企业的运行成本和偿还风险，而食品行业中的多数企业利润不高，对于它们来说，所需承担的资金压力较大。

（3）商业票据

食品行业上下游企业联系频繁，企业的经营涉及原料采购、生产、加工、销售等多个环节，与上下游企业联系频繁，因此，对于经常合作的上下游企业来说，会经常使用信用销售即赊销和预付款的形式，所以商业票据的使用会很频繁。

（4）发行企业债券

发行企业债券是企业以债券的形式筹措资金的行为过程，债券的发行者必须按照规定向管理部门提出申请书，并需要经过严格审核。食品行业上市公司通过发行企业债券进行融资的占比很小。这反映出现阶段我国食品行业上市公司发行企业债券难度较高。这是因为我国对发债企业有一系列严格的硬性指标要求，主要是基于企业的财务经营状况进行评估，而我国大部分食品行业上市公司营利能力不佳，抗风险能力较弱，整体信用评级较低，因此能够发债的企业数量少之又少。

2. 股权融资

股权融资是指企业的股东愿意出让部分企业所有权，通过企业增资的方式引进新股东。按渠道可分为公开市场发售和私募发售，公开市场发售即通常所说的上市，上市的费用一般包括中介机构费用、交易所费用和推广辅助费用。企业如果上市成功，再融资的成本会很低，而且持续融资的能力会增强。由此看来，上市对大型企业来说可能是一个较好的融资模式，但对于食品行业企业而言则不尽然，筹资数量与筹资成本是负相关关系，筹资数量越小，筹资成本则越高，对于中小型食品行业企业来说，它们的财务指标可能只是快要达到或是刚刚达到交易所上市的要求，面对较高的交易成本，显得力不从心。

3. 供应链金融

（1）采购阶段的应收账款融资模式

应收账款融资是企业在激烈的竞争环境中为扩大销量而向顾客赊销商品的一种促销方式。食品行业供应链后端融资难度逐步缩小，核心瓶颈在生产环节。一方面，生产环节多以小规模企业为主，具有明显的经营风险；另一方面，生产环节是食品行业价值链的薄弱环节，企业以及个体农户主要依靠投入劳动力要素获取微薄利润。在该环节，应收账款质押更为适用。这种模式适用于上游供应商，主要指下游核心企业以赊销方式取得原材料，上游供应商因资金紧张而获得融资。这种融资模式属于短链的供应链金融服务模式，在食品产供销的多个环节均有运用，但其规模很难扩大。原因在于，食品类核心企业一般资信水平不高，很难获得金融机构的信赖和认可，对应收账款质押融资形成障碍。在业务效率上，应收账款质押融资必须获得核心企业确权，但一般的食品行业企业其业务操作效率不能满足金融机构需求，无法形成有效配合，融资便捷性不足。应收账款融资模式业务流程如图 7－1 所示。

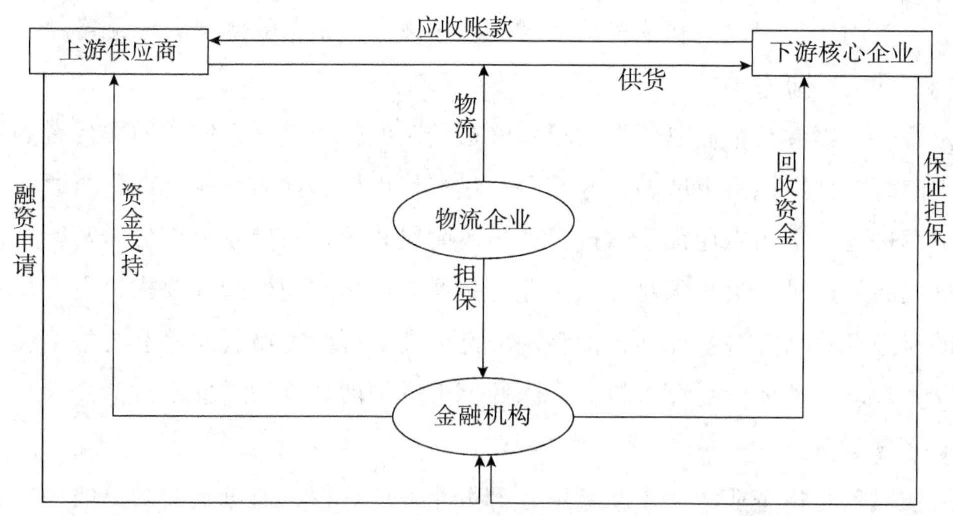

图 7－1　应收账款融资模式业务流程

应收账款融资模式中资金流的运动：银行等金融机构将资金发放给供应商，供应商将其用于生产来为核心企业供货，核心企业销售产品后将销售所得资金存入银行等金融机构的专用账户，银行等金融机构将使用专用账户中的资金用于收回融资。

（2）存货质押融资模式

存货质押即企业将存货运输至第三方监管库，并签署三方（监管方、融资方、资金方）监管协议，明确彼此权利和责任后由金融机构向企业发放贷款，到期后企业按时还款，金融机构依据还款额逐步放货。存货质押融资模式业务流程如图7－2所示。该模式中，由供应链金融服务平台承担存货监管责任，并负有不良资产回购责任。这种模式的优势在于食品行业企业可利用存货向金融机构融资，融通短期资金，缓解企业资金压力，但风险在于食品原材料或食品产品具有保质期，对仓储时间、仓储环境都有极为严格的要求，一旦发生腐败变质等情况，则存货价值就会出现贬值，导致融资“担保”作用失效。因此，存货质押模式也仅局限于拥有先进物流仓储条件的企业之间，这些企业能够提供高标准的仓储监管服务，确保食品质量安全和监管安全。

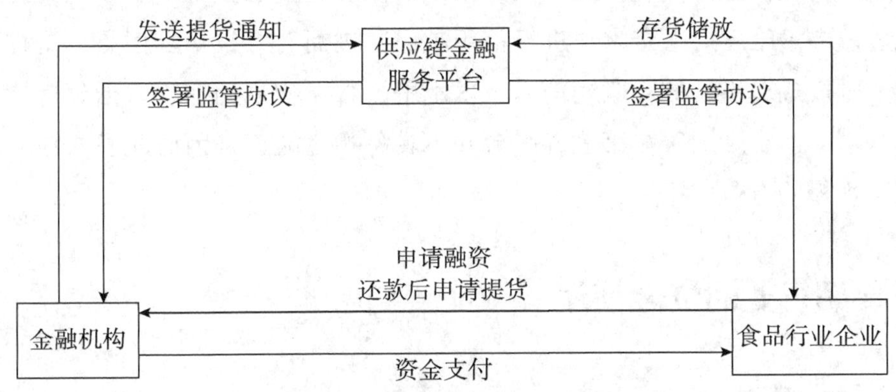

图7－2　存货质押融资模式业务流程

（3）大数据信用融资模式

相较于应收账款融资模式和存货质押融资模式，大数据信用融资模式则代表着供应链金融发展的新方向。这种融资模式主要集中在下游环节，即餐饮食品采购加工环节，从食材采购到食品加工，大量食品行业企业具有融资需求。这些企业规模小，资金周转速度快，资金需求额度低，传统金融机构自身不愿意耗费大量资源对其金融需求进行深入开发，因此出现了大量的专业性第三方金融科技平台，如美团、晋贤、禧云国际、怡亚通等，部分专业性第三方金融科技平台如表7-6所示。

表7-6 部分专业性第三方金融科技平台

平台	金融服务模式	特点
美团	依托美团平台的客户流量、餐饮消费场景的数据积累，“美团小贷”可以为美团生态圈内的活跃商户提供在线信用经营性贷款服务	业务场景+数据+金融
晋贤	晋贤为一家供应链管理平台，该平台拥有数据优势，同时联合信用评估机构对企业进行信用分析，为供应链体系内的企业提供信用融资，并纳入保险公司，提供增信措施	业务场景+数据+评级+保险
禧云国际	禧云国际是中国领先的团餐原材料和用品供应链服务平台，通过优化源头直采模式，对采购、质检、仓储、物流等流程进行精细化管理，为餐饮商家提供一站式、全品类、准时、高效的原材料及用品供应服务	从源头到餐桌的全供应链管理
怡亚通	与三全食品等合作，为其提供供应链金融服务，主要在速冻食品的原材料供应、产品销售等环节合作开展供应链金融服务	专业的供应链金融服务商

注：根据公开网络资料整理。

有别于传统供应链金融模式，大数据下的供应链金融注重对产业链交易数据的分析，通过多重维度对融资客户进行信用画像，进而对其授信。但是，这种新型的供应链金融模式对平台的互联网信息技术水平、数据积累周期、数据分析能力等有着严格要求，而实际上很多第三方平台并不具备相应能力，因此此模式在实践中并未得到大规模的有效应用。

7.3 食品行业的资金使用

7.3.1 营业成本

食品行业企业营业成本包括主营业务成本和其他业务成本。营业成本是指企业为生产产品、提供劳务等发生的可归属于产品成本、劳务成本等的费用，应当在确认产品销售收入、提供劳务收入等时将已销售产品、已提供劳务的成本等计入当期损益。

7.3.2 销售费用

销售费用是食品行业企业销售产品和材料、提供劳务的过程中发生的各种费

用，包括保险费、包装费、展览费和广告费、商品维修费、运输费、装卸费等，以及为销售本企业产品而专设的销售机构（含销售网点、售后服务网点等）的职工薪酬、业务费、折旧费等经营费用。

7.3.3　管理费用

管理费用是食品行业企业行政管理部门为组织和管理生产经营活动而发生的各种费用，具体项目有企业董事会和行政管理部门在企业经营管理中发生的或者应当由企业统一负担的公司经费、工会经费、待业保险费、劳动保险费、董事会费、聘请中介机构费、咨询费、诉讼费、业务招待费、办公费、差旅费、邮电费、绿化费、管理人员工资及福利费等。

7.3.4　财务费用

财务费用指食品行业企业为筹集生产经营所需资金等发生的费用，具体项目有利息净支出（利息支出与利息收入的差额）、金融机构手续费以及筹集生产经营资金过程中发生的其他费用等。

1. 利息净支出

指食品行业企业短期借款利息、长期借款利息、应付票据利息、票据贴现利息、应付债券利息、长期应付引进国外设备款利息等利息支出（不包括资本化的利息）减去银行存款等的利息收入后的净额。

2. 金融机构手续费

指食品行业上市公司发行债券所需支付的手续费（需资本化的手续费除外）、开出汇票的银行手续费、调剂外汇的手续费等，但不包括发行股票所支付的手续费等。

3. 其他费用

如食品行业企业融资租入固定资产发生的融资租赁费用等。

7.4　食品行业资金流存在的问题

1. 食品行业企业的资产负债率较低，未能充分利用财务杠杆

在现代资本结构理论中，当企业存在一定负债时，由于财务杠杆的存在，企业可以获得节税收益与杠杆利益，从而使得存在一定负债的企业比低负债或无负债的企业具有更高的企业价值。从整体上看，食品行业企业的资产负债率低于企业最佳资产负债率水平，虽然其面对的财务风险也较低，但也表示其未能充分利用财务杠杆。食品行业企业可以适时承受一定的债务，适当地使企业资产负债率有所提高，以便增加其企业价值。

2. 食品行业企业现金流量周期较长

现金流量周期主要体现在应收账款和库存两个方面。应收账款的管理是现金流量周期管理的重要因素，相对于应付账款主要是控制或限制现金支付，应收账款则是要加速资金回笼。食品行业上下游企业联系频繁，企业的经营涉及原料采购、生产、加工、销售等多个环节，上下游企业往往会频繁使用信用销售即赊销和预付款的结算模式。库存一般有两种形态，一种是最适库存，另一种是过量库存，而食品行业企业的过量库存现象较普遍。总体来说，食品行业企业存在大量的应收账款且呈不断增加趋势，不利于食品行业企业的资金回笼，过量的库存也加重了企业的负担，不利于现金流量周期的管理。

3. 食品行业企业经营成本较高

食品行业企业的采购成本受市场环境影响较大。食品行业企业的原材料供应商大多为经营分散、规模较小的个体，且原材料的供应受气候、运输以及地方政策影响较大，给食品行业企业采购成本的管理增加了一定难度，同时，同业竞争往往也会成为采购成本上升的重要影响因素，这更增加了成本管理的难度。从会计成本管理角度而言，食品行业企业由于其生产原材料易腐坏、保存周期受环境因素影响较大且原材料运输过程中的损耗具有不可预估性，使得会计历史成本计量的不可控因素增多，进而增加了成本管理预期计划设立的难度，使成本管控难度增加。

生产标准的不统一造成制造成本增加。自我国加入世界贸易组织后，国际市场对我国生产企业的影响越来越大，但是生产标准、检测标准的不一致，一方面增加了企业的生产成本，另一方面也增加了企业的出口风险，如何科学合理地进行成本管理，为企业决策者提供有效的成本管理决策信息，对于财务管理人员来讲是一个迫切需要解决的现实问题。

4. 中小食品企业融资困难，融资风险大

处于供应链上的弱者——中小食品企业是供应链融资的主要对象。中小食品企业除为自身发展需要融资外，还要为上游的大供应商预付货款，同时下游的大客户又往往拖欠货款，这些都对中小食品企业的发展非常不利。而且，对于多数中小食品企业来说，由于其自身规模较小、缺乏资产抵押、商业信用度较低、缺乏担保等问题，其融资渠道较少，融资的难题限制了其发展。供应链融资的出现，在解决上述问题的同时，也为相关企业带来一定的风险。

7.5 食品行业资金流的发展趋势

1. 食品行业企业规模的适度扩大，优化了资本结构

（1）食品行业企业规模适度扩大。食品行业上市公司的企业规模与其资本结构成正相关关系，而我国食品行业企业的资产负债率偏低，这与行业企业规模有着必然的联系。目前，我国很多食品行业上市公司结合自身特征适度扩大企业规模，提高行业集中度，通过这种方式产生规模效应，提高其生产能力与研发能力，从而推动行业向前发展。同时，规模相对较大的食品行业企业，在合理的范围内适当增加企业的负债，可以有效地运用资本进行经营，更大地取得财务杠杆的收益，最终达到实现规模经济效益的目的。

（2）重视企业的现金流量能力。企业财务状况的核心就是资金流动，其中现金流量指标综合反映了企业一定时期内财务状况的变动情况。稳定充足的现金流量，意味着企业生产经营状况较好，抵抗财务风险的能力较强，用于再投资、偿债的资金充足，未来发展机遇也更多。我国食品行业上市公司越来越注重自身的现金流量能力，向债权人传达积极的信号，更多地吸纳债权融资，提高自身的资产负债率，得到财务杠杆的收益。

2. 食品供应链管理的加强，缩短了现金流量周期

从供应链财务和金融管理的角度来看，现金流量周期的发展主要反映在三个方面：一是将供应链整合管理与财务绩效管理相结合，利用财务管理的手段和指标有效地监控供应链运作各类活动，找出其中的差距，推动供应链整合的发展与优化；二是整体供应链运作过程中的财务和风险管理；三是实现供应链融资，即为企业解决在项目及订单取得、原材料采购、生产经营和货物销售等供应链管理各环节上的问题，为企业集中提供信用服务、采购支付、存货周转及账款回收等多方面的业务支持。

这种融资推动了供应链的发展，在供应链的产品形态不断被加工制造和转化的同时，融资方通过为供应链参与企业安排优惠融资，实际上也就扩大了核心企业的生产和销售；同时，核心企业还可以压缩自身融资，从供应链整体增值的部分直接获利，实现“零成本融资”甚至“负成本融资”。此外，对金融机构而言，供应链整体信用要比产业链上单个企业的信用高。金融机构提供的利率与贷款成数乃是随着生产阶段而变动并随着授信风险而调整的，例如，订单阶段，因不确定性较大，故利率较高，可贷款成数较低，但随着生产流程的进行，授信风险随之降低，利率调降，贷款成数提升。因此，风险与收益相互配合，完全符合金融机构的风险管控与客户的融资需求。同时，供应链管理与金融的结合，产生了许多跨行业的服务产品，相应地也就产生了对许多新金融工具的需求，如国内信用证、网上支付等，为金融机构增加中间业务收入提供了非常好的商机。

3. 精益成本管理的实施，降低了食品行业企业的成本费用

近年来，食品行业企业不断进行精益成本管理，满足了市场需求和企业自身发展的需要。精益成本管理作为先进的管理模式，从外部加强了价值链上各方之间的联系，促进了参与各方的成本改善，从企业内部消除了浪费，优化了流程，用逆向思维对成本进行了改进。食品行业企业以客户价值增值为精益成本管理的目标，更好地实现了企业与客户的“共赢”，使食品行业企业得以保持长久的竞争优势，形成长期、高效的经营能力。价值链上的各环节以终端客户需求为目标，通过订单拉动供应、采购、生产，推行小批量、多品种产品的运输和生产，避免价值链流程上的库存积压，消除浪费降低成本。

精益成本管理不应局限于企业内部的成本管理与控制，而应该围绕核心企业，从物流、信息流、资金流的角度实施成本控制，从原材料采购环节到中间产品的生产乃至最终将产品销售到消费者手中，构建供应商、加工制造商、销售商、消费者的网链式结构。这个网链式结构包括连接供应商到消费者的物料链、信息链、资金链等，是一条能够增值的产业链，通过产业链上的物料加工、包装、运输等，其价值得以增长，给相关的企业带来效益。

4. 供应链金融的发展，拓宽了食品行业企业融资渠道

在大数据技术的加持下，食品供应链金融将发展成为以数据流和信息流为手段、以物流和资金流为基础，具有资金融通、支付和信息中介等职能的综合金融业态。这种模式将有效解决以往供应链金融信息不对称、交易成本高、风险控制不健全和模式单一等问题，为供应链金融创造更大的发展空间。

同时，借助链上数据不可篡改、具有可溯源的特性，可以构建数据高度安全、点对点强信任的高效化、透明化供应链金融体系。区块链分布式账本、加密账本、智能合约等技术的应用，将充分增强供应链链条中数据的真实性，同时“锁定”核

心企业应付账款，帮助核心企业在供应链链条中自由流转。在未来，供应链金融将以产业互联网为基础，充分结合云计算、物联网、大数据、人工智能、区块链等技术，渗透整个食品供应链管理与运营，实现全供应链的信息化、数字化、集成化和自动化，从而完成向智慧化供应链金融的转变与升级。

8 食品供应链的国际经验

8.1 发达国家食品供应链的经验

各国食品供应链的发展状况，充分体现在其食品流通与销售环节。在食品流通方面，美国重视逆向物流的管理，注重绿色物流的发展；日本农业协会统一收购粮食，其中央批发市场连接产销两端；而我国仍是以多层次的产销批发市场为主，流通效率较低。在终端销售渠道上，日本基本上以超市和商店为主，组织化程度高，虽然我国正在朝着“农改超”方向前进，但还是以社区的农贸市场为主。在主要的流通形式上，澳大利亚和日本基本上实现了全程冷链，而我国整体冷链流通率较低，目前仍以自然常温运输为主。欧盟拥有完善的食品安全标准，能够对食品安全开展广泛的风险评估，覆盖面广，问题食品在供应链的各环节能够随时召回。而我国的食品安全标准和追溯体系尚不完善，因此发达国家的食品供应链发展，对我国具有借鉴意义。

8.1.1 美国绿色食品供应链

1. 对绿色环保意识和逆向物流管理的重视

绿色供应链简单而言，就是用环保的理念设计出来的对环境友善的物品流通过程，该过程包括原材料从供应商出售、企业购买并进行生产、提供给分销商和零售商销售到顾客消费一直到使用后废弃物的回收、再加工利用这样一个循环。美国企业重视产品到达消费者手中的正向绿色运输过程。同时，美国企业非常重视逆向物流活动（商品的退货、垃圾的回收、废旧产品的回收利用等），这样不但能减少垃圾对环境的污染，而且能够节约自然资源，提高资源的利用率。逆向物流的过程：消费者将食品退回到食品零售商，食品零售商将回收的食品退还到食品批发商，食品批发商再将其退回到食品生产商，政府部门对食品生产商的逆向物流环节进行监督。对于缺陷较小的食品，食品生产商对其进行再加工，弥补缺陷后使其进入正向物流环节；对于缺陷严重的食品，则采取销毁措施，如图 8－1 所示。这个过程中，

物流企业起着重要作用，美国一半以上的物流企业表示推出或者扩建可持续发展项目，有的企业利用网络技术，开发高效率的供应链管理系统；有的企业则通过分析整个供应链系统中的碳排放足迹，使物流过程中的资源得以更加合理化利用；有的企业在相关设备上安装监控，限制设备运行的最高时速，减少碳排放量；还有的企业应用节能减排设备和清洁能源，例如，太阳能、风力发电等。物流企业高级管理人员中还会配备具有可持续发展观念的人才，使环保意识和可持续发展理念贯彻到企业的管理文化中。美国食品企业还投入资金研发新材料，致力于提高包装制品的回收利用率和在自然界中的降解率。例如，美国化学部门研究了一种低成本、高降解率的快餐包装材料，这种材料以淀粉和植物纤维为原材料，使用这种材料既可以保护环境又可以为企业降低成本。

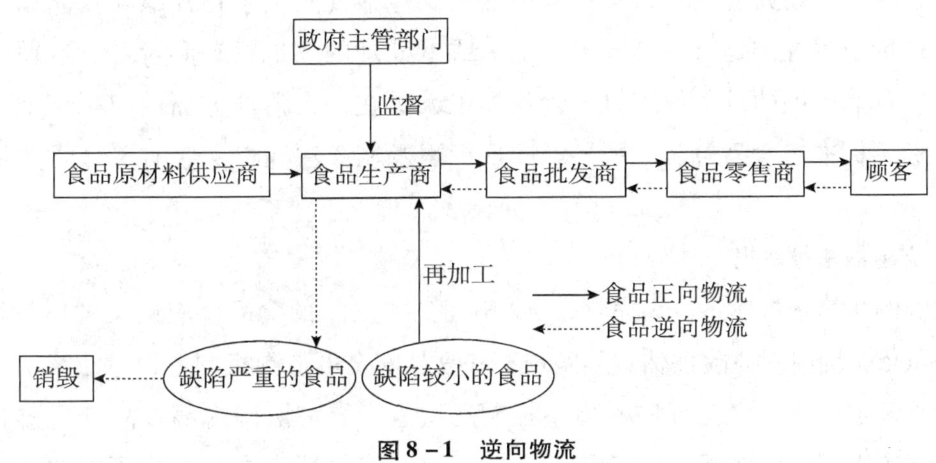

图 8－1　逆向物流

2. 物流配送企业进行食品检验

美国食品行业冷链物流的特色之一是食品的检验检疫由物流配送企业负责，每个物流配送企业都有擅长检验检疫的种类，企业根据自身特点申请某些种类食品的检验权，在物流配送中心检验合格的食品，可以“免检”出口。为确保进出口货物完全符合当前的进出口规则，如 Able Freight（一家美国货运代理公司）一类的企业与相关政府机构保持紧密联系，遵守运输安全管理局（TSA）的规定，安排美国农业部和洛杉矶农业部的检验，并向食品药品监督管理局（FDA）提供完整的托运人及生产商资料，以满足相关规定，同时提供清关服务。Able Freight 在仓库现场有美国海关授权进行进出口货物安检的设备和 FDA 专员对货物进行现场检查的工作岗，设置双重保险，以确保食品的安全。这样的设计，不但减少了海关的工作量而且能够避免食品在海关排队检测过程中变质，同时提高了食品流通速度，降低了物流成本，还为企业带来了效益。

8.1.2 欧盟的食品安全保障体系

1. 明确的安全标准体系

欧盟的食品安全标准体系比较完善，从横向来看，所涉及的食品种类多、涵盖面广；从纵向来看，囊括了食品流通的各个环节；从效果来看，欧盟的食品安全标准在其成员国拥有强大的效力和约束力，能够得到有效践行。食品安全标准体系是食品安全监管体系的一个重要组成部分。欧盟的食品安全标准明确分为产品标准、过程控制标准、环境卫生标准和食品安全标签标准四大类。其中，产品标准指的是对产品的规格、质量、构造与检测方法作出的规定，主要对象为动物性、植物性、婴幼儿食品；过程控制标准主要包括食品微生物标准和食品添加剂标准；环境卫生标准是对食品制备、加工或者处理的场地规划和设计、运输食品的容器、食品接触的设备设施以及食品加工人员在个人清洁方面的卫生标准；食品安全标签标准对食品包装上的各类图形标识及相关注释性文字有着非常严格的规定。

2. 完善的法律法规

欧盟的法律法规体系较为完善，"从田间到餐桌"的食品供应链关键环节都做到有法可依，同时对风险评估、风险预警和食品安全可追溯机制等通过法律法规进行了明确规定，注重事先预防和事中控制。欧盟为统一协调内部食品安全监管规则，制定了多部法律法规。1997 年发布的《食品安全绿皮书》形成了欧盟食品安全监管的基本框架，2000 年发布的《食品安全白皮书》提出了"从田间到餐桌"的全程控制理论，强调对食品安全的全程监管；在此基础上，2002 年欧盟发布了《欧盟食品法》，该法规被称为欧盟食品安全的"基本法"，确立了风险评估、保障消费者权益、预警和透明四大原则；此外，欧盟还制定了一系列食品安全规范要求，包括药物残留控制、食品生产卫生规范、实验室检验、进口食品准入控制、食品的官方监控等。欧盟各成员国也根据本国实际情况制定了各自的法律制度，形成了一套涵盖整个食品供应链的法律法规体系。

3. 健全的监管机制

欧盟的食品安全监管机制注重关键环节和全过程的监管，建立的可追溯制度具有强制性，信息公开透明，建立的预警系统覆盖面广，信息交流充分，能实现动态监测和事中控制。欧盟的食品安全监管主要包括以下几种机制：①危害分析和关键

控制点（HACCP）体系。欧盟建立HACCP体系对原料、关键生产工序及影响产品安全的人为因素的危害风险进行科学鉴定、评估确定加工过程中的关键环节，从而建立、改进关于食品的监控程序与标准，进而采取和制订一系列解决措施。②食品安全追溯机制。欧盟发布《欧盟食品法》，对家禽和肉制品实行强制性的可追溯制度，采用全球统一标识系统（EAN·UCC系统）记载每个产品从源头生产到终端销售的详细信息，实现全程追溯。③食品安全监测预警机制。建立食品、饲料快速预警系统（RASFF），一旦成员国发现食品安全风险，系统会及时通知欧盟委员，经核查和评估后第一时间通知其他成员国，实现食品安全风险信息的充分交流，从而将损失降到最低。

8.1.3 澳大利亚食品冷链经验

1. 冷链物流技术支持

澳大利亚拥有完善的冷链物流系统，并建有完善的网络信息平台，从而实现了乳制品上下游企业之间信息的高效传递，极大地提高了乳制品冷链物流体系的运行效率。另外，澳大利亚还利用先进技术保障冷藏箱内的温度处于恒定状态，在实现对冷藏箱内温度控制的同时，也提高了冷链物流的效率，降低了成本，保障了冷链物流体系的高效运作。乳制品企业对生鲜乳进行收购之前，企业会派出专门人员对生鲜乳样品进行测试。乳制品企业根据测试结果接收牧场的生鲜乳，负责生鲜乳运输的运营商必须有被国家乳业局批准的食品安全项目记录。在乳制品需求旺盛季节，运营商会每天定时使用恒温奶罐车（0～4℃）收集生鲜乳。当生产量下降时，运营商收集生鲜乳的频率会降低，生鲜乳被运输到乳制品企业时，乳制品企业会对生鲜乳再次抽样，进行二次检测。生鲜乳在现代化和自动化的生产车间进行生产，产品均标注牧场和乳制品企业的详细信息，确保从牧场到企业信息可追溯。所有乳制品企业均需取得国家乳业局、农业部的许可并制订严格的食品安全计划，建立从牧场到客户的整个供应链全程跟踪系统。所有的乳制品企业都需要建立基于产品召回协议的产品召回系统，实现对乳制品全产业链的跟踪，以保证乳制品的质量安全。

2. 冷链物流人才培训

澳大利亚为食品行业的发展提供教育培训和相关技术支持，比如为吸引人才和培养企业员工的工作能力，澳大利亚全国乳业教育中心联合当地培训中心为乳制品行业人员提供职业教育和培训，包括对运用食品行业新技术、新装备进行指导，也为食品企业和农户提供一系列短期课程和定制项目，以提高其对食品行业的了解程度以及对冷链物流的认知水平，从而提高其从事食品生产和农场经营管理的专业化程度。澳大利亚政府委托科研机构和高校负责澳大利亚的农业高等教育和农民专业培训工作，促进了食品冷链物流相关知识的普及和相关技术的推广，科研机构对食品供应链各环节的问题进行探索研究，将研究成果快速转化为生产力，为实际生产服务，促进了食品质量安全水平的提高和食品供应链的高效发展。

3. 冷链物流支持政策和标准

澳大利亚对牧场和乳制品企业实行严格的"食品安全计划"，对乳制品冷链物流运作过程中的温度控制、储存时间等做了详细的规定，制定实施了一套科学、标准的冷链物流体系。其中，对生鲜乳的迅速冷却及储存做了明确的规定，并要求国内各乳制品企业在符合 ISO 9001 + GMP 以及 HACCP 等标准和规范的前提下生产。此外，澳大利亚还制定了专门针对乳制品产业链的自愿性标准和企业标准，使得澳大利亚乳制品产业链运行更加标准化，共同为乳制品冷链物流的发展营造了良好的氛围，促进了澳大利亚乳制品冷链物流的迅速发展。

8.1.4 日本的可追溯食品供应链

1. 农业协会和超市在食品供应链中的特点

日本国内食品流通供应链的一个显著特点，就是以批发市场为核心，农业协会（以下简称农协）、批发市场与超市同时发挥重要作用。

（1）农协在食品供应链中的特点。在日本，农协位于食品供应链上游，负责把农产品集中起来进行统一销售。由于农协代销产品可以大幅度提高价格，而且销售成本低于农户自己销售，因此深受农户欢迎，绝大多数农户都把农产品交给农协。农协是食品市场上最主要的产品供货商，各大中小城市批发市场的建立和运营都离不开农协。农协利用自己的优势，充当农民与批发商之间的中介，形成农民、农协和批发商三者之间利益均沾的关系，并在三者之间建立了一种相互依赖的服务与被服务的关系。从这个意义上来看，农协为日本食品供应链打下了坚实的基础。

（2）超市在食品供应链中的特点。日本的超市包括一般综合型超市、衣料品超市、居住品超市、食品超市和其他超市等。除了衣料品超市外，其余各类超市都把食品经营放在非常重要的地位。日本人的日常生活必需品，绝大部分都购自超市和便利店。超市与便利店面向的消费群体和经营的商品有明显的区分，超市主要面向

家庭主妇，便利店主要面向单身者和青年；超市主要以鲜活产品（果菜、肉、鱼等）及其半成品、加工食品等为主，便利店则以盒饭、面包、糕点、冷热饮料等即食食品为主。食品加工是超市和便利店的重要一环，超市购进的食品多由专业的加工中心加工与包装，一小部分对生鲜度要求严格的食品则由各便利店在本店加工间自行加工。

2. 从食品流通模式看日本食品供应链的特点

（1）食品安全追踪体系的运作方式。首先，日本食品安全追踪体系严把食品进入流通领域前的质量关。例如，在农作物收获前大约两周，农户必须参加由当地农协组织的抽样检查，只有其农产品检验合格的农户才能取得进入市场的资格。而且食品的包装纸箱上除了要印有产地等信息之外，还要印有显示生产者姓名的印章，这样消费者可以通过纸箱上记载的信息查询产品出自哪一产地的哪一农家。其次，日本食品安全追踪体系将食品的最终检验推向流通末端，即将检验推迟到商品上架时，并根据其检验结果回收次品，避免食物中毒等危害事件发生。再次，流通中以生产批量为基本单位追踪管理，即对商品从发货到送至消费者手中的过程实施全程追踪，一些保质期相对较长的加工食品的入库、储存和出货管理等都以生产批量为单位来实施。最后，提供客户端的商品信息查询服务，让消费者在任何时候都能通过商家提供的扫描器或者手机等提取商品信息。

（2）引入食品安全追踪体系的要求。由于日本的食品安全追踪体系要高标准地控制食品在流通过程中的安全性，因此对引入该体系提出了较高的条件。首先，该体系要求供应链上的各企业之间建立良好的合作与协同关系，明确各个企业在食品追踪体系中的位置和职责，且各企业均需派遣专门负责人参与管理。其次，要求各企业间实现信息系统标准化管理，建立通用的信息系统和通信系统，规范条码信号和电子标签等信息标识的标准。再次，要求各企业的生产加工管理严格采用质量管理规范标准，例如，在原材料的生产阶段采用 GAP（Good Agricultural Practice，良好农业规范）方法保证食品安全和品质，在生产加工阶段采用 HACCP 方法，杜绝不合格产品进入流通环节。最后，借助农协强化对食品原材料生产的监控能力。

8.2 发达国家食品供应链发展经验带来的启示

1. 建立可持续食品供应链，实现绿色物流

政府部门要加强对物流绿色化政策和理论体系的建立和完善工作，构建绿色物流发展框架。对物流系统目标、物流设施设备和物流活动组织等进行改进与调整，实现物流系统的整体最优化和对环境的最低损害。同时，重视绿色包装与逆向物流，绿色包装是逆向物流中重要的一环，绿色包装的使用可以提高包装制品的回收利用率与逆向物流实施的可操作性，绿色包装还是中国企业进入海外市场的必要前提。重视逆向物流的建设与发展，不但可以提高包装制品的回收率，提高资源的循环利用率，而且可以为企业降低成本。

2. 大力推广应用冷链技术，完善和优化冷链的运作和管理

冷链运输的前期投入虽然大，但对于行业发展来说十分必要，加大冷链运输的前期投入，可以有效地提升我国冷链物流的技术水平，降低运输成本，提高我国冷链运输的专业化水平。一方面，要加大科技投入力度，制定信息化系统并将其应用到冷链物流的各环节；另一方面，要加大冷库、冷运车的投入力度。

3. 优化和完善食品安全法律法规体系

我国最新修正的《中华人民共和国食品安全法》为食品安全政策搭建了一个总体框架，但与欧盟的食品安全法律法规体系相比，该法在完整性、严密性和协调性等方面还存在一定差距，为此我国应进一步完善食品安全法律法规体系的建设：一是进一步明确食品安全社会共治的法律规定，为推进食品安全多元协同治理提供法律依据；二是参照欧盟的“从田间到餐桌”的全过程监管原则，进一步完善食品安全全程监管机制；三是加强食品安全标准体系建设，使食品链的整个过程都有统一的生产或检验技术标准；四是制定食品安全监管的具体实施细则，提高食品安全法律法规的可执行性。

第二篇

专题研究

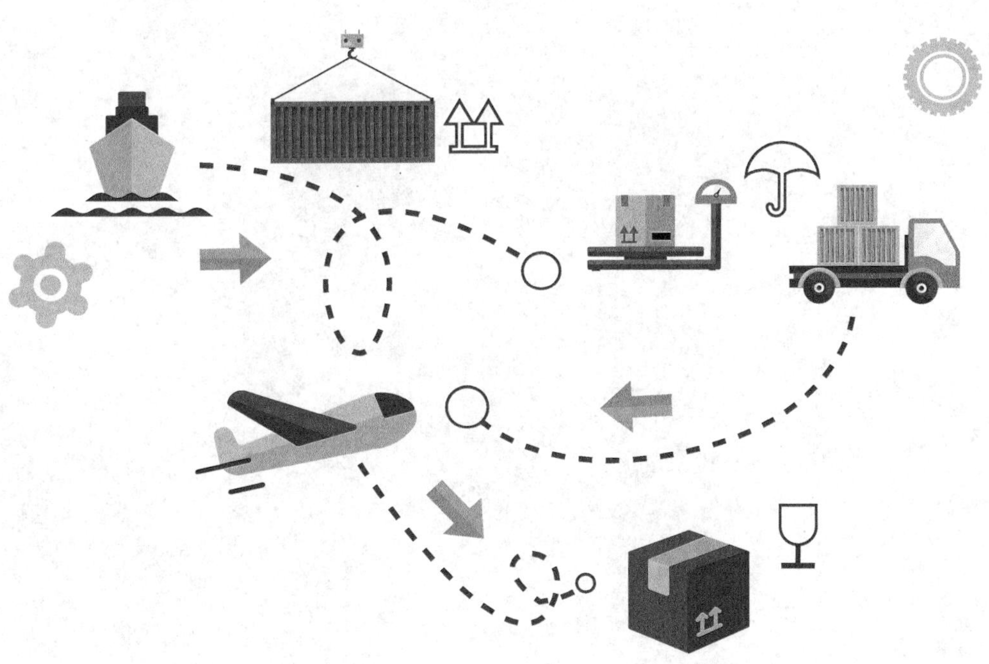

9　食品供应链模式研究

9.1　中国食品供应链模式的形成与发展

21 世纪，企业间的竞争有些时候体现为供应链与供应链之间的竞争，在过去短短的几十年间，无论是供应链管理的理念还是供应链管理的技术都有了长足的发展。在中国，虽然供应链管理的发展相对滞后，但一些相关的思想却早已形成。从供应链管理在中国的演进来看，中国食品供应链模式的形成与发展大体经历了四个阶段。

第一个阶段是供应链的“推动式”时代。1978 年以前，中国的制造业相对落后，企业对“供应链”这个概念了解较少，企业要生产什么，往往不是自己决定的，而是被原材料推动的，直至将成品销售给消费者。此时，由于处于计划经济和短缺经济的条件下，企业拼命去争技能、抢项目、扩建厂房、更新设备，导致制造能力大量过剩，而销售和供应能力则很弱，而且企业间的业务协作是以“本位主义”为核心的，即使在企业内部，其组织结构也是各自为政或者以区域性的条条框框为特征。

第二个阶段是供应链的“拉动式”时代。1979—1992 年，中国对外贸易蓬勃发展，在这个阶段，企业开始注意充分利用内部资源，消费者的需求也逐渐成为影响企业经营活动的重要因素，在消费者需求的拉动下，企业开始注意对整个经营活动加以控制和管理。当时，供应链管理的实践始于供应链末端的零售商，为获得更多的销售利润，零售商需要更好地与供应商共享销售和市场资料。

第三个阶段是 1993—2001 年，中国的经济体制逐步由计划经济转变为市场经济，市场逐步繁荣，大部分商品已呈现过剩状态，产品质量等因素在竞争中的优势逐步减小，成本的竞争优势逐步显现出来。在这种情况下，企业不得不考虑如何从原材料采购就开始加以管理和控制，以提高企业的整体效益，从而在激烈的市场竞争中立于不败之地。然而，这只是供应链内部集成阶段的开始，对供应链的关注主要集中在供应商—制造商这一层面上。这只是供应链上的一小段，关注的内容局限于供应商的选择和定位、降低成本、控制质量、保证供应链的连续性和经济性等问题，没有涉及从供应商、分销商、零售商到消费者的完整供应链。

第四个阶段是2002年以后，随着中国加入世界贸易组织和中国制造业全球竞争力的不断增强，越来越多的跨国公司开始在中国增加采购并构筑现代供应链体系，这加速了中国的食品生产企业进入全球供应链体系的步伐，中国的食品生产企业学习到世界一流的供应链管理思想，大大加快了国内企业实施供应链管理的进程，促进中国东南沿海大型制造业和流通企业的供应链管理走向成熟。2002年4月，国内首家以“供应链”命名的、从事供应链管理业务的专业公司在深圳成立，这标志着中国供应链管理向服务化、外包化、专业化转变。通过借鉴以冯氏集团为代表的贸易型供应链管理服务商的先进经验，供应链管理服务型企业以深圳为发源地逐渐发展壮大，形成以进出口贸易、物流、报关、信息服务、金融等为一体的网络化、整合化、平台化的供应链服务新模式。这也使得中国供应链管理的发展迈上一个新台阶，与国际先进的供应链管理理念相接轨。

现有的食品供应链模式大致可以分为三种：第一种是推动式食品供应链模式，是以生产者为核心企业，根据产品的生产和库存情况，有计划地把商品推销给消费者，其驱动力源于供应链上游制造商的生产，属于卖方市场下供应链的一种表现；第二种是拉动式食品供应链模式，是以消费者为中心，比较关注消费者需求的变化，并根据消费者需求组织生产，属于买方市场下供应链的一种表现；第三种是推拉结合式食品供应链模式，将推动式与拉动式相结合，选择推动—拉动界线，以尽快满足消费者需求的模式。

9.2 推动式食品供应链

如图9-1所示，推动式食品供应链是以食品生产为中心，制造商以提高生产率、降低单件产品成本从而更多获利为驱动源进行生产决策，产品生产出来后从分销商、批发商、零售商逐级推向消费者的供应链。在这一供应链形式中，分销商、批发商以及零售商处于被动接受地位，各企业之间的集成度较低，对需求变动的响应能力较差。大部分的食品供应链基本上属于推动式食品供应链。例如，在量贩店与便利店销售的日常休闲食品，消费者要求这些产品是现货，再加上这些产品具有标准化且生命周期长，要满足这样的市场需求，就必须先对市场需求进行预测，制订生产计划，购买原材料，生产出成品后将其推放到市场上，供消费者选购。

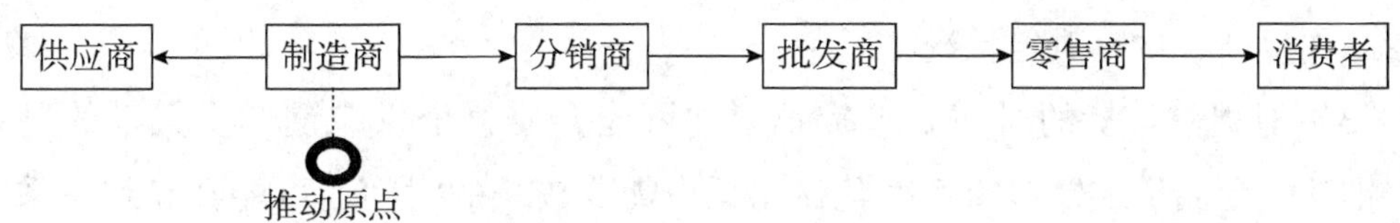

图 9-1　推动式食品供应链

9.2.1　推动式食品供应链的运营特点

推动式食品供应链的运营特点主要表现在以下 3 个方面。

（1）制造商根据制造资源计划（MRP-II）、企业资源计划（ERP）从供应商处购买原材料，生产产品，并将产品通过各种渠道（如分销商、批发商、零售商）推至消费者端。

（2）制造商对整条供应链起主导作用，而其他环节，如处于流通领域的企业，则处于被动的地位。

（3）由于制造商在供应链上远离消费者，对消费者的需求远不如流通领域的零售商和分销商了解得清楚。在这种供应链上，企业之间的集成度较低，反应速度较慢，在缺乏对消费者需求了解的情况下，生产出的产品和驱动供应链运营的方向往往是无法匹配和满足消费者需求的。

9.2.2　推动式食品供应链存在的问题

（1）难以以低成本满足变化较大的市场需求，容易产生“牛鞭效应”。在推动式食品供应链中，生产和分销的决策都是根据长期预测的结果做出的。准确地说，食品制造商是根据从零售商处获得的订单进行需求预测。事实上，制造商从零售商和仓库那里获取订单的变动性要比消费者实际需求的变动大得多，这就是通常所说的“牛鞭效应”，这种现象会使得制造商的计划和管理工作变得很困难。例如，制造商不清楚应当如何确定其生产能力，如果根据最大需求确定，就意味着大多数时间里制造商必须承担高昂的资源闲置成本；如果根据平均需求确定在需求高峰时期就需要寻找昂贵的补充资源。

（2）服务水平低，缺货率高，难以满足需求；或是为了满足需求设置安全库存而导致供应链库存成本过高。由于推动式食品供应链的运输标准很难确定，无法确定选取最高需求的运输量还是选取平均需求的运输量，因此在推动式食品供应链中，经常会发生由于紧急的生产转换引起的运输成本增加、服务水平降低、库存水平变高或生产成本上升等情况。

（3）对提前订货的时间要求较长，这可能会使整个供应链产生大量的过时库存。推动式食品供应链对市场变化做出反应需要较长的时间，可能会导致一系列不良反应。比如，当某些产品需求消失时，供应链会产生大量的过时库存，甚至出现产品过时而难以销售等现象。

9.2.3 推动式食品供应链案例（以伊利集团为例）

伊利集团的前身是呼和浩特回民区成立的养牛合作小组。1958 年改名为“呼市回民区合作奶牛场”，伊利集团 1996 年在上海证券交易所上市，成为全国乳品行业首家 A 股上市公司，这也成为伊利集团快速发展的起点。2005 年伊利集团成立酸奶事业部，产品包括 7 大系列 90 多个品种，向产品多元化迈出成功的一步。目前，伊利集团拥有液态奶、冷饮、奶粉、酸奶和原奶五大事业部，所属企业近百个，旗下有纯牛奶、乳饮料、雪糕、冰激凌等 1000 多个产品品种。此后，伊利集团发展速度迅猛，进入了飞跃式发展阶段，名列乳品行业前茅。

初期，伊利集团的供应链相对简单，结构较为松散，无法实现规模化生产，如图 9－2 伊利集团初期供应链模式所示。

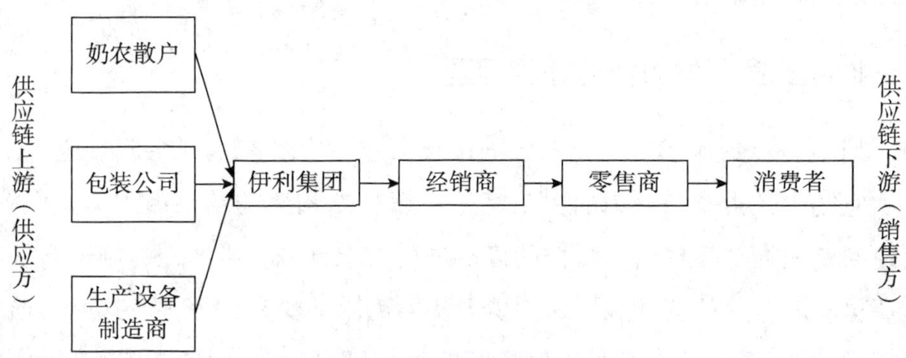

图 9－2　伊利集团初期供应链模式

随着人们的消费水平和健康消费意识的增长，对乳品的需求越来越大，伊利集团随即加大奶源基地建设，从供应链上游进行优化，这一点在乳品行业中是处于领先地位的。伊利集团在上海、北京、河北等地建厂，并与当地政府协商与奶农合作，共同出资建设奶源基地。这一举措不但扩大了奶源，有效解决了奶源不足的问题，而且大大提高了市场占有率。同时，这些奶源基地大多建设在集中了奶产品消费主力军的重要城市。这有效解决了初期的生产地与消费地之间远距离运输的问

题，有效降低了运输成本，缩减了运输周期，伊利集团优化后的供应链模式如图9－3所示。

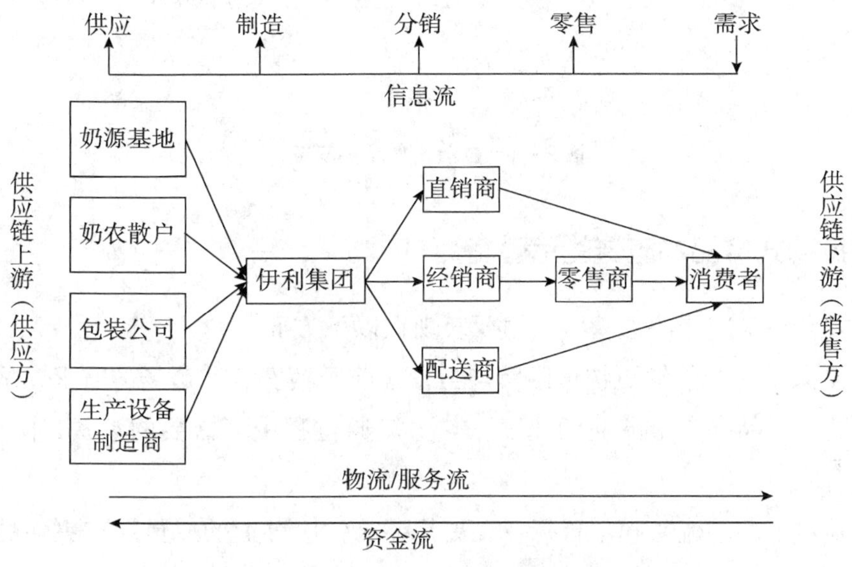

图9－3　伊利集团优化后的供应链模式

至于供应链下游的销售环节，为了缩短销售周期，打破冷饮事业部的冰品销售渠道瓶颈，伊利集团将代销转化为直销，将重要城市的经销商全部以配送商代替，2003年，伊利集团在北京地区已有70%的产品通过直销进行销售；在上海，伊利集团的冰激凌销售由代理制全部转化为直销制。同时，伊利集团在技术层面注重开发冷链物流。2006年是伊利集团全面实施供应链战略的重要计时点。这一年，伊利集团开始在全国范围内实施“织网”计划，其实质就是实现生产制造以及市场销售的一体化运作，并对每个市场进行进一步精耕细作，全面实施供应链战略。

9.3　拉动式食品供应链

拉动式食品供应链也称为牵引式食品供应链，如图9－4所示。拉动式是指消费者导向或需求导向，消费者购买产品后，经由销售时点情报的数据收集，以销售商为驱动点，通过尽可能提高生产和需求的协调一致性，来减少供应链上的库存积压，降低单件产品成本从而获利。拉动式食品供应链通常按订单生产，由消费者需求激发最终产品供给。消费者实际需求信息被传递给制造商，制造商可以根据消费者需求实现定制化服务。拉动式食品供应链可以减轻“牛鞭效应”，降低库存量，提高市场占有率和服务水平，但难以形成规模经济。

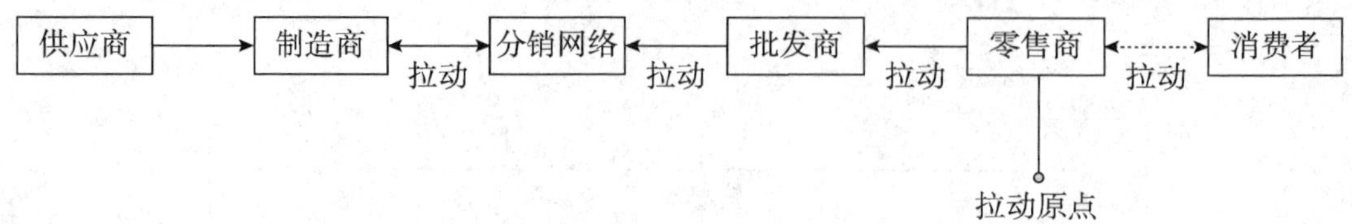

图9－4　拉动式食品供应链

9.3.1　拉动式食品供应链的运营特点

拉动式食品供应链的运营特点主要表现在以下方面。

（1）整条供应链能够更快地跟踪甚至是超前于消费者和市场的需求，从而提高整条供应链上产品和资金流通的速度，减少流通过程中不必要的浪费，降低成本，提高市场适应力。

特别是对下游的流通和零售行业，更是要求供应链上的成员间有更强的信息共享、协同、响应和适应能力。

（2）拉动式食品供应链虽然整体绩效表现出色，但对供应链上企业的管理水平和信息化程度要求较高，对整条供应链的集成和协同运营的技术和基础设施要求也较高。

9.3.2　拉动式食品供应链的运营效果

市场的预测和订单是企业一切业务活动的拉动点，生产装配、采购等的计划和运营都是以它们为依据进行的。

（1）面向订单的生产运营可以明显地减少库存积压。由于拉动式食品供应链不是提前生产产品，而是消费者下单之后才去生产，可以大大降低库存成本，满足消费者的定制化需求。

（2）根据消费者的需求实现定制化的生产和服务，满足消费者的个性化和特殊配置需求，加快资金周转。拉动式食品供应链是根据消费者需求来运作的，所以其在实现定制化生产和服务方面有很大优势。

拉动式食品供应链的运营效果明显优于推动式食品供应链，但对供应链管理水平的高要求，也使拉动式食品供应链的运营和实施相对较难。

9.3.3　拉动式食品供应链案例（以天猫平台预售车厘子为例）

天猫平台首创预售加冷链配送，将原产进口车厘子直供中国网民。“车厘子还在树上，你就可以下单”。为了打破传统的现货交易，保证进口水果和食品能从原产地新鲜直达网购消费者，2013 年 6 月 27 日，天猫平台提前和美国西北部车厘子农场主们订下买卖契约，先订购，后采摘。消费者是远在太平洋西岸的中国网民，他们可以通过客户端预先支付定金，然后在 7 月 9 日到 7 月 11 日支付尾款，彼岸的美国农场主们便开始采摘车厘子。3～5 天之后，消费者们就可以陆续享用到来自原产地的最新鲜的车厘子。通过预售的方式，美国西北部 20 万千克车厘子成功被“预约消费”。

据悉，每年 7 月上旬正是食用美国车厘子的最佳时节，在美国西北部的华盛顿州、俄勒冈州、爱达荷州、蒙大拿州和犹他州，每年都会有大批量的车厘子上市。即便在减产的情况下，每年五个州加起来仍有 8000 万～9000 万千克车厘子上市，其中有 1/3 将出口中国市场。依托预售模式和冷链运输配送，2013 年，天猫平台成为美国西北部车厘子在中国国内唯一一家网络销售平台。

上海美国农业贸易处农业领事表示，预售的形式节约了成本，更多的是让利给了消费者。2013 年预售的车厘子均来自美国西北部的华盛顿州和俄勒冈州等五个州，售价为 89.5 元/千克且全国包邮，相比线下超市门店每千克 160～180 元的价格，具有很高的性价比。“与线下市场的差价，正是预售节约成本的反映。”天猫平台预售相关负责人表示。

据了解，由于受距离阻隔和传统供应链的影响，在过去很长一段时间内，很多世界各地的特产只能以曲折的方式进入中国。环节多、周期长、成本高、损耗大，因此有些特产进入国内之后不仅价格昂贵，而且在经过多次的周转和长期的存储之后，也失去了原本的新鲜味道，色香味大打折扣。有些特产甚至无法为中国的消费者享用。

对一些时令果蔬和生鲜产品来讲，即便到了国内还面临储存以及物流配送的难题。“在夏季，对于美国西北部车厘子这种很难保存和运输的娇贵水果，必须要有过硬的储存和物流配送条件才行。”石耐劳表示。网络预售的方式不仅能让产地按需供应，还能让物流按需配送，大大减少了生鲜食品的损耗。

据悉，天猫平台先从 6 月 27 日到 7 月 8 日收集消费者预订订单，7 月 9 日到 7 月 11 日消费者支付尾款后，美国西北部车厘子农场主开始陆续采摘、分拣、筛选、清洗，空运车厘子至中国境内，再由天猫平台联合国内专业的物流冷链服务商，保障车厘子从 7 月 12 日由经销商“天天果园”发货后，在 12～36 小时内能陆续送达消费者手中。

天猫预售负责人表示，2013 年天猫平台预售车厘子活动后，天猫预售将和天猫国际一起开展发现全球优质进口商品的行动，并将“北纬 37 度”定为行动目标，寻找全球原产地直供的、最新鲜的食品。为此，天猫平台将陆续与原产地国家的政府机构合作，通过 C2B 的方式解决漫长供应链带来的种种问题。

9.4 食品供应链模式的选择

推动式食品供应链与拉动式食品供应链各有优势，推动式食品供应链的优势在于效率性，而拉动式食品供应链的优势在于反应性。推动式食品供应链能够为一个目标需求量（市场预测）提供平均成本最低、最有效率的产出，而且可以用现货实时满足需求，但是当预测不准确时，会产生缺货或库存积压的风险。拉动式食品供应链能够为消费者提供定制化的产品和服务，但这是以较高的成本为代价的。企业在选择合适的食品供应链模式时，需要考虑到产品特点、需求不确定性以及规模经济的影响。只有综合考虑，才能选择适合企业的供应链模式。

1. 需求不确定性对选择食品供应链模式的影响

在其他条件相同的情况下，需求不确定性越高，就越应当采用根据实际需求管理食品供应链的模式即拉动式食品供应链模式；相反，需求不确定性越低，就越应该采用根据长期预测管理食品供应链的模式即推动式食品供应链模式。

2. 规模经济对选择食品供应链模式的影响

在其他条件相同的情况下，规模经济对降低成本起着重要的作用，如果组合需求的价值越高，就越应当采用推动战略，根据长期的需求预测管理食品供应链；如果规模经济不那么重要，组合需求也不能降低成本，就应当采用拉动战略。对于需求不确定性较高、规模经济对生产和运输影响较小的产品，拉动式食品供应链是合适的选择。对于需求不确定性较低，而且规模经济对生产和运输影响较大的产品，传统的推动式食品供应链则是合适的选择。对于这一类产品，依据长期预测的方式来管理存货，不会增加存货持有成本，而且可以利用规模经济来降低运输成本。

9.5 推拉结合式食品供应链

由以上分析可以看出，虽然拉动式食品供应链更为有效，但并不是总能在

整个供应链中实施拉动式食品供应链，比如提前订货期过长，或者在生产、运输过程中要求达到规模经济等。因此，一种混合的模式更为有效，即推拉结合式食品供应链，如图 9－5 所示。推拉结合式食品供应链可表示为：推，即企业的利益推动；拉，即消费者的需求拉动。在推的作用力下，驱动供应链的原动力是供应链的价值增值水平，在拉的作用力下，驱动供应链的原动力是消费者的需求。在推动与拉动的共同作用下，把满足消费者需求的产品源源不断地推向消费者。为了在推动式食品供应链和拉动式食品供应链的优势间达到一种平衡，可以确定推动—拉动边界，以尽快满足消费者需求。推动—拉动边界，是指订单所能到达的供应链的位置，也就是消费者订单分离点（CODP），即在整个运行系统的价值增值过程中，产品与订单相关联的点。CODP 的上游属于预测驱动，CODP 的下游属于订单驱动。

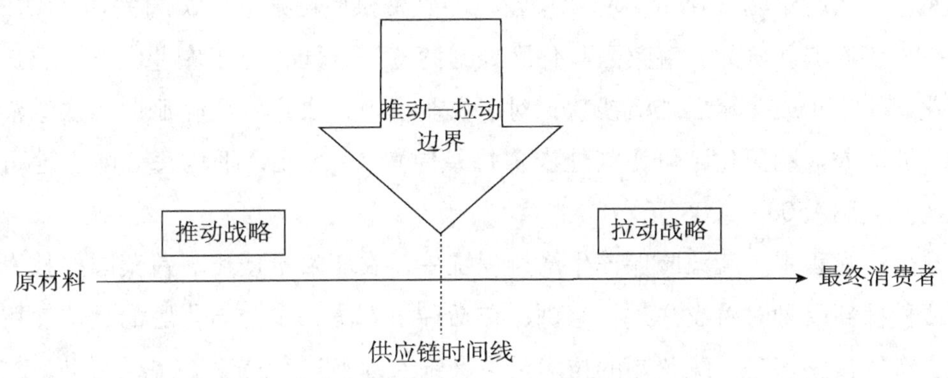

图 9－5　推拉结合式食品供应链

9.5.1　推拉结合式食品供应链的运营特点

推拉结合式食品供应链可以看成是将拉动式食品供应链和推动式食品供应链结合起来的模式。供应链的推动部分是指在生产差异化开始前的行为和决策。无差异化部分按照需求预测进行生产和运送，总体需求预测比单个需求预测精确，而这种行为和决策是在总体需求预测基础上做出的。差异化部分则根据市场需求做出反应。因此，推拉结合式食品供应链中从生产差异化开始的部分就是拉动式食品供应链，而之前的部分是推动式食品供应链。推拉结合式食品供应链模式又分为前推后拉模式和前拉后推模式两种。

（1）前推后拉模式的供应链将供应链下游的消费者需求整合到供应链上游的生产和制造中，在供应链上游采用推动式策略，在供应链下游采用拉动式策略。先按照企业预测进行生产准备，这是前期推的模式；再按照实际的消费者需求进行后续的生产，这是后期拉的模式，由此构成前推后拉的供应链模式。

（2）前拉后推模式的供应链则在供应链上游采用拉动式策略，在供应链下游采用推动式策略。前拉后推的供应链模式适用于那些需求不确定性高，但生产和运输过程中规模效益十分明显的食品。从生产角度看，由于需求不确定性高，企业不可能根据长期的需求预测进行生产计划，因此生产环节要采用拉动式食品供应链模式，运输环节采用推动式食品供应链模式，由此构成前拉后推的供应链模式。

9.5.2 推拉结合式食品供应链案例（河北省涿州市惠友三兴蔬菜园农产品对接案例分析）

惠友三兴蔬菜园（以下简称蔬菜园）与农资供应商建立了契约关系，以较低价格统一购买农资。例如，蔬菜园与化肥经销商签订合同，对于农业大户，农户可先使用化肥，半年或一年后结清钱款；对于农业小户，农户购买化肥时当次结清。加入蔬菜园的农户购买化肥可比其他农户每袋便宜 3 ~ 5 元，平均每公顷土地可以节省农药、化肥 1500 ~ 3000 元。

在生产过程中，蔬菜园保证生产过程统一，农药限量使用。蔬菜园的技术员会在需要种植新品种时对农户进行培训，包括种植方法、农药与化肥的具体使用方法等。在有气候灾害时，蔬菜园的技术员也会到农地上进行查看并提供帮助。在收购方面，集体收获比农户个人收获成本更低。加入蔬菜园的农户不仅可以通过集体采购农资降低投入成本，还可以通过集体收购、依靠蔬菜园联系物流运输来节约运输成本及交易成本，减少新鲜蔬菜在运输过程中的损失。同时，可节省时间成本，减少雇用成本，将产品运输、寻找市场与议价的时间用于个人收获蔬菜，农户的净利润可以大大提高。蔬菜园也通过统一收购农产品为农户提供了稳定销路，代替农户开拓市场，降低了农户的风险。

蔬菜园的蔬菜主要通过惠友超市进行销售。在距离蔬菜园约 10 千米处有与蔬菜园建立契约关系的物流公司，当日蔬菜采摘后，由物流公司将蔬菜运输至分拣车间，分拣车间立即对蔬菜进行分拣并对部分蔬菜进行包装，次日上午由汽车运输至河北省各大惠友连锁超市。蔬菜采摘量较大时，在为惠友超市供货之余，蔬菜园还会将蔬菜通过第三方物流运送至北京新发地市场进行销售。

蔬菜销售时分为精细包装和无包装，进行精细包装的蔬菜会在分拣后装盒或套

袋。精细包装蔬菜处于推广期中，包装上明确注明“惠友三兴”品牌，以绿色食品为卖点进行销售，以高质量获取较高价格。这也是蔬菜园的发展方向，走绿色食品之路，提升产品质量并适当提高价格，扩大销量，开发中高端市场。无包装的蔬菜经过分拣后会直接运送至超市以普通价格销售。

10 生鲜农产品供应链

10.1 生鲜农产品相关概述

10.1.1 生鲜农产品的概念

《中华人民共和国农产品质量安全法》对农产品进行了定义：农产品是指来源于种植业、林业、畜牧业和渔业等的初级产品，即在农业活动中获得的植物、动物、微生物及其产品。而具体的农产品主要包括生鲜农产品及其初级加工品，如新鲜瓜果，新鲜蔬菜，鲜活水产品，新鲜的肉、蛋、奶类等。生鲜农产品是我国消费者除粮食以外最主要的食物营养来源，在日常生活消费中占有十分重要的地位。生鲜农产品从狭义和广义上的理解略有不同。狭义上的生鲜农产品是指种植、养殖形成的，未经加工或只经过初级加工的，可供人类食用的农产品，主要种类有水果、蔬菜、畜禽及其产品等。广义上的生鲜农产品包括初级生鲜农产品、冷冻冷藏生鲜农产品及加工生鲜农产品。

10.1.2 生鲜农产品的特性

与传统的工业产品和商业产品相比，生鲜农产品自身具有一些特性。

（1）生鲜农产品具有明显的生物特性。生鲜农产品的生物特性指的是生鲜农产品一般为动物性产品和植物性产品，其生物特性主要表现在以下几方面。一是生鲜农产品容易变质和腐烂，致使其容易产生价值损失。为了使产品能够最终实现保值增值，必须做好产品的保鲜工作，需要投入一定的成本。二是初级生鲜农产品在质量、形状、规格大小等方面各不相同，致使流通包装过程中的集装单元化程度低，运费高。

（2）生鲜农产品的生产具有季节性。农产品的生产会受气候、水文、土壤等自然条件的制约和影响，生产活动过程有明显的季节性和时间性，农产品的生产周期通常较长，因此农产品供需矛盾的调整时间跨度较大。农产品的生产受自然规律的影响，必须等到一个完整的动植物生产周期结束才能完成，虽然随着科技的发展，

能够在一定程度和范围内缩短其生产周期，但仍不可能像工业产品一样在短时间内进行大批量生产。同时，由于农产品的季节性与时间连续性特点，也不可能在短时间内实现对生产规模的大幅调整。

（3）生鲜农产品的上市销售具有集中性。植物性农产品受各种自然条件因素的制约与影响尤其明显，生产者不能在一年内均衡地安排生产，而只能根据自然条件在某段时间内集中种植某种农作物，所以同一品种农作物的生产具有集中性，即在成熟季节产品大量上市，而在非成熟季节却供应不足。

（4）生鲜农产品在生产地域上具有分散性。受自然因素的影响，生鲜农产品地域性特征十分明显，不同的气候、水文、土壤都会对生鲜农产品的生长和质量产生影响。因此，某种农产品只能在某个或某几个特定的地区生产，不同区域生产的农产品种类和质量会有很大不同，从而导致生鲜农产品生产的地域性与消费的普遍性之间的矛盾，这就需要通过加工、包装、运输、储存等物流环节将生鲜农产品从生产地运往销售地，最终送达消费者手中。

（5）生鲜农产品产地与消费地之间存在阻隔。随着城市化进程的不断加快，农村与城市的经济功能分化趋于明显，生鲜农产品产地与消费地之间的阻隔愈加严重。生鲜农产品的生产基本上集中在农村，除去小部分被农民留作自我消费，绝大多数生鲜农产品都需要销售到城市或是其他地区的农村。这便需要生鲜农产品供应链物流系统的高效率运作。

10.1.3　生鲜农产品的质量与价格

生鲜农产品的质量与价格是影响消费者满意度的重要因素。品质、品种、新鲜度和安全性包含在农产品质量安全性因素中。

生鲜农产品的质量是消费者的第一关注点。通常情况下，对于消费者来讲，在一次购买行为中，感官质量即包括形状、色泽、气味、软硬等信息，是其挑选生鲜农产品时的首要依据；从长远来看，商家是否诚实守信，是商家能否赢得消费者忠诚度的核心要素。随着人们生活水平的不断提高，消费者在选购生鲜农产品时，品质必然是第一位的，如果在此基础上价格还能够相对低廉，那么消费者的购买欲望会被大大激发，一旦经历了成功的购物体验，大多数消费者将成为“回头客”，如果生鲜农产品的品质保持不变，即使价格有微升，消费者忠诚度也不会受到很大影响。在人们的传统印象中，要买到新鲜且价格相对低廉的生鲜农产品，必然要去居住地周边的早市或农贸市场，大型连锁超市里虽然也有不同种类的生鲜农产品售卖，光顾的人却远不及农贸市场这些地方。超市的消费者越少，其生鲜农产品的更新频次越低，鲜度就越差，问津的人也就越少，这是一个恶性循环。当下，生鲜农产品质量安全问题成为社会关注的焦点，如何能打破这样的恶性循环，如何以“质优”赢得消费者的信赖进而获得利润，这显然是大多数连锁零售企业应认真思考的问题。

生鲜农产品的价格是消费者的第二关注点。所谓“物美价廉”实际上说的是食品的性价比，同质的情况下，价低才是制胜的关键。定价是企业执行竞争战略的一项重要手段，其在供应链中的作用不可小觑。定价是企业决定就其产品或服务向消费者收取多少费用的过程，会影响选择购买该企业产品的消费者的期望。定价还可以充当匹配供给和需求的工具，特别是当供应链并不十分灵活时，可以利用短期折扣来消除供给过剩或者促使需求前移来减缓季节性需求高峰。简而言之，定价是影响供应链面临的需求水平和类型的最重要的因素之一。定价直接影响企业的收入，而通过其对消费者需求的影响，也可能影响生产成本和库存。管理者应当关注下列与定价相关的指标：利润率、应收账款周转天数、每笔订单固定成本增量、单位可变成本增量、平均销售价格、平均订货量、销售价格区间以及周期性销售区间。所有的定价策略都应当以增加企业利润为目标。这就要求企业要了解完成某项供应链活动的成本结构以及该活动能够为供应链带来的价值。类似“每日低价”这样的策略可以培养消费者稳定的需求，提高供应链的效率。其他一些定价策略可以降低供应链的成本、捍卫市场份额甚至是从其他竞争对手那里获取市场份额。只要差别定价有助于增加收入或者是降低成本，就可以利用差别定价来吸引具有不同需求的消费者。

创造顾客（消费者），是彼得·杜拉克对企业目标的诠释。这意味着，让消费者满意，而不是一味地追逐盈利才是企业的立身之本。由此可见，“物美价廉”不仅是消费者的购买期望，更是连锁零售企业的生财之道。这一目标的实现贯穿于整个供应链管理的始终，即供应、物流、库存及信息管理等各个环节。满足消费者的需求是供应链管理的核心目标，也是企业提高经营效率、降低成本的必经之路。企业必须以保证质量、节约成本为具体目标，不断完善供应链各个环节，使企业内部和外部联结协调统一，从这个角度讲，供应链即是需求链。

10.2 生鲜农产品供应链的内涵及其运作特点

10.2.1 生鲜农产品供应链的内涵

生鲜农产品供应链是指蔬菜、水果、水产品、肉、禽、蛋等生鲜农产品从产地

采收（或捕捞、屠宰）后，在产品加工、运输、冷藏、分销和零售等环节始终控制其处于适宜的温度环境，从而最大限度地保证生鲜农产品的质量和品质安全、减少耗损、防止污染的一种特殊供应链系统。生鲜农产品供应链以生鲜农产品为对象，以企业或组织为核心，构成从生鲜农产品的生产环节直至消费者这一环节的功能性网链结构。

生鲜农产品供应链是一个集成化的结构模式，包括农资用品供应商、农产品生产者或生产组织、农产品流通者以及农产品消费者。它不仅是一条连接供—产—销—消的物流链、信息链和资金链，而且是一条具备增值功能的链条。其中，“供”主要是指由农民、农业生产合作社等构成的生鲜农产品提供方，为整条供应链提供原材料，是供应链的上游环节。“产”是指处于供应链中间环节，连接供应商和销售商的生产者。生产者从供应商那里获取原材料进行进一步加工，然后再结合销售商提供的市场需求信息，把符合条件的产品顺利转移到销售商手中。“销”是指电子商务平台、超市等直接面向消费者的销售商。由于电子商务平台和超市等销售商直接接触消费者，所以能够为上游供应商提供最准确、最直观的消费者需求信息，是供应链的下游环节。因为生鲜农产品有着受生长周期、生长环境、时间和地域等多种因素限制的特性，所以对生鲜农产品供应链的管理也面临很多挑战。

10.2.2 生鲜农产品供应链的运作特点

生鲜农产品本身的特性以及其生产和消费的特点给其供需造成了许多矛盾，为了解决这些矛盾，人们在生鲜农产品物流活动中想出各种方法，形成了几种效应，以便减少这些矛盾。一是时间效应，通过物流活动过程中的储存功能调剂生鲜农产品的余缺，缩小季节性供需矛盾，从而实现生鲜农产品的均衡消费；二是空间效应，通过物流活动将生鲜农产品从生产地运往消费地，既增加了销量又产生了效益，同时也满足了各地区消费者的需要；三是形态效应，生鲜农产品通过物流活动中的流通加工改变了形态，丰富了供应的种类；四是转移效应，生鲜农产品从产地出发，经过批发商、加工商等环节，最后到达消费者手中，形成了一条完整的供应链，整个过程产生了保值增值。这四种效应是否能够实现，取决于生鲜农产品供应链的运作情况，下面对生鲜农产品供应链的运作特点作简要分析。

1. 投资大，运作成本高

生鲜农产品的运输与储藏需要冷藏车和冷库的参与，购买冷藏车和建设冷库的费用是普通车辆和一般仓库的许多倍。为了维持生鲜农产品物流全过程中的低温环境而投入的电费和油费也是其运作成本高的主要因素。

2. 具有较高技术含量，监控困难

生鲜农产品的化学变化机理和温度控制等技术是支撑其供应链物流的技术基础，必须对生鲜农产品从生产到销售的全程所有环节进行控制，监控困难也是生鲜农产品供应链运作的特点之一。

3. 需全程控制温度，损耗大

生鲜农产品供应链物流是低温供应链的表现形式，需要进行全程温度控制以保证产品品质及降低物流活动中的损耗。

4. 物流活动中需要流通加工

生鲜农产品供应链包括生产基地、仓储中心冷库、加工工厂、超市等节点，其供应链物流的节点不只限于流通环节，还需包括生产加工环节。

5. 对仓储和运输条件要求苛刻

生鲜农产品保鲜期通常比较短，其物流必须具有较高时效性，需要具备严格的仓储和运输条件，同时要尽量缩短运输时间。

6. 生鲜农产品供应链的分散性较高

生鲜农产品的产地分布广、种类多、分散性高，这决定了生鲜农产品供应链物流系统也具有分散性，同时供应链的重复性、复杂性也较大。

10.3 我国现有的生鲜农产品流通模式

我国是农业大国，农产品种类繁多且产量巨大，生鲜农产品主要包括蔬菜、水果、花卉、肉、蛋、奶以及水产品等，易腐易损性是其主要特征。近年来，我国主要生鲜农产品生产及消费规模均位居世界前列，然而，生鲜农产品滞销、“菜贱伤农”“菜贵伤民”等现象时有发生。生鲜农产品滞销是农民难以承受之痛，也损害了消费者的利益，这与生鲜农产品流通信息不对称、流通渠道不畅通有很大的关系。当前，我国生鲜农产品的主要流通模式有 4 种：①以农村经纪人和运销队伍为主导的贩运型流通模式；②以龙头企业为主导的生产加工型流通模式；③以批发市场为主导的市场带动型流通模式；④以连锁超市为主导的生产基地及联合采购型流通模式。

1. 以农村经纪人和运销队伍为主导的贩运型流通模式

农民自己闯市场、找销路、搞运销，优点是具有灵活性、积极性、自主性，但是缺点也很明显，其组织化程度低，比较分散，市场不确定性非常大，信誉度不

高，是比较简单的一种流通模式，如图 10－1 所示。

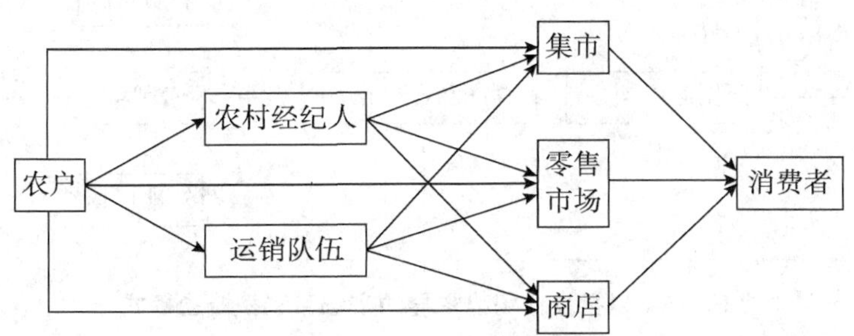

图 10－1　以农村经纪人和运销队伍为主导的贩运型流通模式

2. 以龙头企业为主导的生产加工型流通模式

龙头企业以合同订单的形式，向农户、农业合作社及自建基地收购生鲜农产品，生鲜农产品经过加工包装后再销售给超市、便利店、外地城市，企业与农户之间建立紧密的契约关系，实现产销一体化经营，如图 10－2 所示。在此模式下，一方面，龙头企业通过对初级生鲜农产品进行加工、保鲜、包装，生鲜农产品附加值明显提高；另一方面，龙头企业依靠更充分的市场信息和更多的技术信息，也可以对农户的生产进行有针对性的指导，这对农户调整产业和产品结构、提高生产技术水平有很大帮助。然而，此模式的主要问题在于龙头企业与农户等双方的契约关系比较脆弱，实力不平衡，多是短期合作。

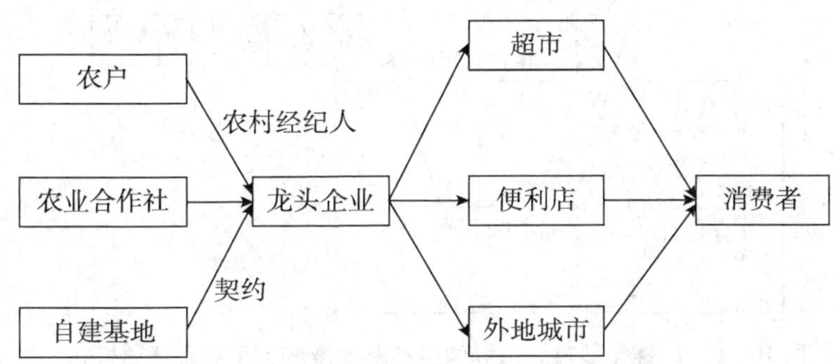

图 10－2　以龙头企业为主导的生产加工型流通模式

3. 以批发市场为主导的市场带动型流通模式

此模式旨在通过培育农产品批发市场，形成产品集散中心、信息发布中心、价格形成中心，促进生鲜农产品贮存、加工、交易、集散、物流配送等功能的实现，以市场带动流通，如图 10－3 所示。但从众多的农产品批发市场现状来看，批发市场多用于集散交易，功能比较单一，限制了其引领农业发展的作用。

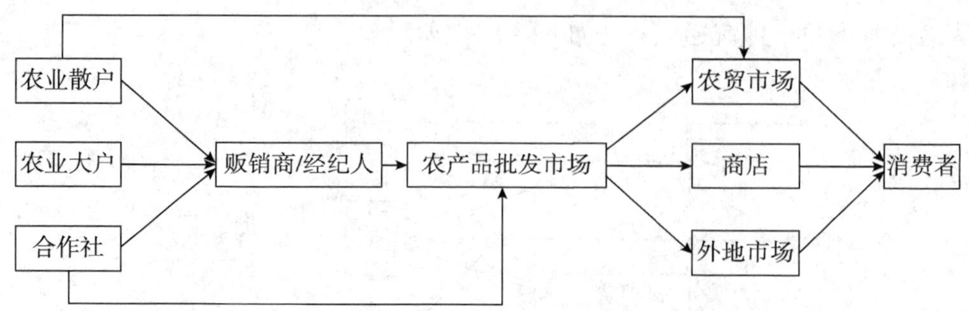

图 10－3　以批发市场为主导的市场带动型流通模式

4. 以连锁超市为主导的生产基地及联合采购型流通模式

连锁超市通过向散户、基地、合作社或者农产品批发市场、商贸公司下订单采购，使生鲜农产品按订单要求送到连锁超市，完成流通，如图 10－4 所示。此模式最为典型的就是“农超对接”，大型连锁超市可以通过引导农户进行标准规模化生产，指导其在生产中推进环境保护，提高农户的市场适应能力，增加农户收入。以连锁超市为主导的生产基地及联合采购型流通模式缩短了供应链的长度，给消费者提供了新鲜、便宜的生鲜农产品，但其缺点也较明显，调研发现连锁超市对接的多是合作社或者基地，绝大多数散户的农产品无法进入连锁超市销售。

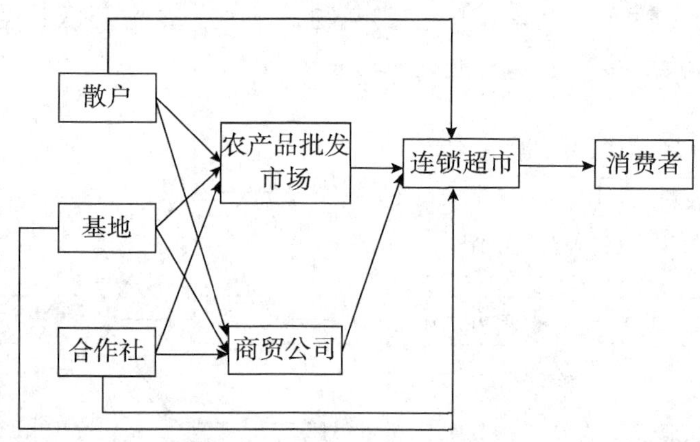

图 10－4　以连锁超市为主导的生产基地及联合采购型流通模式

10.4　“互联网＋”背景下我国生鲜农产品流通模式的创新

互联网给生鲜农产品流通注入了生机和活力，大大缩短了生鲜农产品流通供应链的长度，降低了成本，提高了效率。本书将“互联网＋”背景下我国生鲜农产品流通模式归纳为 C2C、B2B、B2C 三种。

10.4.1　C2C（Consumer to Consumer）模式

C2C 模式即消费者到消费者模式。农户或者农业合作社通过阿里巴巴、顺丰优选、京东、苏宁易购、1 号店等电商平台或微信以及社区群等社交平台接收订单，通过快递或自行配送的方式将生鲜农产品送到消费者手中，如图 10－5 所示。C2C 模式大大缩短了供应链的长度，降低了“牛鞭效应”，最大限度地保证了农产品的新鲜度。与传统的农村经纪人和运销队伍为主导的贩运型流通模式相比，“互联网＋”使信息更加对称，一方面，农户能够了解消费者真正的需求，实现产销平衡，在很大程度上减少了滞销现象；另一方面，消费者通过信息追踪可以时刻关注生鲜农产品的流动，在第一时间吃到各地最新鲜的农产品，消费满意度大大提升。

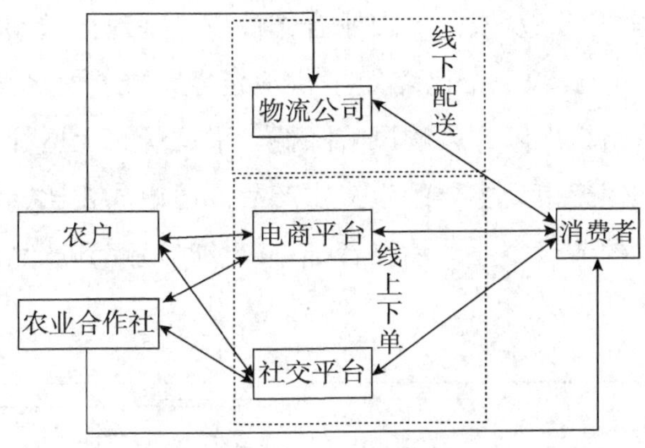

图 10－5　C2C 模式

注：→代表农产品流动的方向，⟷表示信息流流动的方向。以下各图同。

10.4.2　B2B（Business to Business）模式

B2B 模式即企业到企业模式。买卖双方通过自有网站、电商平台、社交平台寻找买家和卖家签订订单，完成交易，再通过物流公司或自行完成配送，如图 10－6 所示。B2B 模式与传统的以龙头企业、批发市场为主导的流通模式相比，生鲜农产品价格更透明，信息更对称，买卖双方都能找到最佳的合作伙伴，并能更高效地完成交易，增强消费者体验。

10.4.3　B2C（Business to Consumer）模式

B2C 模式即企业到消费者模式。此模式由生产加工企业、农产品销售公司、批

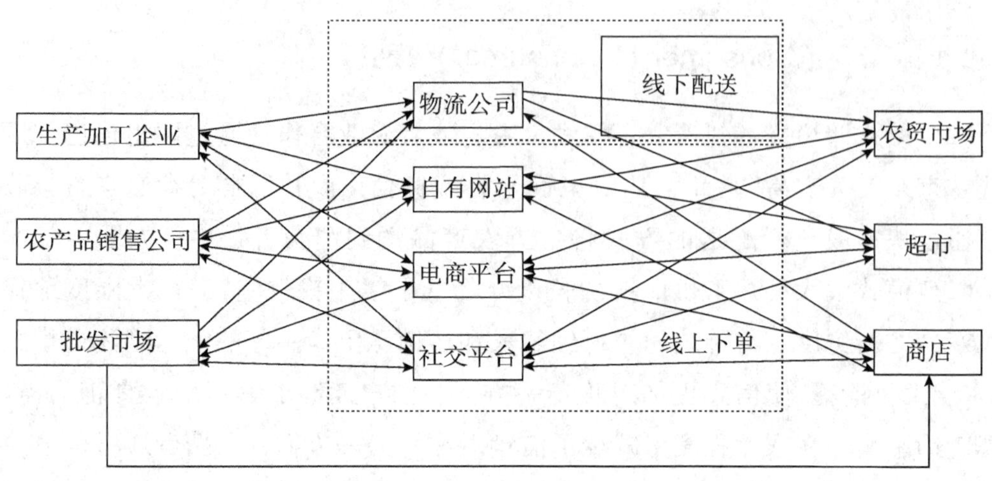

图 10－6 B2B 模式

发市场、物流公司通过自有网站、电商平台、社交平台获取订单信息，按照订单选择配送模式，将生鲜农产品从农户、农业合作社或者基地运送到消费者手中，如图 10－7 所示。B2C 模式与 B2B 相比缩短了供应链条，能更好地实现货物配送，与 C2C 相比消费者更有组织保障，采购风险降低，采购量大大增加。与传统的以龙头企业、批发市场、连锁超市为主导的生鲜农产品流通模式相比，该模式实现了信息透明，供应链上所有的节点企业、消费者都可以及时追踪到产品信息，并监督生鲜农产品及时快速地到达。

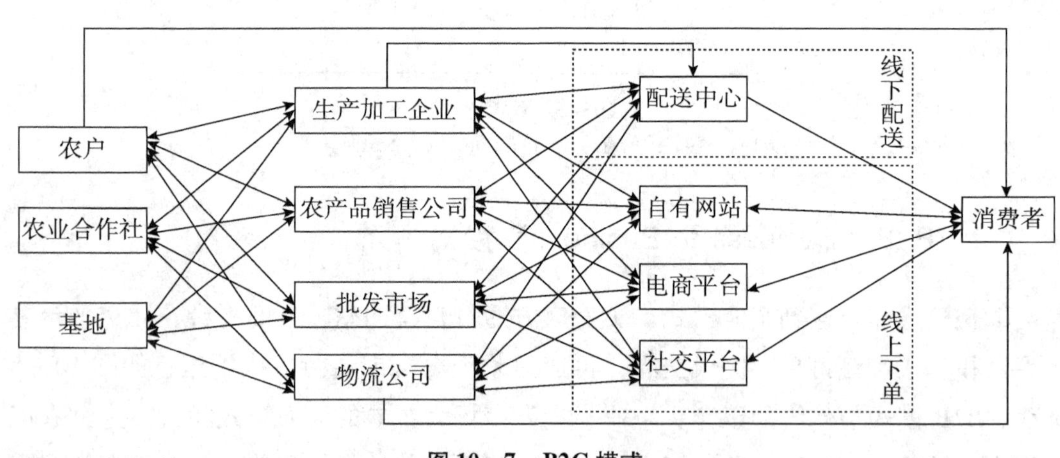

图 10－7 B2C 模式

10.5 “互联网＋”背景下生鲜农产品流通模式的运行保障

互联网技术的发展为生鲜农产品流通带来了机遇和挑战。“互联网＋”背景下

生鲜农产品的C2C、B2B、B2C模式的运行，需要从政策法规、平台建设、物流配送、农产品品牌建设、网络金融建设方面提供保障。

1. 完善电商政策、法规，为生鲜农产品流通提供良好的法治环境

网络营销与传统的“面对面”“一手拿钱、一手交货”的交易方式不同，这种模式在实施过程中容易出现诚信、产品质量、支付安全、税收等问题。因此，各级政府部门应该制定相应的法律法规，确保当上述问题出现时，能够有法可依。当下，政府应该基于《中华人民共和国电子商务法》，加快完善电子商务安全、电子商务支付、电子认证等，进一步规范信息安全、交易安全管理，加强《中华人民共和国消费者权益保护法》等法规建设，积极推进网络消费者权益保护、网络个人隐私和商业秘密保护、网络信用评价等方面的制度建设，为互联网产业与生鲜农产品流通产业“融合”发展创造良好的法治环境。

2. 加强生鲜农产品电商平台建设，保障农产品顺畅流通

从数量和质量两方面加强生鲜农产品流通平台建设。建设生鲜农产品电子商务平台，一要注重加强生鲜农产品电子商务市场主客体、交易过程信息管理与服务系统建设，强化在线查验、在线监测，有效遏制非法市场主体、虚假市场信息及非法交易现象。二要注重生鲜农产品技术创新服务，鼓励建立各类科技创新服务中心，提高生鲜农产品技术创新能力，从金融、品牌、技术、政策法规咨询、法律援助和维权服务等方面建设线上线下互动的综合创新服务平台。

3. 促进冷链物流发展，解决生鲜农产品配送问题

生鲜农产品和其他产品不同，高额的物流成本让生鲜农产品电商模式较传统模式缺少竞争力。因此，相关主体应该加强冷链物流建设，一方面，可以重点扶持一批生鲜农产品物流企业，提高其专业化和技术自动化水平；另一方面，可以在现有物流配送资源的基础上，整合、推进物流配送中心建设，制定政策引导现有的生鲜农产品由物流配送中心统筹管理。

4. 加强生鲜农产品标准化建设，打造高质量农产品品牌

我国幅员辽阔，不同的地理环境催生了一大批特色鲜明的生鲜农产品，比如，赣南脐橙、烟台苹果等，但这些农产品品牌，大多是只有地域品牌，无企业品牌，而且质量参差不齐的现象明显，这就难以形成规模效应和经济效应，更难以形成标准化产品。打造知名生鲜农产品品牌可从加强生鲜农产品标准化着手，在生鲜农产品播种、种植、采摘、生产加工等环节制定标准化手册，实现品质标准化、工艺标准化、规格标准化，打造诸如“褚橙”“獐子岛”这样的高端农产品品牌，改善消费者对网络购买生鲜农产品不信赖的现状。

5. 健全网络金融，确保支付安全

健全网络金融，一是提高网上支付的便捷性和普及率。由于网银在农村普及度不高、大部分农民使用电脑不熟练、教育成本高等原因，农村网上支付是一个较难跨越的关口，加强网络支付的便捷性对促进生鲜农产品电商发展有重要的作用。二是防范电子支付风险，确保支付安全。建立网络安全防护体系，防范系统风险与操作风险，完善电子支付立法建设，加强电子支付的监管，从各个方面保障支付安全。

10.6 生鲜农产品供应链典型案例

2012 年被称为中国生鲜农产品的电商元年。这一年，各大电商纷纷出马，欲在这片“蓝海”中夺得一席之位。2012 年 5 月顺丰优选上线，6 月亚马逊开始出售生鲜农产品，7 月本来生活来势迅猛，京东生鲜频道紧跟其后，淘宝也不甘落后，注册新域名，抢占新高地。本书选取两个典型的“互联网 + 生鲜农产品”的电商案例进行分析。

1. 本来生活

本来生活是 2012 年在北京成立的一个电商网站，它所提供的产品包括蔬菜水果、肉禽蛋奶、米面粮油等，其对自身的定位是倾听个性化需求的超级买手、严格把关的质检员、及时送去新鲜食品的快递员、提供健康膳食指导的营养师。

2013 年，本来生活与褚时健合作，借助互联网推出了一场褚橙营销的盛宴。这次营销活动定位于年轻人，本来生活通过可以激发人们共鸣的褚时健创业故事，宣扬不畏磨难的创业精神，形成本次营销的引爆点。之后又与韩寒合作，韩寒发布的微博引起了广大粉丝的竞相转发，扩大了品牌的影响力。而热闹的背后，往往都是辛苦的建设工作。2002 年，褚时健承包了一片 2400 亩的荒山种植橙树，并进行了完备的道路和水利设施规划。10 年后，这片橙园成功种植了 35 万株冰糖橙，直接向本来生活平台供货。这样的生产基地 + 零售平台的模式，在“互联网 +”的风口浪尖上取得了巨大的成功。

本来生活通过搭建电子商务平台，采用爆款策略支撑品牌发展，如柳桃、潘苹果也是后续的爆款。本来生活通过与意见领袖合作，撬动群体话题，达到营销白热化、提升转化率的效果。不过，需要指出的是，爆款背后依然存在风险。本来生活的业绩并没有像公众预期的那样直线上升，甚至 2014 年未实现赢利。这是因为，本来生活建仓不多，仅仅覆盖北京、上海等少数经济发达城市；配送范围有限制，仅仅局限于配送车程之内；冷链建设不到位，城市间使用冷藏车，从仓库到消费者手中使用保温箱，这样的物流显然无法适应市场扩大化的需要，轻资产的电商自建冷链物流逐渐丧失优势。对于这个问题，业界给出了只做细分市场的解决之道，但事实上仍然存在生鲜农产品采购标准化的问题。

本来生活的案例表明，互联网不仅扩增了生鲜农产品消费市场，也对生鲜农产品的流通速度和流通条件提出了更大的挑战，而发端于物流的顺丰物流正是在这样的挑战下，大力推出了顺丰优选。

2. 顺丰优选

顺丰优选同样成立于2012年，最初为北京区域全品类配送，2013年年底实现全国范围内的常温食品配送和北京、天津的生鲜农产品配送，2014年生鲜农产品配送扩展至54城。其官方网站提示消费者，有关生鲜农产品的订单是消费者下单后才与原产地进行预约和配送，由此可见顺丰优选的生鲜农产品主要是产地直采。

与本来生活关注营销相比，顺丰优选突出的优势是物流，其在生鲜农产品电子商务中更关注与供应链上游的整合，包括对仓储、运输及生鲜农产品质量的管控。从交通较为便利的一线城市开始布局，慢慢深入二、三线城市，在控制流量的同时着力搭建冷链物流，加强对原产地货源的控制，稳扎稳打，致力于塑造品牌形象。

然而，从销售表现上看，“互联网+”风口下的顺丰优选表现并不突出。天猫、京东、亚马逊的生鲜频道凭借自身流量和第三方物流快速争夺市场份额，沱沱工社等垂直平台在纷繁的市场品类中深耕细分市场，锁定目标客户，而顺丰优选连连降价，流量时断时续，前景堪忧，甚至被建议转型为导购平台，将注意力集中到自己最专业、最擅长的物流领域。

尽管生鲜农产品电商存在很大的市场空间，但该领域并不存在大型垄断商或者行业领头羊。由于生鲜农产品的特殊性，其对时间、气候等要求极高，无法实行标准化的生产和管理，物流配送投资巨大，成为电子商务发展的壁垒。2014年，全国大约有4000家生鲜农产品电商，但99%是亏损的，仅1%略有赢利。对生鲜农产品电商来说，谁能利用“互联网+”采购高质量生鲜农产品，实行标准化管理，搭建低成本冷链物流，谁就是最后的赢家。

11　食品电商供应链

11.1　食品电商供应链的概念及主要作用

11.1.1　食品电商供应链的概念

食品电商主要是指专门通过电子商务渠道进行食品销售的企业所构成的市场。食品电商供应链就是将供应链电子商务化，也就是供应链在电商平台上的应用，具体是指借助互联网服务平台，实现供应链交易过程的全程电子化，彻底变革传统的上下游商业协同模式。

不管是传统企业还是新型电商平台，供应链其实都是由供应商、制造商、仓库、配送中心和渠道商等构成的物流网络。同一企业可能构成这个网络中的不同节点，但更多的情况是由不同的企业构成这个网络中的不同节点。比如，在某个供应链中，同一企业可能既在制造商、仓库，又在配送中心等占有位置。在分工较细、专业要求较高的供应链中，不同节点基本上由不同的企业构成。在供应链各成员单位间流动的原材料、在制品库存和产成品等就构成了供应链上的货物流。

1. 食品电商供应链的核心

（1）“五流合一”：业务流、资金流、信息流、商流、物流；

（2）“四个应用”：全球采购及产品整合供应链服务平台、生产型供应链服务平台、流通消费型供应链服务平台、供应链金融服务平台；

（3）“三业联动”：制造业、零售业、物流业；

（4）“两线驱动”：线上线下驱动，但未来的零售渠道不再区分线上线下，而是全渠道；

（5）“一键服务”：以用户价值为核心，只要用户在 App 上操作一下，供应链后台将以最佳速度和效果完成服务。

2. 食品电商供应链的功能

电商平台供应链以企业级内部 ERP 管理系统为基础，在统一人、财、物、产、

供、销各个环节的管理，规范企业的基础信息及业务流程的基础上，建立全国范围内经销商的电子商务协同平台，并实现外部电子商务与企业内部 ERP 管理系统的无缝集成，实现商务过程的全程贯通。食品电商供应链平台的主要功能包括在线订货、入厂物流、经销商库存管理、生产协作、产品销售、出厂物流、售后服务、在线退货、在线对账等，其中最核心的是以下四大功能。

（1）在线订货

企业通过 ERP 管理系统将产品目录及价格发布到在线订货平台上，经销商通过在线订货平台直接订货并跟踪订单后续处理状态，通过可视化订货处理过程，实现购销双方订货业务协同，提高订货处理效率及数据准确性。企业接收经销商提交的网上订单，依据价格政策、信用政策、存货库存情况对订单进行审核确认，并进行后续的发货及结算。

（2）经销商库存管理

经销商在网上确认收货，会自动增加经销商库存，减少信息的重复录入，提升了经销商数据的及时性和准确性；通过经销商定期维护出库信息，食品电商供应链帮助经销商和企业掌握准确的渠道库存信息，消除“牛鞭效应”，辅助企业业务决策。

（3）在线退货

企业通过在线退货平台，接收经销商提交的网上退货申请，依据销售政策、退货类型等对申请进行审核确认。经销商可通过订单平台实时查看退货申请的审批状态，帮助企业提高退货处理效率。

（4）在线对账

电商平台通过定期从 ERP 管理系统自动取数生成对账单，批量将对账单发布在网上，经销商上网即可查看和确认对账单，帮助企业提高对账效率，减少对账过程中的分歧，加快资金的良性循环。

3. 食品电商供应链的特征

（1）去中介化

在传统的供应链模式中，产品生产至消费活动的完成需要许多中介环节，如经纪人、批发市场、零售终端等，这在很大程度上影响了信息的对称性，加大了成本费用，存在着比较突出的产品消耗情况。在食品电商供应链中，通过电商这一平台，生产者可以直接与消费者接触，省去了许多中介环节，这有助于供应链运行效率的显著提高，实现了消费者与生产者收益的共同增长。

（2）优化效率

一些产品的生产活动所花费的时间较长，这在很大程度上降低了供应链供需信息的对称性，将产品供需平衡打破，体现为生产端的产品存在滞销的情况，而消费端的产品购买存在一定困难，产品价格会出现明显的增加，进而对市场经济的秩序造成了很大的破坏。通过电商平台，供应链中的所有成员可以共享信息，这样可以促使供应链更好地满足消费者的需要，还能够将更加精确的预测提供给生产活动，更好地指导产品的生产工作。

（3）物流耦合

与传统的产品供应链相比，食品电商供应链更加重视物流活动，对物流活动提出了更加严格的要求。在消费端的活动中，消费者的线上体验取决于物流效率。生产端的物流配送环节除了与产品的质量关联，还和电商企业的运营成本息息相关，因为一些产品容易破损，一旦出现问题，这类产品的物流费用将会增加许多。

由此可见，食品电商供应链要想和谐发展，就需要高度重视物流环节，加强对物流环节的质量、效率与成本的关注度。

11.1.2 食品电商供应链的主要作用

（1）食品电商供应链能实现企业的业务协同：可以完善企业的信息管理，帮助企业快速实现信息流、资金流和物流的全方位管理和监控。同时，可以对供应链上下游的供应商、企业、经销商、客户等进行全面的业务协同管理，从而实现高效的资金周转。

（2）食品电商供应链能转变企业的经营方式：可以帮助企业从传统的经营方式向互联网时代的经营方式转变。随着互联网技术的深入应用、人们网上交易习惯的逐渐形成，企业的经营模式也需要相应转变，而电商平台供应链可以为企业提供从内部管理到外部商务协同的一站式、全方位服务，从而解放企业资源，显著提升企业的生产力和运营效率。

（3）借助电子商务带来的信息流、资金流、物流等的支撑，食品电商供应链可以建立起多层次的网络结构，避免信息不对称以及失真等问题，打造以消费者为核心的供应链管理。传统供应链管理往往以生产活动为核心，而食品电商供应链的根本宗旨在于服务消费者群体，挖掘并进一步推动消费者的需求是电子商务背景下食品电商供应链管理的核心。

（4）食品电商供应链围绕消费者的需求，以对消费者需求和偏好的信息采集、整理与分析为开端，进而上溯到原材料的供应和生产活动的变化。供应链上合作伙伴关系的构建和完善，也是在电子商务背景下，食品电商供应链管理的理念和思路从零和模式到供应模式的转变，这意味着食品企业能够更好地与上游供应商和农户、下游经销商等进行合作，实现供应链的整体升级。

电子商务与企业供应链管理两者的结合与整合是信息时代企业管理的有效方式，有助于促进信息、资金等的互联互通，降低企业生产经营成本，从而提升企业的市场竞争力。在实践中，这直接体现为食品电商供应链管理流程的改造和升级，也就是生产环节、采购环节、物流与仓储环节、销售环节等关键活动的转型。例如，在食品企业的各个经营活动中，采购是一道重要环节，采购是否科学合理往往会影响到企业的生产、库存、产品的质量和销售等，因此采购的战略性地位不容置疑。而食品企业对电子商务的应用将为采购活动的升级提供支撑，例如，食品安全问题的关键要素之一在于"可追溯体系"的构建，而以网络信息技术为核心的电子商务有助于食品原材料的可追溯体系的建立，一旦发生食品安全问题，就可以追溯到采购环节，进而判断原材料供应商是否存在问题。此外，在食品企业的生产、销售等环节，电子商务也发挥了重要作用。例如，在食品企业的销售环节，由于食品的不易保存等特点，如何高效、快捷地将生产出来的产品传递给消费者是食品企业面临的难题。而电子商务的出现，可以进一步缩短中间环节，经销商可以通过电子商务平台下订单，甚至让食品企业与消费者直接对接，其间还避免了信息的损失和扭曲，并有助于消费者偏好等信息的及时反馈，让食品企业快速调整生产经营活动。

11.2 食品电商供应链与传统供应链的区别

11.2.1 从企业内部的运营来看

从企业内部来看，食品电商供应链与传统供应链本质上区别不大，都包含计划、采购、定价、销售、库存、仓储、物流、售后等各个环节。具体实施上也都是以提高质量和效率为目标，以整合资源为手段，实现供应链全流程高效协同。但具体来讲，食品电商供应链和传统供应链有以下七种区别。

（1）电商是偏零售的业态，但电商没有改变零售的本质，电商改变的是零售的基础设施。很多厂家有自己的线下零售渠道，但线下渠道不像电商渠道那样能拿到第一手的销售数据。电商掌握第一手的销售数据后，就可以把供应链带得更快，以前可能是十几周的滚动计划，有电商渠道后可能就会缩减为四五周的滚动计划。电商的整体策略是小批量的多次采购，不会压货，从而减少库存成本。

（2）电商的订单单小、量大，就相当于在末端放了一个“炸弹”，把原来的大订单炸散了，而这么大的工作量就需要更高的物流效率。信息流（供求选择）、商流（物权转移）、资金流（交易支付）已经实现了24小时同空同时，但是物流（物品交付）因距离、时间、品类、城乡、境内外等因素，成为食品电商供应链的短板，冷链物流更成为短板中的短板，使物流速度、效率及质量成为食品电商供应链的重要竞争领域。

（3）电商可以披露很多线下难以披露的信息，如历史销量、浏览、评价……借助海量消费者的数据，电商可以帮供应商筛选出更优质的商品，并降低供应商挑选商品的成本，这在传统行业很难做到。

（4）电商距离消费者最近，与消费者触点最多。电商可以通过触点不断地和前端的消费者进行互动，从而更容易为消费者提供个性化服务。比如，消费者可以选择送货时间段，如果同意电商晚一点送货，就可以便宜点，或者获得优惠券。再比如，消费者要求快递员穿着正装给送货。这些都是消费者在前端要求这些服务之后，后台有一系列规划机制可以满足其需求。

（5）电商可以更准确地挖掘消费者的需求，实现商品个性化推荐，帮助消费者进行采购。同时，也可以帮助供应商实现精准营销以及反向定制。供应商通过C2M（消费者到制造）反向定制，可以解决与消费者之间“供需”信息不对称的问题，帮助供应商改善供应链。

（6）电商可以应用各种数据为合作伙伴赋能，优化供应链的各个环节。电商与供应商的系统打通，可以进行协同预测、协同计划、协同补货等，可以实现供应商的全渠道订单一体化，全渠道库存一体化，进而提高供应链绩效。利用大数据以及运筹优化算法，可以实现销售预测、智能补货、智能调拨，以及生产和运力的安排，通过这种方式可以进一步提高供应链绩效。

（7）现在越来越多的消费者要求极致的物流体验，这就需要更加前置的物流服务能力。对于品牌商而言，货物集中在物流公司的前置仓，能使他们的成本效率得到改善，管理难度也降低。这就需要电商加强仓网协同规划。

11.2.2 从企业外部的产业链来看

电商平台充当着线下零售商的角色，从实物流方面改善了传统产业链条中环节

过多的现象，诞生了零供关系（零售商与供应商之间的关系）的概念，如表11－1所示。电商在此基础上又改善了信息流传递的部分，将信息更便捷快速地传递给上游的供应商和下游的消费者，其中销售终端的信息触达渗透率极高，由此便诞生了新零售的概念。本书将新零售定义为：新的零供关系＋新的零消距离（零售电商与消费者之间的距离）。所以如前文所说，电商是偏零售的业态，但电商没有改变零售的本质，电商改变的是零售的基础设施。

表11－1　传统供应链与电商供应链的区别

模式	实物流	信息流	利润模式
传统供应链	供应商→总代理→经销商→门店→消费者，逐级下探，货物必须经过多次搬运	消费者对商品的使用反馈只能通过实物流逆向传递，链路长，信息衰减，反应慢	中间各级环节消耗较大
电商供应链	供应商→电商→消费者，集成中间环节，减少搬运次数	信息流双向传输，有利于企业收集商品使用反馈意见，实现正向优化	可最大化消减中间利润损耗，最大化让利给消费者

11.3　自营型食品电商供应链

自营型食品电商供应链是一种电子商务模式，其特征是以标准化的要求，对其经营的产品进行统一生产或采购、产品展示、在线交易，并通过物流配送将产品投放到最终消费群体的行为。

自营即企业调动自身资源，打造消费者体验。互联网技术让企业对于数据的吸纳和处理实现了规模效应，使得企业凭借自己的有限资源也能够做出足够大的“蛋糕”。除了完全使用自身资源的模式以外，自营还有一种变形，即“进货—销售”模式，也就是所谓的“渠道模式”。典型的例子是京东、当当等渠道电商。这种端口企业从各资源供给企业进货，然后在自己的商城上销售，并提供统一的仓储、物流、整体品牌营销等一站式服务，消费者可以在这里一站式采购。在这种模式中，为消费者提供什么样的资源完全由端口企业基于自身掌握的数据进行判断。

国内电子商务发展到今天，这种基于互联网的网上交易活动因其自身特点和商业需要衍生出很多模式，自营型食品电商经过一定的发展成功塑造了商城强有力的品牌形象，加强了电商对食品来源、食品质量、食品供应及物流配送的管控能力，实现了食品的垂直化供应，使终端消费方获得更加优质的产品和服务。

11.3.1 自营型食品电商的特征

1. 品牌力强

自营型食品电商不同于其他开放类电商平台，不易受到开放类电商平台产品来源不一、产品质量良莠不齐等问题的困扰。自营型食品电商通常量身制定符合自我品牌诉求和消费者需要的采购标准，来引入、管理和销售各类品牌的商品，以众多可靠品牌为支撑点突显出自身品牌的可靠性，将电商本身打造成为极具价值的品牌。

2. 产品质量可控

自营型食品电商为保证网上交易过程中消费者对交易关键环节的满意程度，会制定系统的商品准入标准和品牌引进原则，提高产品进驻门槛，以此来规范互联网环境下电子商务卖方市场的诚信经营和产品质量。

3. 全交易流程管理体系完备

自营型食品电商在最近几年的发展可谓突飞猛进，在商品的引入、分类、展示、交易、物流配送、售后保障等整个交易流程的各个重点环节均发力布局，正在形成系统的理论支持和强大的互联网系统管理，建设大型仓储物流体系，实现对全交易流程实时管理，这种现象使得自营型食品电商逐步发展成拥有完善生态系统的独立个体。

11.3.2 自营型食品电商供应链的流程

（1）电商从供应商处发起采购计划，把商品采购到自有仓库。

（2）仓储系统收到货物后进行入库，根据仓库的仓位把商品全部入库。

（3）电商平台根据采购的货物进行商品的信息录入和上架销售。

（4）订单中心收到订单后，会对订单按照业务规则进行处理，处理完成后推送至仓储系统。

（5）仓储系统会根据订单信息进行拣货、出库，最后交给物流配送。

（6）物流将货物送给消费者。

11.4 平台型食品电商供应链

（1）商家提交资料入驻电商平台，审核通过后即可销售商品。

（2）商家通过商品管理进行商品信息和库存的录入，并进行销售。

（3）电商平台在收到订单后，按照订单业务规则处理后，将订单推送给商家后台。

（4）商家根据订单信息，通过第三方物流进行发货。

（5）商品通过第三方物流送给消费者。

11.5 食品电商供应链发展趋势及发展措施

11.5.1 食品电商供应链发展趋势

随着互联网的进一步发展，电子商务已从过去的 B2B（企业到企业）、B2C（企业到消费者）模式逐步走向了 C2C（消费者到消费者）模式，同时，食品电商供应链管理也出现了一些新的发展趋势。

1. 食品电商供应链的多元化

以跨境电商供应链为例，我国跨境电商业务体系已初具规模，在跨境电商业务体系的建构中，居于关键地位的就是跨境电商供应链。跨境电商供应链需要合理管控采购、销售、存储与物流环节，其利用海外建仓的形式，开展主要风险的规避活动；通过大数据技术，有效预测所有贸易对象的市场需求，预先跨境开展产品的调度与分配工作，进而提升跨境电商供应链的效率。跨境电商供应链的运营所花费的费用非常高。所以，与传统的电商供应链相比较，跨境电商供应链具备比较高的融资需求，在开展实际运营活动时，国家对外经贸政策与跨境金融服务应当为其提供更加良好的保障。

2. "互联网+"背景下食品电商供应链与金融

参考电商供应链金融的具体情况，电商供应链为了获取更多的库存产品，需要利用许多沉睡资金开展交换活动。所以，在当前的电商供应链金融活动中，除了要求资本总量之外，还需要多样化的供应链金融产品，并制定相关的金融服务机制。在电商供应链金融中，信用等级较高的企业居于主要地位。然而，立足于电商经济与电商供应链的战略发展视角，倘若金融服务设置过高的门槛，便很难支持大部分企业，进而会在一定程度上影响产品调配效率与流动性。电商供应链金融应当将更加良好的服务提供给电子商务平台，加快促进电商经济发展，例如，"互联网+"背景下的电商供应链金融转型，通过电商供应链，可以将市场交易数据信息提供给金融机构，这样金融机构就可以科学评估电商供应链的风险。电商供应链金融还应当将中小型电商居于中心地位，通过大数据技术，整理并分析中小型电商的市场营销数据，这样可以有效推动中小型电商融资活动的开展。

3. 食品电商供应链的集成化

食品电商供应链集成化将成为供应链管理发展的一个主要方向，它通过将大量分散的企业联结成一个动态的、集成的、虚拟的、全球性的供应链网络，使供应链渠道从一个松散地联结着的独立企业的群体，变为一种致力于提高效率和增加竞争力的合作力量，从而增加渠道的整体竞争力，消除传统食品供应链管理松散、无效率的弊端。由于我国集成化供应链管理的应用尚处于起步阶段，对于国内大多数中小型电商而言，供应链管理仅仅局限于基本的产、供、销管理，未能形成有效的管理体系，未能构成真正意义上的供应链，其结果将使我国中小型电商失去竞争力。所幸的是我国实施集成化供应链管理的各项支撑技术及配送业、零售业、仓储运输业等都有了良好的发展，即集成化供应链管理作为一种新兴的管理理念在我国已具备实施的基础。因此，我国电商企业应利用数据共享程序以及电子商务网络技术对现有的供应链进行改造和集成，以便在未来的经济全球化竞争中保持和扩大核心竞争优势，开创更广阔的市场空间。

4. 食品电商供应链的绿色化

食品电商供应链的绿色化是在整个食品电商供应链管理过程中综合考虑环境影响和资源效率的一种现代管理模式，它以绿色制造理论和供应链管理技术为基础，涉及供应商、生产商、销售商和消费者，其目的是使得产品在从物料获得、加工、包装、运输、使用到报废处理的整个过程中，对环境影响最小、资源效率最高，使供应链经济效益和社会效益协调优化。绿色食品电商供应链把环境整合到整个供应链中，并结合制造技术、控制技术和网络技术等新的应用技术，综合利用资源和保护环境，实现经济效益和环境效益的最优化，最终实现经济的可持续发展。所以说，绿色食品电商供应链是一种可实现经济和环境双赢的管理模式，它是企业发展的新的战略模式，是我国企业供应链发展的必然趋势。

11.5.2 食品电商供应链发展措施

“互联网+”的理念和思维是电子商务得以蓬勃发展的关键，而电子商务所代表的信息网络技术给传统行业带来的冲击和机遇，对于食品企业升级和改造供应链管理有很大裨益。但是，电子商务与食品电商供应链管理的整合确实是一个系统性的复杂工程，不仅涉及信息技术等硬件条件的完善，也需要食品企业自身组织结构

的重整，以及企业经营管理者供应链管理理念的更新、专业人才的引进和培育等软性因素的支撑，甚至关乎企业文化的重塑。食品电商供应链发展措施主要有以下四个方面。

第一，完善电子商务信息技术基础设施的建设，为供应链管理提供技术支撑。毫无疑问，电子商务的发展依赖于信息网络技术的不断更新换代，信息网络技术、安全技术、支付系统等均成为电子商务的核心技术组成部分。而食品企业为了在供应链管理中更好地运用电子商务技术，首先要完善其信息技术基础设施，为供应链管理提供技术平台和支撑。我国食品企业由于历史原因和资金规模所限，往往没有对企业内部的网络信息技术进行投资和建设，导致食品企业在内部管理过程中的信息技术使用率较低，这无疑拖累了供应链管理的升级。基于这种现实情况，我国食品企业将供应链管理的信息技术基础设施的建设“外包”给优秀的企业管理咨询公司、软件运营商等，通过购买他们的服务、技术、硬件、软件等，在短时间内迅速建立起一整套供应链管理的电子商务平台和技术架构，在不断发展壮大的同时，逐步摸索出适合自己的电子商务和信息技术网络系统。

第二，根据电子商务的理念，重构食品企业内部供应链业务流程。电子商务的根本特点在于运用信息网络技术和平台，实现信息、资金、人员、物品、理念等的快速流动和更新，进而实现信息的快速收集和反馈，达到集成化、系统化、信息化的目标。而食品电商供应链的宗旨则在于加强企业之间的联结与合作伙伴关系。因此，电子商务如何在推动供应链管理升级方面发挥作用，关键在于食品企业自身内部供应链业务流程的“再造”。一方面，食品企业应该尽量实现企业内部组织结构的“扁平化”，以推动信息等更快速地流动；另一方面，食品电商供应链业务流程的重构应该遵循整体性和协同论的思想与理念，谋篇布局，通盘考虑，围绕消费者的需求，进行业务流程的再造。

第三，借助电子商务，构建食品电商供应链合作伙伴关系。供应链管理的核心思想就是食品企业在“修好内功”的同时，还应关注原材料供应商、经销商等的利益，积极构建供应链节点企业的合作伙伴关系，借助电子商务、信息网络技术，更好地与其他企业进行信息共享和交流，及时获得产品相关信息的反馈，进而调整生产经营活动，不断提升食品企业的生产效益和市场竞争力。

第四，引进并培育电子商务和供应链管理复合型专业人才，奠定人才基础。电子商务与供应链管理两种不同的领域均需要优秀的技术人才和管理人才。实现电子商务与供应链管理的联结与整合，复合型人才的引进和培育就显得尤为关键。一方面，食品企业的经营管理者应转变传统供应链管理的思维，将以信息网络技术为核心的电子商务作为企业经营管理的重中之重，重塑企业的经营文化，让企业员工的各项活动均能从电子商务和供应链管理的高度来进行考虑和抉择。另一方面，食品企业在对自身生产经营活动进行改造的同时，也应海纳百川，积极引进复合型人才，既通晓信息网络技术，又具备供应链管理素养的人才。

12　食品冷链

12.1　食品冷链概述

12.1.1　食品冷链的含义

食品冷链是指易腐食品在产地收购或捕捞之后，为了保持食品特性，其生产加工、储藏、运输、分销，直到转入消费者手中，整个过程中食物始终处在低温环境中，从而保证食品质量安全、减少损耗、防止污染的供应链系统。目前，冷链物流的适用食品范围不仅包括初级农产品（蔬菜、肉、禽、蛋、水产品等）、加工食品（速冻食品、包装熟食、冰激凌和奶制品、快餐原料等），还包括特殊商品（药品等）。食品储存温度按照要求的不同，分为冷冻、冷藏和恒温3种温层，如表12－1所示。与常温物流相比，冷链物流的特殊性体现在两个方面：一是对象的特殊性。冷链物流的对象是容易腐烂变质的生鲜食品，在加工、运输的过程中由于各种原因货物的品质会逐渐下降。二是生鲜食品在作业过程中作业环境的特殊性。冷链物流的储运和作业环境必须限制在适宜的低温环境下，不论是食品的生产地，还是第三方物流的收购地，都要求具备冷藏和冷冻双功能的冷库中心。

表12－1　食品储存温层

温层	种类	保质期	温度
冷冻	冰激凌、速冻食品等	360天	零下12℃以下
冷藏	奶制品、果蔬等	3～21天	4±2℃
恒温	面食、便当、寿司等	0.5天	10℃

12.1.2　食品冷链及其结构

食品冷链是一项系统性工程，各类易腐食品对于收获期与温度的要求各不相同。此外，对于整个供应链来说，其流通过程中所涉及的企业较多，从农户或原料地开始直到最终将产品交付消费者，整个过程较为漫长。而食品冷链要求整个链条运作过程都在低温环境下，因此，各个环节之间必须严格按照前期制定的操作规范统一进行作业，厂内各部门之间、链上各企业之间必须相互协调与配合，以保证整条冷链的安全与高效。若其中任何一个环节出现风险或者错误，那么整条供应链的运作可以说就是失败的。食品冷链将物流、资金流、信息流进行有效的整合，形成一个高速运转的链条，食品冷链的结构一般由以下几个环节构成。

第一，原材料的获取及冷却冷藏环节。作为冷链的第一个环节，这个环节的质量高低在很大程度上决定了整个冷链的运作质量。低温储存可以有效地避免对时效性要求高的食品、药品在储存过程中受到温度影响而造成损失，但低温储存的首要前提是保鲜保质，如果产品在储存之前没有经过任何有效的特殊处理，即使立即进行低温储存，也是没有意义的。快速、及时地对产品进行冷却冷藏和保鲜，对于确保产品从加工到销售整个流程中保持原有品质具有非常重要的影响和意义。

第二，低温加工环节。其包括肉类、禽类、果蔬等产品的预冷和各类速冻食品的加工等。在加工过程中对温度进行有效控制是非常不易的，而这个环节又是整个冷链中相当重要的一环。这个过程通常会涉及形形色色的冷藏库、冷藏柜等。

第三，冷冻冷藏环节。冷链涉及的产品往往具有易腐性的特点，究其根本原因主要有两个：一是产品本身所含有的活性酶与周围环境中的风险因素相结合容易导致物理变化或化学变化；二是产品附带的微生物或周围环境中的微生物易产生病毒导致腐烂。针对这样的情况，目前我国的冷冻冷藏技术基本可以分为四种：减压储藏技术、冰温储藏技术、气调储藏技术和 MAP（气调保鲜包装）储藏技术。

第四，低温冷藏运输环节。这个环节最大的特点就是它贯穿了整个冷链的始终，衔接了冷链的不同节点，它把其他各环节串联起来，从而形成一个完整的冷链。冷链运输存在多种形式，如公路冷藏运输、铁路冷藏运输、水路冷藏运输和航空冷藏运输等，而其使用的运输工具则主要包括冷藏车、冷藏集装箱以及其他的低温冷藏运输工具。在低温冷藏运输环节中，任何一个节点上温度的细微变化都很容易对产品质量造成不良影响。因此，一条效果精良的冷链对于冷藏运输工具的要求就非常高：它必须具备良好的专业性能，不仅要始终保证规定的恒定温度，而且不能有明显的温度波动，长距离运输对此要求更高。

第五，冷藏销售环节。产品从配送中心发出后，便进入批发零售环节，一般在各零售店面进行销售。这个流程是由生产商、批发商和零售商一起完成的。随着各个城市连锁超市的快速发展，连锁超市已经成为冷链产成品的主要销售渠道。在这样的冷链销售终端，冷藏库、冷冻陈列柜等已经越来越重要且不可或缺。

12.1.3　我国食品冷链物流需求量分析

食品冷链物流需求量是指在一定时期内由冷链食品的加工、仓储、运输和销售的数量决定的冷链物流需求量，包括对冷藏车、冷藏设备等的需求量。随着冷链食品的产量逐年递增，进入市场的冷链食品品类更加丰富，以及多形态的冷链相关的新兴行业占据市场，食品冷链物流的需求形成多元化稳定增长的态势。从市场需求上来看，食品冷链物流的需求主要来源于两个方面：一是冷链食品的产量逐年递增直接驱使着冷链供给及消费量增加；二是由居民对冷链食品的消费偏好引起的，因此人民生活水平提高也是影响冷链物流需求量的又一重要因素。

从需求结构上来看，冷链物流主要分为果蔬和农产品、禽肉和水产品、速冻食品、乳制品、快速消费品、餐饮连锁食品和医药用品七个类别。由于每个类别的产品对温度要求不同和市场占有量不同，因此在冷链物流需求上也略有不同。目前，针对果蔬和农产品，还是没有形成严格规范的冷链运输体系，基本还是使用社会上无冷链保证的运输车辆；禽肉和水产品、乳制品和速冻食品的冷链物流市场竞争最为激烈，也是未来冷链物流发展的主要方向；具有高附加值的医药用品、快速消费品和餐饮连锁食品，多数还是采用外包的物流运输。我国冷链物流行业起步较晚，还没有建立完善的冷链物流数据统计系统，因此冷链物流数据资源有限，没有可以直接参考的冷链物流相关数据，在做冷链物流需求分析时具有一定的局限性。以往专家学者对冷链物流需求量的研究，往往选用总产量、总销量、消费量或货运量作为冷链物流需求量的指标。

12.2　食品冷链运作管理

食品冷链是伴随着社会科技水平的不断进步以及制冷及低温冷藏技术的快速发展而建起来，以冷冻冷藏工艺为基础，以制冷及低温冷藏技术为手段，最终实现能够在低温条件下进行物流活动的现象。由于目前冷链工程所服务的产品多为食品或药品，产品要求保持恒定的低温环境，与此同时产品本身具有极强的时效性，因此，冷链的建设就要求管理者将其业务流程涉及的生产、运输、营销与技术可行性等各种复杂多变的问题集中起来进行权衡与考虑，协调各种因素，最终实现确保易腐食品或药品在加工、配送和营销过程中的全方位安全，它也是具有很强科技水平的一项低温系统化工程。由冷链的一般链式结构可以发现，食品、药品从收获、加工、配送到最终的营销直至交付都有很多的环节，可以说任何一个环节都是决定食品药品品质的重要因素。因此，在冷藏品的加工、贮藏、配送直到零售商店的各个流程节点都需要特殊且具有专业水准的冷藏设施，供应链各环节、各节点都需要特定的冷藏技术予以支持。

12.2.1 食品冷链在加工环节的管理

冷链运输产品包括果蔬、禽肉、水产品、奶制品等，在原料处理完成之后，还要经过一定的预冷和冷冻加工才能够进行存储和运输。预冷是保持果蔬品质、延长其货架寿命的重要措施之一。它可以迅速去除田间热，降低呼吸强度，减少微生物的侵袭，防止果蔬产品的腐烂，最大限度地保持果蔬产品的新鲜品质。果蔬产品腐损率高的主要原因之一就是没有应用果蔬产品专用预冷设备。常用的有效预冷方法包括水预冷、空气预冷和真空预冷。

水预冷是用接近0℃的水同果蔬表面直接接触以使果蔬快速冷却到规定温度的方法，通常是将果蔬浸入冷水中或者将冷水喷洒到其表面。水预冷装置有喷雾式、洒水式、浸渍式和混合式（浸渍+洒水）4种。喷雾式、洒水式的优点是动力消耗小，缺点是易出现预冷“热点”，且预冷不均匀。浸渍式、混合式的优点是预冷均匀，预冷效率高，有清洗功能，其缺点是需要往水中加入防腐剂，对产品会产生污染。各种水预冷方式都适用于甜玉米、芹菜、芦笋和荔枝等沾水不易腐烂的果蔬等。水预冷不仅能将过氧化酶的活性降低，而且能延迟电解质液渗漏现象，同时降温速率比真空预冷和强制通风更快。水预冷通过冷水直接同果蔬表面换热，降温速度较快，且装置简单，是一种较好的预冷方法，在应用中的主要问题是如何防止循环冷水被污染。

常用的空气预冷方法有冷库预冷、差压预冷两种方式。冷库预冷是将果蔬放在冷库中降温，利用空气强制对流来实现预冷，是使用较早的一种冷却方法。它具有包装要求低、费用低、易于操作、预冷过程中果蔬能随时运入预冷间等优点。冷库预冷应用非常广泛，但由于效率低、能耗高，且易造成局部冻伤或冷却不到位等缺点，不会成为未来的发展趋势。差压预冷是通过冷空气同果蔬的所有表面进行对流换热，达到快速降温的目的。差压预冷要求必须在果蔬包装箱两侧打孔，使冷空气仅通过包装箱上的小孔进入，为使一定量的空气流入箱内，箱内外必然存在气压差。通常采用冷风机强制冷风循环，在箱体两

侧产生压力差，使冷风从箱内通过，将箱内果蔬表面的热量带走，以达到冷却的目的。它具有设备成本低、冷却均匀、耗能低等优点，但它的收容能力较低、码垛时间长。

真空预冷是通过真空泵的抽吸来降低密闭预冷室内的压力，形成较高的真空度，使产品中的水汽向外蒸发，带走潜热，从而促使产品温度降低，达到预冷的目的。真空预冷具有冷却时间短、冷却均匀、蔬菜不与空气接触、更卫生等特点。真空预冷也有缺点，比如，适宜冷却的品种有限，一般适用于单位质量表面积大的蔬菜类，如叶菜类；会导致质量损失，温度每下降10℃，产品的水分会损失1.7%，会影响叶菜类的新鲜度；成本较高，真空预冷装置的投资和运转费用都较高。由于初期投资高，国内真空预冷设备推广率很低，就现状而言真空预冷更适合于处理量较大的生产基地使用。

有些食品在完成预冷后还需进行冷冻加工，冷冻是一种常见的食品加工方式，其主要目的是通过接近或低于食品冰点的温度，改善食品加工或保藏环境。针对不同品种的产品采用相应的冷冻加工处理方式，确保产品的品质。首先，有一部分蔬菜和水产品需要水煮后再进行低温冷冻，而部分水果对低温的温度也有一定限制，若低于零度则可能出现冻伤，不利于保证水果口感。因此，在进行预加工处理的过程中，要针对产品的特殊性采取相应的处理办法，这是做好冷链物流工作的重要一步。其次，针对牛奶、果汁等液体类食品，在进行加工处理时，主要采取冷冻浓缩的方式。将食品中的部分水分冻结，使其浓缩产物中出现一种含冰晶的浆状物，然后用洗涤技术使冰晶分离，从而获得浓缩物，这样能够较好地保存浓缩液体的风味。食品冷冻加工的过程主要包括降低温度和保持温度两部分。根据食品最终达到的温度是否低于食品的冰点，食品冷冻可以分为食品冷却和食品冻结两类。然而，食品在进行冷冻的过程中，常常会因为水分流失、蛋白质变性以及脂类氧化等多种原因而发生品质劣变。因此，为改善食品的冷冻特性，防止其在冷冻加工、贮藏过程中发生品质变化，人们尝试了许多不同的方法。在众多的方法中，添加抗冻剂被认为是一种较有效的方法，在近些年越发受到人们的关注。抗冻剂的主要功能为利用自身特殊的基因以及空间结构，与食品中的蛋白质等容易在冷冻条件下发生变性的物质相互作用，使蛋白质在冷冻的条件下不易发生变性，以此来达到稳定食品在冷冻融解循环中的品质，即赋予食品抗冻性，让食品的冰点降低、达到冰点的速度减慢，以达到改善食品冷冻加工特性的目的。

12.2.2 食品冷链在贮藏环节的管理

冷库是食品冷链的重要组成部分，同时也在食品冷链贮藏环节中起着重要作用。冷库是应用制冷设备制造特定的低温环境来贮存食品、工业原料、生物制品以及医药等物资的专用建筑物。典型的冷库包括土建式冷库、装配式冷库、气调冷库、自动化立体冷库以及冰温冷库。

土建式冷库的主体结构和地下荷重采用钢筋混凝土结构，围护结构墙体采用砖砌，造价低，隔热材料选择范围大，容量较大，但热惰性大，建筑周期长。装配式冷库的主体结构采用轻钢，围护结构由聚氨酯或聚苯乙烯夹芯板拼装而成，库体组合灵活，建设速度快，维护简单，可整体供应，库容量为中、小型。气调冷库通过对冷库环境中温度、湿度、二氧化碳、氧气和乙烯浓度等的控制，抑制果蔬的呼吸作用和新陈代谢，更好地保持果蔬新鲜度，保持食品良好品质，与普通冷藏相比，可延长贮藏期2～3倍。但设备成本投入较高，库容量不宜过大。自动化立体冷库具有多层高货架，采用巷道堆垛起重机运输和自动化控制，库内不需要操作人员，作业迅速，吞吐量大，空间利用率高，库容量较大，但初期的投资较大，对操作管理人员的技术水平要求较高。冰温冷库把食品贮藏在冰温区（从0℃到食品冰点的温度区域），更好地保持食品的新鲜度，不破坏其细胞，在时间和鲜度上有很大优势，食用时无须解冻，避免了失水。但冰温区范围较窄，技术要求很高，运行成本与投资较大。

在贮藏过程中也要采取相应的温度控制，确保产品的存储质量。冷库根据产品存储的实际温度，可分为高温冷冻和低温冷冻两种。稍高于冰点温度，温度为-1℃～8℃的冷库常被称为高温冷库。对大多数食品来说，冷藏并不像罐藏、脱水或者冷冻那样能阻止食品腐败变质，而只能减缓食品的变质速度，因此实际上是一种效果比较弱的保藏技术。常用的贮藏温度为-23～-12℃，而以-18℃最为适宜。贮存冻藏食品的冷库常称为低温冷库或冻库。冻藏适用于长期贮藏，短的可达数日，长的可以年计。冻藏食品由于食用方便、口味新鲜，一般只要解冻和加热后即可食用或者再加工，目前已发展成为需求量很大的食品和食品原料。随着食品冷链的发展，冷库的功能已不再拘泥于传统的低温储藏，而是向着库存中心、调度中心、增值服务中心、先进冷链物流技术应用中心等多重角色演化。

12.2.3 食品冷链在运输环节的管理

食品冷链运输环节是连接贮藏环节和销售环节的重要纽带，主要涉及公路、铁

路、水路、航空、集装箱5种方式，而这一过程需要借助冷藏运输设备来完成。冷藏运输设备是指本身能提供并维持一定低温环境的运输冷冻食品的设施和装置。公路运输主要涉及的设备是冷藏车。冷藏车具有运输周期短、灵活性高、短途运输时经济性高等特点。冷藏车按其冷藏技术的不同可以分为液氮或干冰冷藏车、机械冷藏车、蓄冷板冷藏车、组合式冷藏车。

液氮或干冰冷藏车具有初期投资少，降温速度快，无噪声，能够较好地保持食品质量，快捷、灵活的特点，但液氮成本高且补给困难，大的液氮容器会降低有效载货量。机械冷藏车适合远距离输送，车内温度均匀可调，运输成本较低，但结构复杂，易出事故，维护费高，初期投资大，噪声大。蓄冷板冷藏车设备费用比机械式低，可以利用夜间廉价的电力蓄冷，但蓄冷能力有限，不适合超长距离运输，冷却速度慢。组合式冷藏车装置简单，维护费低，无噪声。

铁路运输主要采用机冷车和冷藏集装箱等设备。机冷车是铁路冷链运输的重要工具，有运输量大、速度快、安全性高等优点，大多以车组形式出现，不过也有单节机冷车，主要缺点是成本高且难于管理。水路运输主要使用渔业冷藏船、冷链运输船等设备，以远洋运输和渔业捕捞应用为主，虽然运量大，经济性好，但是速度较慢，且易受恶劣天气的影响。航空业中主要使用的是航空集装箱，在各种运输工具中速度最快，但同时运费较高昂，适合运送附加值高且腐损快速的水果和鲜花等货品。冷藏集装箱有内藏式冷藏集装箱、外置式冷藏集装箱、液氮和干冰冷藏集装箱、气调式冷藏集装箱等。它是冷链运输业的重要工具，可以看成小型冷库系统，可实现“门到门”运输，目前计算机联网管理系统和电子数据交换系统在冷藏集装箱上有所应用，在冷链物流业的发展中起到了重要作用。

制冷系统是冷藏运输装备的重要部分之一，对车厢内的温度起着关键作用。随着数字化控制技术的发展，制冷系统已由以往的人工操作PTI（Pre - trip Inspection，冷藏箱预检）变为现在的自动PTI。同时，制冷剂也从过去用于制冷装置的R12和R22到R134a和R404a，再到现在很热门的液氮喷淋技术和液态CO_2（二氧化碳）汽化制冷技术。其中，Lorentzen等对CO_2制冷系统与传统制冷剂制冷系统在降温性能、制冷量、性能系数方面进行了比较分析，发现CO_2制冷系统具有良好的性能，在未来会有广阔的发展与应用前景。由此看来，CO_2制冷系统、液氮喷淋技术和液态CO_2汽化制冷等节能、环保型制冷方式是未来的研究重点。冷链运输的能耗是通过运输工具的油耗来表征的，制冷系统耗能在运输工具总耗能中占有大约1/3的比例。采用新型制冷机（如喷射循环系统）以及蓄冷技术可以在一定程度上节省冷链运输的耗能，并且保证货物的品质。在移动运输的过程中，要持续地保持低温环境，实现移动式的低温制冷，对设备的功率、温控等都有明确的要求，需要依靠电力驱动发动机形成制冷，在车厢或船体中构造一个较为封闭的制冷空间。在使用大型货车进行冷链运输时，还要注意将驾驶室与后车厢部分进行绝热处理，避免车辆内部形成热量传递。

12. 2. 4 食品冷链在销售环节的管理

根据冷链产品实际交易对象的不同，在销售的过程中可以将冷链食品供货给各类超市、分销商以及个人买家，但冷链食品的特殊性，决定了它需要经过产品质量检验后才能够确认收货及销售。为了进一步节约在物流运输过程当中的成本投入，大多数厂家采取了以城市作为辐射点进行就近运输和销售的工作方式，大大缩短了配送距离，节省了时间。在短距离配送时，可采用冰袋将货物保持在低温状态，也是一种较为理想的冷链产品销售模式。消费者在购买冷链产品时要核对实际配送和售后保障信息，确保购买到合规新鲜的产品。

12. 3 食品冷链发展存在的问题

12. 3. 1 冷链物流供需不平衡

有些食品例如生鲜农产品，在运送过程中需要进行实时的温度检测和温度控制，这就要求必须由专业的冷链物流公司来进行操作。在发达国家，冷链物流大多依靠专业的第三方物流企业，而且生鲜农产品等基本可以做到全程冷链。但在我国，冷链物流的市场化程度相对较低，第三方物流较少参与冷链市场。即使有少数第三方物流开展了相关冷链业务，这种业务也只占其全部业务的一小部分。例如，顺丰作为我国为数不多的冷链物流企业之一，承担了目前我国市场上大部分的食品冷链物流。但这无法满足生鲜电商蓬勃发展带来的市场对冷链物流日益增长的需求。像每日优鲜、盒马鲜生这样的生鲜电商多数选择自建冷链体系，但大多专业化程度较低，规模较小。究其原因，建立专业冷链物流需要大量的资金投入，且投资回报期较长。一般的物流企业无法承担相应的成本。因此，我国的第三方冷链物流发展缓慢，影响了食品冷链市场的发展。

12.3.2 食品安全保障较低

虽然我国先后出台了《食品冷链物流追溯管理要求》《冷链物流分类与基本要求》等冷链物流标准，但这些标准大多为推荐性参考标准，缺乏强制力。生鲜农产品由于流通环节众多，流通标准要求较高，在缺乏行业标准和有效监督的情况下，产品品质难以保证。即使部分平台会提供食品溯源服务，但在经过复杂的流通环节后，也无法确保食品安全。很多企业表面上打着全程冷链的旗号，实际上为了节省物流成本，使用非冷藏车运送低温物品或进行间歇式供冷，在运送途中关掉冷冻设备。这并不是少数现象，会大大降低食品质量，导致我国食品安全问题不断出现。

12.3.3 冷链物流体系不健全

生鲜农产品在运输过程中需要各个环节的密切配合，这就要求健全的基础设施。但我国食品冷链行业发展水平不高、行业标准缺失、冷链设备分布不均，导致食品冷链的体系建设进程缓慢，冷链流通率较低。由于质量检验标准缺失，资源利用率低，专业的冷链运输设备利用率并不高。同时市面上还存在许多非法改装冷藏车的现象，进一步加剧了食品安全问题。另外，冷链食品配送过程中信息化程度低，信息多靠人工传递，效率低下，极大地限制了冷链系统的及时性。在装卸环节，大多数企业选择人工搬运，机械化水平低，这样既浪费了人力资源，也导致装卸过程中无法保持低温，容易造成食品的腐败。在仓储环节，存在着制冷技术落后、冷库自动化水平低的问题。而且冷库容易造成噪声污染，影响周围环境。在加工包装环节，冷链包装技术是一种难度系数较高的技术，在食品保鲜上起着至关重要的作用。但冷链包装技术是随着电子商务的兴起而发展起来的新兴技术，研发时间比较短，整个领域都处于起步阶段，因此技术水平相对落后，且缺乏统一的行业标准。

12.3.4 冷链成本过高

和常温产品不同，冷链食品对保存温度的要求非常严苛。特别是一些容易腐败的水果，例如草莓、荔枝、杧果等，它们的最佳存储温度为 5 ~ 15℃，在存储过程中需要使用大量的冰袋和保温泡沫箱。为了防止挤压，还需要多层包装和吸塑盒固定位置，再加上专业冷库的建设成本，导致食品冷链的仓储成本过高。冷链成本高昂的另一个原因是高物流成本。基础设施的普及不到位，影响了冷链食品市场的大众化。尤其是现在生鲜农产品逐渐电商化，网购的消费者大多希望能在网店购买到实惠的食品。但电商为了维持利润，多选择销售中高档的食品，这样就会导致消费者群的减少，商家的利润与消费者的需求无法匹配。

12.4 食品冷链进一步发展的对策

12.4.1 扩大第三方冷链物流的供方市场

为了提高供应链整体效率，解决食品冷链物流成本过高的问题，最好的方法就是大力发展第三方物流，共享资源，实现规模效应。因为第三方物流意味着不同企业的产品可以使用同一个冷库、同一辆运输车，同一区域的产品可以统一配送。这样可以提高资源利用率，大大节省仓储和运输成本。同时，因为冷链物流最重要的是“最后一公里”，即物流最末端的配送服务。第三方物流可以设立统一的社区提货点，既方便了消费者，也节省了人力物力资源。具体来说，一方面，国家需要对食品冷链物流提高重视程度，出台相应的优惠政策，促进物流业的融资，解决第三方物流发展缺乏资金的问题；另一方面，国家要积极引进国外先进的技术和设备，为第三方物流发展提供技术创新的条件。

12.4.2 加快生鲜农产品冷链物流行业标准的制定

为了保证冷链食品的安全性，改善行业混乱的局面，国家应结合国外先进经验和自身实际情况，尽快制定食品冷链物流行业标准，完善相关法律，为食品冷链物流的发展提供指导思想。同时，实施更加严格的市场准入制度，加强食品质量的监督和管理，提高食品安全检验的效率。推动行业走向专业化、集中化。虽然这可能是一个漫长的过程，但一旦完成，将使我国食品冷链物流行业前进一大步。

12.4.3 提高冷链物流信息化水平

随着网络信息技术的发展，信息化已成为食品冷链物流发展的一个新方向。一方面，通过融合物流网，构建食品冷链信息系统，可以促进冷链不同环节的信息交流和信息共享，消费者可以通过数据平台及时了解关于食品安全的信息。同时，企业也可以充分利用大数据，将食品的各项业务数据化，高效整合信息资源，提高

资源利用效率。另一方面，可以引入一些高新技术对生鲜农产品供应链加强控制，如在食品冷链物流中引入射频集成电路技术，给食品包装附上 EPC（电子产品编码）标签，对冷链的每一个环节进行监督控制，防止出现断链的情况，有效保障食品安全。

13 食品供应链数据化

13.1 食品供应链数据化的内涵与特点

13.1.1 食品供应链数据化的内涵

数据化是指人类在信息传播、人际交往乃至日常生活的过程中，为了便于沟通、传播和保存，将一切客观存在均处理为数据，进而使得整个人类社会成为一个庞大的数据库。其实，将事物数据化并不是从近些年才开始的，它有着十分悠久的历史。在早些时候，一些地理现象的研究者们为了揭示自然界中各种现象之间的联系，定义了一种图形化的表达形式，提出了等温线、等压线、等高线、等势线等一系列等值线图，还有可以表达其他自然信息的图示符号。在当前时代背景下，技术的进步使得人类对于自然界探索和测量的范围不断扩大，数据化的范围也随之不断扩大，逐渐将整个自然界全部纳入其中；同时，数据种类从单一的数字扩展到文字、图像、音频和视频等多种多样，这意味着事物的各方面属性都可以通过数据表现出来，真正实现用数据对事物进行全面表征。

具体到食品方面，食品供应链包括食品初步生产、加工、运输及消费等环节，每个环节都会产生大量的数据。食品初步生产过程中，人们收集农作物生长过程中的各类信息，如某段时间的天气情况、温度高低、农药使用量、劳动人数、市场供应等，对这些信息进行加工处理，可为农作物初步生产积累大量历史数据，而这些历史数据可为后继生产提供参考，并辅助修正初步生产中出现的过错。在食品加工环节，会产生大量可用于实时监测和预警的数据，如在发酵食品、饮料制作加工过程中的湿度、温度等数据，还有些为加强食品质量安全监管而产生的大量监测数据等，对这些数据的分析处理可以为食品生产规模化、标准化等提供数据支持。食品运输过程中会产生大量的数据，如物流运输中的线路、起点、终点、运输数量等，这些数据为基于 GPS 技术的食品安全追溯机制提供了数据基础；对运输调度、路线等的记录、分析和处理，可辅助优化路线并选择最合理的路线，从而降低运输成本、提高运输效率；通过对食品运输数量、目的地等数据的分析与处理，可分析出某地区对某些食品的需求，从而使食品企业进行针对性营销。食品销售环节中会产生大量的数据，如食品营销网点的销售记录、网点数量、周边商业综合体情况、人口流量信息等，通过对这些数据的分析，可为企业合理布局产品营销网点、提高食品销售量提供数据支持。另外，食品行业的数据除了来自政府监管部门、各级食品检测机构等，还能从网络、媒体及大众言论等多种非传统渠道中及时捕捉以前无法获得或无法使用的各类食品安全数据。这些数据包括各种报表的结构化数据、各种文本的半结构化数据以及网络上各种形式的如视频、声音等非结构化数据。

13.1.2 食品供应链数据化的特点

食品供应链数据化主要有以下特点。一是数据体量大，如我国各城市区县的食品监测点和哨点产生的海量数据，食品检测机构抽检的各类数据，以及相关卫生机构上报的各类食品数据等。二是数据种类多，食品行业数据来源涵盖从食品的生产、加工、运输到消费的整个食品供应链，数据结构非常复杂。三是数据更新快，由于社交网络等在线工具的存在，食品安全信息实时更新速度快，与食品安全相关的舆情信息更新传播也非常快，而这也对政府相关部门的处理速度提出了更高的要求。四是数据价值密度低，但有非常大的分析应用价值，食品行业数据量庞大，但也存在大量冗余、噪声数据，去除其中的无用数据，挖掘其巨大的应用价值，跟我们的个人生活息息相关，对国家、社会都有重大意义。

13.2 数据化在食品供应链中的应用

13.2.1 数据化在食品生产环节的应用

构建食品供应链数据，其起点便是食品的数据化生产。为了能使消费终端便于查验食品的源头，可以利用物联网在生产环节建立数据化生产管理系统，记录生产信息。现阶段应用于生产环节的物联网技术主要有无线传感器技术、GPS 和 GIS 技术。以农产品为例，首先将农产品的种子信息、生长周期、位置以及所需的湿度、温度、土壤养分含量等信息记录在 RFID（射频识别）标签上，即对每一种产品都标记唯一的“身份证”，并将信息录入数据库。此外，为了能实时观测农产品的生长状况，还需安装监控系统，进行实时录像，将该视频压缩并传输到农产品远程监控系统。对农产品生长阶段的信息进行采集和存储之后，还需将其进一步传送到政府监管平台备案，便于信息的及时公布与查询。此过程完成了产品生长信息的系列传送和备案，实现了农产品源头的可追溯性，解决了产品终端信息不透明的问题，同时这些信息也可用于农产品培育技术的研究。

13. 2. 2 数据化在食品加工环节的应用

食品的加工环节是食品质量问题的多发环节，运用物联网技术，既能实现食品加工的数据化，提高加工效率、节约成本，又能降低质量风险。生产者将食品配送至加工厂，因为食品具有易腐烂、易变质的特性，因此配送至加工厂时需要检验产品的新鲜度与损坏程度，只有检验合格的产品才可被用于加工。此时，互联网技术的优势即可显现，由于每个产品在生产环节都贴上了 RFID 标签，加工厂验收时只需将产品放置在贴有同样 RFID 标签的托盘上，利用基于互联网的关联平台，便可以查询追溯产品的一切信息，并反馈至云计算平台。加工环节开始之后，所有的加工信息，如加工工序、配套人员、加工车间、加工时间、加工程度等，都会被实时载入 RFID 标签，该操作贯穿于加工的每一个环节。一方面，加工车间也会配备监控系统，用于观察车间人员的流动和工作情况、加工过程；另一方面，可以安装湿度与温度传感器，用以测量、记录车间的环境，并根据实际需要进行调整，温度和湿度不符合标准，即启动预警机制，避免环境异常造成损失。系统会将以上信息实时传送到生产管理物联网应用系统，并同步到政府产品监管部门的物联网信息系统。终端消费者可以通过扫码或者在政府信息平台实时查询产品加工信息，完成线上监督生产加工的全流程。

13. 2. 3 数据化在食品流通环节的应用

流通环节包括仓储和运输两个阶段。仓储是食品供应链的必要环节，冷藏仓储是食品存货和周转储存的重要途径。食品不易保存的特殊性，对仓库的温度、湿度等要求非常严格。因此，数据化仓储的普及势在必行。数据化仓储就是让仓储信息能够及时、准确地传达到企业信息系统，以便仓库管理者调整温度和湿度，即按仓库的结构，合理安置 RFID 标签等相关装置，从而能够快速、准确地收集仓储信息并保存至 RFID 标签，仓储系统也可以准确读取 RFID 标签中的仓储信息，用来分配农产品的储存位置。这样仓库管理者就可以按照订单，利用射频识别装置高效地完成农产品的出入库。出入库信息同时也可以传输到政府监管系统，供政府实时监

管和消费者查询相关信息。从运输角度来看，数据贯穿于食品供应链的全过程。从农产品种植地到加工地，从加工地到销售地，都需要食品供应链数据化。将物联网技术应用于农产品运输，有助于减少运输途中的产品损耗。原材料生产者、加工商、仓储管理者、第三方物流和分销商都可以借助物联网应用系统获取每种农产品的 RFID 标签信息，以及环境监测信息，并且在每个阶段对信息进行记录完善，实时调节运输车厢内的制冷设备，进行温度和湿度设置，以保障在运输途中的产品质量。此外，还可以采用 GPS 和 GIS 对运输车辆进行实时追踪与定位，当车辆发生故障和路线偏离时，启动预警机制和及时救援系统。

13.2.4 数据化在食品消费环节的应用

数据化在食品消费环节的应用主要体现在食品风味和食品营养成分两个方面。就食品风味来说，过去十几年中，已有一些厨师和食品科学家注意到一个规律：相比不含共享风味化合物的食物搭配，共享风味化合物的搭配更受人们的欢迎。例如，外国流行把蓝纹奶酪和巧克力搭配起来，这两种食材共享风味化合物高达 73 种。为了证实以上规律，有学者对此进行了相关研究，构建了包含 381 种食材和 1021 种风味化合物的风味网络。网络构成的结果表明：北美地区的食谱中，两种食材共享的风味化合物越多，它们一起出现在食谱中的可能性就越大，而与之相反的是在东亚食谱中，两种食材共享化合物越多，一起使用的可能性就越小，这就是“食物配对”原则。尽管不可能从科学的角度来全面解释烹饪艺术，至少还可以了解，东亚人更倾向于共享化合物较少的食物搭配。风味网络是大数据的产物，通过建立两种材料之间的联系，依据联系的强、弱，可以判断这几种材料是否适合出现在某个地区的食谱中，为人们选择食谱搭配提供更加智能和科学的思考方式。风味网络的出现给食品科学家带来了全新的分析方式，他们从这个微观的角度来观察各地区食物之间的联系。印度学者根据风味网络调查了印度的食物配对情况，他们发现在印度美食中，食物风味共享程度越高，在烹饪中它们共同出现的频率就越小。自风味网络被提出后，食品科学领域的研究人员开始重视风味化合物的数据，由此诞生了 FlavorDB。FlavorDB 是一种资源数据库，广泛覆盖 25595 种风味化合物，在数据库中列出的分子中，这些天然成分被进一步分为 34 类，并映射到 936 种不同的天然来源。这些风味化合物数据库的建立弥补了之前风味网络数据不完整的缺陷，使得风味网络的数据分析更加科学、精准，避免了一些因数据缺失而导致的不全面的结论，方便后续数据驱动的新风味食品开发。

再就食品营养成分而言，它是健康管理领域也是消费者选择产品时不可或缺的重要研究内容。食品中营养成分的数据分析和报告都要以非常严谨的数据形式呈现。随着人们的生活水平不断提高，人们的饮食数量、种类也越来越多，食品的营养成分更加多样性和多元化，相关研究的数据和内容也更加复杂化，为了便于人们更加深入地了解健康管理中的营养应用，相关的工作人员需要将现代食品中的营养成分进行数据化管理，以更加公开、透明的方式呈现给大众。这不仅有利于人们了解食物的种类、营养成分和身体健康的关系，还有利于建立相关的食品分析数据库。我国在食品营养成分分析领域起步较晚，相较于欧美一些发达国家还有很大的差距，但是随着互联网行业的崛起，我国健康管理领域中有了更加高效的工作方式，同时可以借鉴发达国家的营养成分管理经验。不同国家对健康饮食的研究方向也截然不同。例如，美国比较注重对直接入口食物的分类和研究，而英国则比较注重对食物原材料的分类和统计，我国在这些方面研究较少，我们应该走出具有中国特色的研究道路与方向。借鉴不等于照抄或者模仿，而是可以以更加多元化的角度进行研究与切入，倡导以不同形式进行大数据分析，因为大数据技术可以大幅度地降低人工成本、节约时间，所以可以从更加宽泛的角度针对健康管理与营养成分分析建立研究模式。例如，可以按照不同人群进行食品推荐划分，包括老人、儿童、婴儿、孕妇、残障人士等，也可以按照不同的工作种类进行食品推荐，包括重体力劳动者、运动员、办公室白领等，结合不同人的体质，给出不同的食品建议，并通过饮食跟踪，不断收集饮食与不同体质之间的关系，让数据更加丰富，也为未来的行业发展奠定基础。我国是一个地大物博的国家，从东到西、从南到北，有着不同的文化特征、民族习惯和饮食习惯，不同的饮食习惯也决定了居民不同的膳食纤维摄入数量和质量。在食品营养调查方面，我国也曾经做出多项研究和举措，尤其是对部分地区居民的某些营养过剩、某些营养缺乏的情况也有过不同的数据统计，但是之前的相关工作都是依靠人工进行，这样的统计模式有很多不足之处。例如，首先，我国营养调查的相关经验不足，在检测方法和检测标准上不同区域呈现出不同的特点，因此不可一概而论；其次，传统的调查方法都是通过人工问卷调查的方式开展，因此数据的准确性有待商榷；最后，调查问卷的数据需要精细化整理，并且需要结合现代食品营养的相关技术手段，但是对数据的统计分析显示，最后的总结和统计还缺乏一定的精准性。运用大数据技术进行营养以及食品调查，可以大大地节约人力成本、资金成本、时间成本等，有效地提高调查效率，而且在数据分析和数据比对方面相较于传统形式更加具有科学性和可信度，使用大数据进行营养调查

分析可以将很多疾病与人们的饮食习惯建立起数据联系，并能得到以往所得不到的客观数据链条，以达到食品及营养调查的真正目的，鉴于此，大数据技术可以在人们的饮食习惯中，针对某些疾病进行预防和提出建议，既为研究人员提供技术支持和数据支持，也为人们的饮食调整提供预防措施，所以说大数据技术是未来行业发展以及数据统计整理分析的重要途径，也是社会发展的必然趋势。

13.2.5　数据化在食品监督环节的应用

食品安全是人对食物的基本要求，是人们正常生活的基本保证。食品安全追溯系统是确保食品安全、为食品供应链创造收益的关键。在大数据背景下，利用RFID电子标签、二维码、射频技术、红外感应器、全球定位系统、激光扫描器等物联网技术，可以实现每件食品单独赋予身份标识以及追溯码，从而实现一物一码。通过数据交换和管理系统软件，完成食品的识别和食品的EPC（Electronic Product Code，电子产品代码）的采集和处理。采用区块链技术将物联网技术所抓取的数据上链存储，且食品溯源信息一旦上传不可再改变，增加了信息的真实可靠性，避免了以往食品溯源过程中成本过高、效果不理想的情况。采用大数据技术，将信息化手段覆盖种植养殖、加工、包装、物流、销售等过程环节，实现数据收集积累并完善地记录各环节的流通数据，组成食品安全追溯体系的数据库。采用前后端分离的设计，前端形成独立的关注点。表现层与后台松耦合，以数据接口对接，任何一层的更换都不会产生影响，可以轻松地实现多端化，即同一套后台，不同终端采用不同的表现层，使系统具有更好的扩展性。前后端分工明确，要求技术人员更专注，开发效率更高，技术积累也更好。利用先进的视频及视频检测技术，建立网络视频集中的监控系统，使软、硬件设备结合现有网络，将整个过程用监控系统连接起来，在监控管理中心随时对食品的生产、存储、运输、销售过程进行监控。利用视频检测技术，结合红外、烟感探测器、声光报警等设备，以及监控管理系统，对重要环节进行相关配置、布防、操作，与视频监控形成报警联动系统。

13.3　数据化背景下食品供应链面临的问题

13.3.1　数据拥有方拒绝共享，数据获取难度大

目前各个食品企业各自为战，缺乏同行业之间沟通与合作的观念。食品信息系

统互不相容，造成信息数据资源分布零散，无法实现数据的交互与分享。食品大数据覆盖从“农田到餐桌”全过程，涉及的部门众多。这种由于数据保密和隐私保护等造成的各数据拥有方不愿共享数据的问题，依然是食品数据化有效运用的主要障碍。另外，信息标准化是研究、制定和推广应用统一的信息分类分级、记录格式及其转换、编码等技术标准的过程。我国食品信息标准化建设起步较晚，在食品供应链的各个阶段采用不同的数据储存服务器、终端接口和信息管理系统，导致不同信息系统之间存在差异，造成设备无法兼容或匹配，数据信息无法相互传输和共享，数据录入和计算准则都存在差异。长此以往，不同的食品部门数据源独立存在，不能够互相共享，形成了一个个数据孤岛，无法实现行业跨部门、全链条大数据体系。

13. 3. 2　数据化意识不足，数据应用能力有待提高

在数据化的影响下，各行各业都呈现出与传统经营不同的探索创新，食品行业发展的升级改进也不可避免。但是，数据化给我们的经济社会带来的不仅仅是技术手段，我们更应该在数据化的影响下革新观念，改变传统的食品生产与营销的对接方式。农村作为食品的重要来源地，农民在食品供应链数据化转型的道路上起着至关重要的作用，但是当前我国农产品生产仍然以分散的家庭为单位，而农民整体知识水平有限，对现代技术的认识与掌握不够。同时，受传统思想影响，农民普遍对改变和未知具有畏难心理，对新技术的接受能力差。因此，尽管当前我国农村网络普及，新媒体应用广泛，但是大部分局限于娱乐功能，农民对数据技术缺乏有效了解与认识，对数据可能带来的农业革新缺乏认知，同时大部分人也不具备利用数据进行市场信息辨别、获取和应用的能力。

13. 4　数据化背景下食品供应链的发展对策

13. 4. 1　完善信息采集，加大数据挖掘力度

建立健全食品流通环节的信息采集制度，大力发展数据挖掘技术。在企业内部设置专门的数据分析与支持部门，对企业信息系统中随产品流通而不断增加的食品安全数据进行深度挖掘，提升企业信息利用率，进而促进企业流通环节食品安全保障策略的不断完善。变革传统主观经验决策方法，建立从“数据挖掘”到“食品

安全保障”的工作机制。企业的食品安全管理者应该意识到信息时代下数据的有用性，从数据挖掘结果中寻找科学依据，进而结合主观经验来制定食品安全保障策略，减少人为因素影响，消除食品安全隐患。流通环节各企业之间应加强合作，建立食品供应链信息共享机制，解决信息不对称问题，增强信息共享平台中数据的可靠性，提高数据挖掘结果的正确率，合力保障流通环节食品质量安全。

13.4.2 不断巩固数据平台建设，完善信息化配套服务

一是不断加强和巩固数据云平台的建设，积极推动广大农村地区对农产品数据进行收集和管理，扩大“农产品数据云”覆盖面。乡镇地区应积极配合，定期向县级政府上报所辖行政村农业农村相关数据，并定期开展调研活动，掌握农业农村最新情况。二是加强数据在农业生产活动中的应用，强化对农业生产活动的指导。因农产品价格波动频繁，广大农户在进行农业生产时存在一定盲目性。因此，政府应承担起对所辖行政村定期公布农业数据的义务，并依托对历年农产品数据进行分析预测的结果，指导农户科学合理地进行定量化生产。三是完善对数字农业的信息配套服务，提升对物流系统基础设施的建设力度。一方面，应完善信息服务配套。应加大财政扶持力度，强化对“益农信息社”行政村全覆盖的支持，将信息服务延伸至每个农户，同时合理布局，促进各地区的“益农信息社”均衡发展。另一方面，应合理布局基层农村地区快递物流运输点，完善基础配套设施建设；大力建设冷链物流运输系统，解决生鲜农产品运输难、浪费率高等问题。例如，政府可制定相关数字农业专项扶持规划，出台支持政策，提供税收优惠、金融贷款贴息和技术支持等措施，降低物流点在农村的布局运营成本，从而为“互联网＋农业”提供支持；在全国以地级市为单位建设冷链物流运输中转中心，以点带面地建立起冷链运输体系。

13.4.3 加大食品数据化宣传力度，加强人才培养

食品数据化的重要性不言而喻，但是在农村地区，人们对于数据化的认识程度是远远不够的，农村作为我国食品重要来源地，农民对于数据化的认识影响着我国食品数据化的进程。因此要加大在农村地区对食品数据化的宣传力度，培养农民的数据意识。具体而言，首先，要使农民认识到食品数据化的意义，农民才能更加自发自愿地学习使用数据；其次，要用容易理解的方式使农民理解如何进行数据识别与搜集。由于农民基础知识不够，短时间内无法学习高深的算法知识，应重点使农

民掌握基本的Excel（电子表格）等软件，能够对数据进行统计并交予专业的分析人员进行分析，这样有利于第一时间记录数据，保证数据的完整性，还能实现分工合作，提高效率。与此同时，高校的食品相关专业也应该增加数据分析课程，使学生能借助主流大数据分析工具和平台，综合运用大数据分析方法，从各类数据中发现与食品相关的有价值的模式和关系，从而为形势判断和决策提供专门人才，即培养操作型和技能型的数据应用人才。

14 食品供应链智能化

14.1 智能化相关概念界定

14.1.1 食品供应链智能化相关概念

智能化是指事物在计算机网络、大数据、物联网和人工智能等技术的支持下，所具有的能满足人的各种需求的属性。智能化是建立在数据化基础上的。它意味着使智能技术逐步具备类似于人类的感知能力、记忆和思维能力、学习能力、自适应能力和行为决策能力，在各种场景中，以人类的需求为中心，能动地感知外界事物，按照与人类思维模式相近的方式和给定的知识与规则，通过数据的处理和反馈，对随机性的外部环境做出决策并付诸行动。智能化是现代人类文明发展的趋势，涉及许多前沿学科，在工农业生产、科学技术、人民生活、国民经济等各方面起着非常重要的作用，应用领域十分广泛。食品供应链是指由食品原料供应商、食品生产商、分销商、零售商、消费者组成一个链状结构或网状结构。食品供应链智能化则是将计算机网络、大数据、物联网和人工智能等技术应用于食品供应链，从而更高效地实现供应链中的物流、资金流、信息流的合理流通。进而满足消费者需求，达到供应链整体运行成本最小化的平衡状态，最终实现保障供应链的整体利益，达到供应链高效运行的目的。

14.1.2 食品供应链的智能化

1. 食品运输智能化

食品冷链物流对配送设备、运作管理、温度把控要求非常苛刻，对基础运输设施设备要求也更高，可通过集成各种运输方式，包括应用车辆识别技术、定位技术、信息技术、移动通信与网络技术等高新技术，实现交通管理、车辆控制、营运货车管理、电子收费、紧急救援等功能，降低货物运输成本，缩短货物送达时间；同时，可实现全程监控，及时解决突发情况，并保障产品质量，在环节上主要涉及食品的运输和储存。由于食品的保质期在正常情况下相对较短，在运输以及仓储过程中易受温度、环境的影响，发生腐烂变质，同时，在此过程中，如果食品同有其他气味的商品混杂，还易引起串味问题。为避免产生食用风险，首先需要对温度等硬性指标严格控制，其次还需要对食品进行细致分类，避免食品串味。人工智能的模式识别技术侧重于探讨怎样使机器具有感知能力，进行自主推理和规划，使机器利用已有的知识和技术完成给定的目标任务。人工智能模式识别技术的运用，可以使人们及时了解食品在运输过程中所处的环境温度是否适宜，食品本身性状是否产生了不利变化，是否存在食品混杂现象。

2. 食品仓储智能化

食品仓储智能化是指对食品的数量、位置、载体等信息的实时自动采集，并通过信息交互，在操作现场实现货物快速入库、货物准确出库、库存盘点、货物库区转移、货物数量调整、实时信息显示、温度检测与报警。智慧仓储包括仓内机器人、仓库选址、需求预测等多项技术，而这些技术也保证了食品在仓储环节的完整度、新鲜度。其中，仓内机器人包括自动导引运输车、无人叉车、货架穿梭车、分拣机器人等，主要用于仓库中的搬运、上架、分拣等环节。例如，自动导引运输车利用电脑来控制其行进路线及行为，保证不同种类的食品进入不同的路线，按照食品种类进行管理。分拣机器人利用传感器、物镜和电子光学系统可以快速进行食物分拣，有效避免了因为人工分拣可能出现的食物损坏、食物质量识别不准确等问题。在智慧物流场景下，物流公司可以利用积累的物流数据，判断不同区域物流量的大小，结合人工智能相关规划技术，由计算机自动地进行优化学习，从而给出最优选址方案；基于手机用户的食物消费习惯、食品批发商销售数据等，利用大数据算法提前预测需求、前置仓储与运输环节，而不是等消费者下单之后匆忙调货。

3. 食品配送智能化

食品配送的智能化是利用全球定位系统、配送路径优化模型、多目标决策等技术，把食品配送订单分配给可用的车辆，实现食品配送订单信息的电子化、食品配送决策的智能化、食品配送路线的实时显示、食品配送车辆的导航跟踪和空间配送信息的查询显示。配送中需要利用到的智能化配送方式包括无人机配送、无人车配送、众包配送等。食品配送过程的智能化在当前环境下发挥着巨大作用，举例来说，智能货柜销售食品，避免了人与人的直接接触，实现近景零售、多品类经营、自动响应、自助消费，迎合市场在防疫、智能、民生等方面的需求，目前小 e 微店智能货柜在多场景应用中已经建立了全数字化的运营体系，商品从采购选品、订货、收货、运输、上架、销售的各个环节均有标准和系统流程管控，精细度可以到达每一台设备和每一件商品，实现24小时内上架销售。

4. 食品包装智能化

食品包装智能化是指借助电子技术、信息技术和通信技术等手段收集和管理包装商品的生产及销售分布等相关信息，记录包装商品整个生命周期内商品质量的变化，进而实现对商品特性、内在品质及其在运输、仓储、销售等流程中相关信息的实时了解。食品包装智能化可通过采用特殊材料制作的指示标签，实时检测包装内部的环境条件，在运输和储藏期间向消费者与管理者提供食品品质信息，还可通过改变包装食品的环境条件来延长货架期，从而保持食品的营养成分不被破坏，保障食品新鲜度，以及使食品包装在承载信息方式上多样化，使食品包装具备可溯源的功能。根据在不同作用下的反应情况，智能化指示标签可分为时间温度指示智能标签与气体指示智能标签。时间温度指示智能标签是一种附在包装外部的指示卡。时间温度指示智能标签的工作原理：记录食品在储存和销售期间所经历的温度变化，从而预示食品的品质情况。气体指示智能标签的工作原理：食品在贮藏过程中释放的某些特征气体与特定试剂产生特征颜色反应，使指示剂发生明显变化，从而帮助消费者直观、准确、科学地判断食品品质与新鲜程度。

5. 食品数据处理智能化

食品数据处理智能化是指在信息感知、信息传输、信息存储和信息处理等环节，快速、准确地进行海量数据的自动采集和输入，实现物流信息集成和整合，通过数据库的整理、加工和分析，为物流作业的运作、相关决策的制定提供信息基础和经验借鉴，保障物流作业合理和高效运作。例如，大数据处理调度中心应具有自动预测、异常监控报警、数据关联分析、大屏可视化等功能，以满足数据汇聚、数据处理以及数据服务的全流程调度需要，进而极大地提升数据处理的效率，实现其分析处理海量数据以及复杂业务场景的需求；同时，将数据分析结果实时展现在大屏中，辅助市场监管方及时了解产品、运输、仓库、市场交易动态，以便及时做出科学客观的决策。其中，自动预测可通过对产品、运输、仓库、市场交易信息等情况进行统计，自动预测农产品需求供给状态、交易价格趋势等内容；异常监控报警是对车辆运输状态、仓库管理状态实施跟踪，对异常信息进行监控；数据关联分析是对食品的产地、流通环节等进行分析和追溯；大屏可视化是从产品、运输、仓库、市场交易等方面对冷链物流大数据移动互联网平台进行可视化展示。

14.2 智能化技术在食品供应链中的应用

14.2.1 人工智能技术在食品供应链中的应用

1. 人工智能技术在食品生产环节的应用

人工智能作为一种新兴的科学技术，伴随着当下信息化、智能化工业发展浪潮，在食品加工中得以广泛应用。一方面，人工智能技术以其简化生产流程、提高生产效率、改善工艺技术等优势在食品生产环节得到广泛应用。例如，在肉食加工中，猪肉加工机器人、去内脏机器人等设备通过人工智能技术的应用实现加工的智能化和自动化；图像识别技术和人工智能技术在食品分拣和质量检查中的应用不仅能实现食品分拣、包装、码垛等全过程的实时监测，还能通过人工智能算法实现机器学习，不断提高加工生产的精确度。另一方面，人工智能技术在食品生产环节的应用能够大幅提高效率、有效节约成本，例如，TOMRA Sorting Food 公司最新的土豆分拣机——TOMRA5A 专门用于土豆加工，其运用计算机视觉等技术，通过分析土豆的图片，辨识出变质的土豆，实现分拣功能。TOMRA5A 的土豆去皮控制模块还可以 24 小时记录土豆质量数据，操作分析员可以根据收集的数据分析土豆品质，总结该批次土豆的尺寸分布，并且该机器通过学习可以实现更精确化的分拣。中国台湾某大学开发出一款柔性化机器人，主要运用在蔬果采摘中。由于柔性化机器人自身的柔软性，它对于一些外皮较软嫩的蔬果，如番茄、草莓等，能进行一定程度的无损伤靠近、移动、摘取等动作。该款机器人用可伸缩的纳米导电材料所制成，具有柔软、可伸缩、可随意变形、可感知外在环境因子、肌肉运动等性能，并能进行自主感测。正大食品的“无人食品工厂”采用人工智能技术研发的智能饺子生产线，从和面、搅馅到捏型全自动一体化实现，每小时饺子产量可达十万个，大大提升了企业的经济效益。

2. 人工智能技术在食品开发环节的应用

随着移动设备的普及，各种各样的社交媒体应声而起，如微信、微博等。人们分享生活的方式越来越方便和快捷。更多的人愿意在网上分享美食和心得，成千上万的人都乐此不疲，这些分享在网络上的数据有文字、图片，甚至是视频，有学者收集这些数据并利用人工智能语义分析技术来进行解读。语义分析技术不仅能够分析语言，也能够将图片和视频转换成文字描述后进行解读。有了这些技术，就能够

判断用户对特定食物的喜好程度，利用关键字的矢量空间模型方法构建用户饮食偏好模型，在此基础上进行分析，能够得到该用户的口味偏好并能为用户推荐菜品和餐馆信息。通过对这些在社交媒体上实时更新的数据进行分析，能够掌握某个地区的人们在某个时间段的社会饮食习惯和偏好，从而帮助餐厅或企业采取相应的营销策略。例如，可口可乐公司与人工智能公司 Pandorabots 合作，通过一种新型的自动贩卖机对顾客的口味偏好数据进行收集。这种自动贩卖机允许消费者在购买可口可乐系列饮料时选择两种自己喜欢的口味进行混搭，之后通过人工智能技术收集、分析这些数据，得出最受消费者欢迎的口味组合，从而决定推出什么口味的新品可乐。Analytical Flavor Systems（简称 AFS）专注于通过人工智能探索人类味觉的潜意识感知，进而预测未来的风味潮流并帮助食品企业优化产品。AFS 研发的手机应用 Gastrograph 可以帮助使用者分辨所品尝食物的具体风味和成分，并根据用户不断反馈的风味品尝数据，逐渐了解各地人群的口味偏好。在明确了不同地区口味偏好后，与其合作的食品公司可以根据 AFS 的数据进行建模模拟，寻找到最可能受消费者欢迎的食品配方，从而最大限度地保证产品的市场欢迎度。除此之外，也有商家从营养的角度出发，在食品供应链中对智能化技术进行了更深层次地应用。例如，PeptAIde 是巴斯夫公司与 Nuritas 公司合作的成果，Nuritas 公司运用人工智能技术从大米蛋白中识别并提取的新一代多肽——PeptAIde，是一种运动营养成分，含有一种独特的植物肽，主要用于调节炎症反应。该种成分可以添加在运动饮料或能量棒中，用于运动后人类生理机体的恢复，能减少炎症的产生，从而满足广大运动爱好者的消费需求。

3. 人工智能技术在食品安全监管上的应用

随着近年来人工智能技术的不断发展，多个行业和领域纷纷加强了对人工智能技术的有效应用，并以此推动了各大行业的长足发展，其中便包括食品行业，人工智能技术同时也为食品安全监管提供了有力支持。针对现阶段我国食品安全监管中存在的问题，以及人工智能技术的应用优势，在开展食品安全监管过程中，可借助人工智能技术打造食品安全监管信息平台；可借助人工智能技术实现食品采购和供应商选择的智慧化；可借助人工智能技术提升食品安全预警系统的质量；可借助人工智能技术打造食品安全监管的信息平台。

食品安全问题频发的一项重要原因即信息流通不畅。长期以来，我国食品安全信息传递层级众多，渠道复杂，社会大众难以采集到有价值的信息。加之在传统食品供应链中，信息传递方向与物流传递方向是统一的，两者有着十分紧密的联系，导致信息传递系统是单向的，无法实现信息跨越传递的效果。通过打造食品安全监管的信息平台，可增强信息的透明度及提高传递速度，为食品安全监管提供可靠保障。作为人工智能技术中的一种，人工智能检索技术以自然语言为基础，可依照用户提供的自然语言开展高效分析，并制定检索策略，开展全面广泛的搜索。对人工智能检索技术的有效应用，可充分实现食品安全信息的高效便捷共享，使传统的食品安全监管信息平台不断由封闭转向开放，成为全方位、全环节信息监管平台，解决以往信息不对称的问题，推动食品安全监管的改革创新。现阶段，在食品安全监管中普遍存在信息沟通不畅和信息复杂多样这两方面的问题。对于食品安全监管中存在的信息沟通不畅问题，借助人工智能检索技术，将各供应商的经营信息整合至信息监管平台，采购方可实现对该部分信息的实时查看，掌握各供应商的历史经营情况、供货记录等。而对于信息复杂多样的问题，则可引入人工智能代理技术，该项技术可感知所处环境并制定相关的针对措施，通过采用自动获取信息的领域模型对用户信息开展采集、整合，提炼出其中有价值的信息，实现供应商的快速选定，不仅可节约采购时间，防止食品原料变质，还可切实保障采购原料的安全性。我国食品安全问题频发的原因，一方面是信息交流不畅；另一方面还是食品安全预警系统不够完善。在食品安全预警中，保证预警的科学性和可靠性，不仅可减少各方面食品安全事故带来的危害，还可帮助人们增强食品安全意识。作为人工智能技术中的一种，人工智能专家系统技术应用于食品安全监管，该技术可帮助食品安全监管人员有效地监测食品安全的不良信息，以此提升食品安全监管的水平，促进食品行业的可持续健康发展。总而言之，人工智能技术可为食品安全监管提供有力的支持。为此，食品安全监管领域的相关人员应围绕如何实现人工智能技术在食品安全监管中的有效应用进行探索研究，从多个方面着手，促进我国食品行业的可持续健康发展。

14.2.2 区块链技术在食品供应链中的应用

区块链技术在食品安全管理领域有着天生的绝对优势，区块链技术的高度透明、高度安全和去中心化等优势能够实现食品安全信息全程可追溯，提高整个供应链管理效率，降低成本和减少浪费，防止假冒伪劣等欺诈行为，大幅提升食品安全保障水平。区块链技术应用于食品的生产、交易、消费和监管等过程中，贯穿于食品安全管理整个过程，对其中不同主体有着不同的作用。具体来说有以下几方面。

1. 对生产者的作用

第一，提高整个食品供应链的透明度，确保食品信息可追溯。供应链中各个环节的相关信息都被数字化并存储在区块链网络中，每一笔交易也记录在案，即原产地环境、农产品种植养殖条件、工厂及加工过程、运输状况、批次/批号、生产日期、保质期、存储温度与条件、交易对象、交易时间等相关信息都被详细地记录下来，以便查询。这样提高了食品信息追溯和跟踪的速度与准确性。例如，根据 IBM 公司的测试，基于区块链的可追溯系统与基于纸质和 IT 的可追溯系统相比较，追溯和跟踪的时间可以从几周缩短到几秒。第二，化解食品安全危机，减少损失。一旦发生食品安全事故，通过基于区块链的可追溯系统能够快速锁定问题源头，控制事态的发展，避免受污染的食品进一步扩散，减少召回成本和公关成本，化解食品安全危机。

2. 对消费者的作用

区块链技术在食品安全管理中的应用将使消费者更容易获得真实可靠的信息，以及安全、放心和优质的食品，避免假冒伪劣食品、受到污染的食品和食品安全恐慌等带来的伤害。同时，消费者可以更便捷、更详细地了解食品生产过程，特别是食品原料产地信息，包括农场、农民、农产品地理生态环境等，并为消费者与生产者之间的互动提供可能，拉近两者之间的距离，改善两者之间的关系，进而增强消费者对食品安全的信任和信心。

3. 对政府监管者的作用

区块链技术在食品安全管理中的应用将使得政府监管者更容易获取真实准确的信息，从而提高监管效率，增强监管效果，降低监管成本。一旦发生食品安全事件，政府监管者可以快速准确地查找到问题源头，防止受污染食品进一步扩散，引起大众不必要的恐慌，进而政府监管者可以将更多的人力、物力和精力投入食品安全风险管理和食品安全预警以及应急处置方案等方面，而不是疲于“救火式”应对频发的食品安全事件及其事后的追责和处罚。

4. 对社会的作用

区块链技术在食品安全管理中的应用将有益于整个社会。第一，实现多赢。食品生产者、消费者和政府等相关主体的利益均得到保障，实现多方共赢。第二，增强信心，促进产业发展。由于使用区块链技术能够很容易获取市场数据并进行验证，使食品供应链的透明度提高，使食品安全保障能力得到提升，因此，大众对食品行业和市场的信心得到增强，进而促进食品产业发展。第三，重建信任。区块链技术的应用使得不法分子的违法成本和被发现概率大大提高，从而有助于提供一个更加公平的市场环境，构建诚信社会，进而大幅度降低社会交易成本。目前，已有许多公司致力于探索区块链技术在食品安全管理方面的应用并积极开展实践。例如，阿里巴巴和京东等多家企业都在积极落实区块链食品溯源项目，利用区块链技术追踪食品生产、加工、销售等全流程。

14.2.3 云计算技术在食品供应链中的应用

1. 优化库存

总体来看，各种食物的库存量主要受用户需求量和订货量的影响，在开展信息化建设的过程中，管理者需要有效管理库存信息，包括采购成本、采购数量、物品的存储费用、货品的订货量等。而云计算不但能够不断修改和更新库存量，而且能够帮助相关人员进行决策，例如，企业在接收到产品运输消息后，会根据云计算平台上的信息及时处理货物。如果货物量充足，企业便会立刻发货；如果货物量不足或者处于警戒边缘，云计算平台则会自动发出警告，让仓库人员及时补充货物，以满足用户的需求。此外，云计算技术还能及时监控生鲜产品的存储状态、运输状态，保障整个工作流程的透明度，方便统计出入库产品，有效提升工作效率和质量。

2. 优化运输车辆路径与调度

食品具有的易损性、易腐性、怕压性等特征，主要反映在食品运输和配送方面，食品的这些特征容易导致食品运输成本过高。对此，食品企业要利用云计算技术有效整合相关信息，避免以往运输工作中存在的弊端，从而构建更加科学、完善、系统的运输模型，实现最短路径的运输及利益最大化，达到降低运输成本、提升企业经济效益的目的。此外，还要充分发挥 GPS 的积极作用，实时监控运输车辆的运行全过程，如果出现了突发事件，可及时通知后勤的安全管理人员进行有效救援，这在一定程度上降低了物流的配送成本，节省了不必要的开支。在以往的工作模式中，由于信息化水平较低，经常出现“空车”现象，这主要因为相关工作人员没有有效掌控货物的运输量，经常出现在运输之前取消订单的情况。目前，在云计算技术的推动下，生鲜企业可以利用运筹学和组合优化的方式，有针对性地调整和分析物流的配送车辆，提升运输效率，具体来说，在开展相关工作时，根据不同货物的特征、用户的实际地点，选择科学、合理的运输路线；在选择运输路线时，着重考虑路况、发货时间、路程限制等因素的影响，从而达到降低运输成本、提升运输效率的目的。云计算技术可以有效整合相关信息，实现运输企业总公司及子公司之间的信息、资源交流，互换和整合，从而更好地发挥大数据在生鲜冷链物流信息化管理工作中的积极作用。在该过程中，运输企业总公司要根据子公司的需求，实现对运输车辆的灵活调度，以有效避免在以往的运输工作中出现的车辆调度困难的问题。

3. 优化物流配送中心选址决策

从当前来看，我国尚未形成完整、均衡的食品配送体系，运输网点的分布存在明显的不平衡性，缺少交流的信息平台，没有实现网络的统一化管理，运输体系的构建很容易受到物流基础设施的影响。因此，企业要利用云计算技术，及时收集相关气候信息、消费者信息等，有效分析和判断运输地的地理环境、交通环境、消费状况等，以实现成本的最小化、利益的最大化。同时，还要构建运输网络体系，将相关信息进行集中化、统一化管理，进一步提升物流信息的互动性。

14.3　食品供应链智能化运作中存在的问题

14.3.1　农产品生产信息化水平偏低

目前，我国大多数经济作物类农产品，如蔬果、鲜肉、海鲜等，其生产经营仍以个体农户为主，生产规模普遍较小，土地碎片化分割造成田垄、地界对土地的浪费，并使农业现代化信息技术在小规模土地上无法得到充分应用。这种小农经济的经营模式不仅阻碍农业增产和农民增收，而且导致农产品标准化、信息化程度低，难以形成规模优势。不仅如此，由于多数农产品生产信息化、集约化水平低，我国农产品品牌长期处于散、滥、空状态。而农产品品牌高度分散、龙头品牌缺位、地域公共品牌使用泛滥、品牌价值空心化，进一步使农户缺乏创建品牌、发展品牌的新思维、新方法和新手段，导致农产品多处于原材料倾销和初加工阶段，系统性的包装和营销更无从谈起。

14.3.2　食品智能化供应管理经验不足

我国现有的食品供应主要还是以传统的常温物流或自然物流为主，智能供应链发展滞后，不能充分利用物联网技术建立食品生产、加工、运输、仓储和销售等各个环节的追踪机制，导致食品在供应过程中损坏率高，责任主体不明确，消费者对产品质量存疑。出现这些问题的原因除了基础设施落后、物联网与食品行业技术结合程度有待提升、部分区域经济发展落后之外，缺乏食品智能化供应管理经验也是一个关键因素，尤其是智能供应链专业人才的培养力度不够。人才缺乏有两方面原因，一方面是现有食品供应链企业缺乏内部培养相关专业技术人员的意识，导致企业很多经营理念仍停留在传统的食品供应链上；另一方面是社会对产学研联合培养复合型人才的投入力度不够。

14. 3. 3　食品智能化供应系统不完善

食品供应链长、参与交易的主体多、监管成本高，食品供应链是保障国计民生的重要组成部分。食品从采摘源头到消费，需要经过种植养殖、加工、储藏、运输、销售等各个环节，每一个环节都必须要保证食品的质量与安全。比如，在食品生产环节，容易出现农药残留、药物超标等各种问题；在配送环节，出现食品腐烂、二次污染，影响食品的新鲜度；在加工环节，出现加工设备与车间不达标、操作不规范、掺假造假、各种含量超标等问题；在食品质量监管方面出现监管不严、违法不究、监管体系不完善等问题，从而造成食品的安全隐患很大。我国食品供应链智能化已取得初步成效，也基于物联网开发了在食品供应链各个环节的追踪和监测机制，提升了食品生产、流通与供应的效率，但目前尚未形成完整的食品供应链智能化体系。很多区域不能做到生产、加工、配送和销售的一体化追溯和监管，也缺乏统一的标准。智能化设备的使用需要投入高昂的费用，使得企业的积极性较低，同时消费者追踪食品安全信息的意识薄弱，且时间成本等较高，所以食品智能化供应系统的完善仍面临很大的挑战。

14. 4　优化食品供应链智能化的建议

14. 4. 1　完善食品供应链智能化的基础设施

现代食品行业的发展必须借助物联网技术打造农产品供应链智能化体系，完善的交通设施、先进的互联网硬件、良好的营商环境等基础设施是农产品供应链智能化的基础条件。首先，政府要做好顶层设计与统筹规划。政府需要根据现有的供应链和市场情况，制定资金、法规、政策等方面的激励机制，积极鼓励企业将物联网技术与食品行业发展相结合，提高农业现代化、智能化水平。其次，政府和企业要

做好多方协调，共同推进农产品供应链智能化体系建设。农产品供应链智能化体系的打造涉及农户、政府、物流、通信、互联网等多个层次，需要政府出面或者企业之间的相互协调与沟通，保证各个环节的流畅。再次，要加快供应链智能化各个环节的技术开发。加大基础资源的开发力度，将农产品各个生产环节的信息记录入库，建成企业和政府可共享的信息数据库，便于对农产品进行追踪和监管。最后，要打造智能化的农产品产业基地，便于各个企业之间进行信息和技术的资源共享，实现资源的集约利用和优化配置。

14.4.2　建立食品供应链智能化信息服务平台

食品供应平台智能化建设有助于将分散的农户、加工商和消费者有效联系起来，提高食品生产和流通效率。因此，应加快构建应用物联网技术的食品供应链智能化信息服务平台，建立集信息感知、数据处理、辅助决策和智能控制功能于一体的综合系统。首先，加快三网融合，加强互联网、大数据、云计算等现代信息技术在食品生产、加工、物流和销售环节的广泛应用；其次，打造智慧农业系统，实时观测农产品生产环境、智能控制、政府监管等；再次，大力推广电商平台等信息服务平台建设，利用互联网实现食品行业资源整合和信息共享；最后，利用先进的技术建立食品行业精准管控的平台，可以通过网络通信技术，实现自动监控、智能化生产等现代化食品作业。

14.4.3　建立农产品供应链智能化大数据联盟

现代农业的发展离不开大数据，打造具有可追溯性的农产品供应链智能化大数据联盟至关重要。建立大数据联盟，有助于进行合理的资源配置，缓解农产品在生产、流通环节的损耗，减少信息流通不畅、监管不到位的问题。首先，优先以县级为单位建立县域农产品大数据平台，县级的数据库应当包含各个农户的农产品生产数据，通过分级管理，从源头监控农产品种植的种子、技术、农药剂量、温度等，县域农产品大数据平台的建设也有助于专家有针对性地为农户种植提供指导，培育具有竞争力的优质农产品。其次，通过数据的采集与分析，建立预警机制，通过对农产品生产、加工、仓储、销售等各环节的数据分析，总结各个环节的规律，可以优化优质资源的配置，提升农产品的区域供应效果。最后，整合各级农产品数据资源，建立农产品供应链智能化大数据联盟，对农产品育种、施肥、种植、加工、物流、销售等实施一体化管控，同时加快农产品的追根溯源全链条建设，借助大数据真正实现农产品的有据可查。

15　食品市场与食品消费

15.1　食品市场概况

由于我国人口基数大，以此为基础构成的消费者市场也足够庞大。从中长期来看，中国持续进行的城市化、“80后”和“90后”成为消费主力、居民收入的预期增长等因素仍将持续推动食品消费的增长，有机食品、绿色食品等越来越受到消费者青睐。但是从整个食品产业来看，未来一段时间内，一些不确定性因素可能会对食品消费市场造成一定程度的负面影响。

15.1.1　食品市场规模

食品市场的规模不仅仅是食品在某个范围内的市场销售额，也涵盖消费者规模或者销售量规模。目前，对食品市场的估算通常是先了解食品市场现在所处的发展阶段、确定食品的集中销售区域与消费者数量；再对未来食品市场的发展前景进行估算，进而明确食品潜在消费者数量及发展趋势。

食品市场中，有些品类的食品由于其绿色、低脂、高蛋白、营养均衡等受到众多消费者青睐，其中比较典型的市场有保健品市场、有机食品市场、休闲卤制食品市场、特医食品（特殊医学用途配方食品）市场这四类市场。它们的发展趋势也表明了当前消费者对于食品需求的变化，具体来说如下。

第一，保健品市场。在当前快节奏和高强度的现代社会节奏的带动下，大批中青年的精神、身体方面呈现出亚健康状态；同时，随着我国“80后”和“90后”逐渐成为消费市场的主体，健康、有机和保健类型的食品受到消费者大力推崇。因此，保健品市场的不断扩大有利于保健食品向中青年消费者群体渗透。这一新生代消费者群体的崛起引发了消费观念的快速转型，这将有效开发保健食品市场的整体需求空间，我国的保健食品的渗透率和消费者黏性也将得到快速提升。

第二，有机食品市场。有机食品由于其生产制造过程的成本相对较高，因此价格与生鲜农产品相比也不算低。有机食品的市场受众大多数为中高端消费者群体，

人群数量相对较少，导致供应商和消费者市场的规模也相对较小，除非是专门供应高质量有机食品的门店，一般的有机食品在普通商超中的上架率也很低。因此，即使在有机食品市场相对发达的华南地区，大多数消费者购买有机食品的便利性仍然欠佳。不仅如此，有机食品的营销手段也比常规食品匮乏，广告、公共关系等市场推广活动少，商业折扣等促销活动也较少，传媒推广和销售手段缺位等。在选择购买有机食品的渠道时，大多数消费者倾向于综合性超市，之后依次为有机食品专卖店和农场直销。这表明从消费者角度来讲，尽管综合性超市供应的有机食品种类通常比有机食品专卖店要少，但在销售价格方面，综合性超市还是更加经济实惠，它更有可能成为有机食品最主要的销售渠道。

第三，休闲卤制食品市场。休闲卤制食品以其即食、消费面广等特点，在青年人群中的消费量迅速扩大。这类食品市场的消费者群体一般以 16 ~ 40 岁的人群为主，他们的单次购买额通常为 5 ~ 15 元，少数情况下消费金额更高。这类食品一般可以在街市、娱乐场所、景区、写字楼等附近的零售门店直接购买。

第四，特医食品市场。特医食品全称是特殊医学用途配方食品，是为了满足进食受限、消化吸收障碍、代谢紊乱或特定疾病状态人群对营养素或膳食的特殊需要，专门加工配制而成的配方食品。随着我国人口老龄化和医疗保险压力的增大，国家卫生健康委员会陆续发布了《食品安全国家标准　特殊医学用途配方食品通则》（GB 29922—2013）和《食品安全国家标准　特殊医学用途配方食品良好生产规范》（GB 29923—2013），连同 2010 年颁布的《特殊医学用途婴儿配方食品通则》（GB 25596—2010），来推动特医食品的发展。不断完善的国家产业政策也对充满潜力的特医食品市场进行规范与引导，国内的特医食品市场正在壮大发展。

15.1.2　食品市场划分

食品市场划分主要是依据食品分类来进行的，根据 2020 年修订版《食品生产许可分类目录》中对食品的分类，可以将食品市场概括成 32 个大类，食品市场大类划分如表 15 – 1 所示。

表 15 – 1　　食品市场大类划分

序号	食品市场	序号	食品市场
01	粮食加工品	03	调味品
02	食用油、油脂及其制品	04	肉制品

续 表

序号	食品市场	序号	食品市场
05	乳制品	19	蛋制品
06	饮料	20	可可及焙烤咖啡产品
07	方便食品	21	食糖
08	饼干	22	水产制品
09	罐头	23	淀粉及淀粉制品
10	冷冻饮品	24	糕点
11	速冻食品	25	豆制品
12	薯类和膨化食品	26	蜂产品
13	糖果制品	27	保健食品
14	茶叶及相关制品	28	特殊医学用途配方食品
15	酒类	29	婴幼儿配方食品
16	蔬菜制品	30	特殊膳食食品
17	水果制品	31	其他食品
18	炒货食品及坚果制品	32	食品添加剂

15. 1. 3 食品市场消费者结构

一方面，食品市场消费者可根据消费者年龄进行粗略划分，分为婴幼儿、青少年、中青年以及老年。伴随着人口老龄化趋势的日益明显与高等教育普及程度的增加，老年人口与中青年人口在当前食品市场消费者中所占的比例在不断攀升。

另一方面，消费者群体还可以根据消费者的收入水平进行划分，在消费者对食品的需求水平不断提升的背景下，不同收入水平消费者的食品消费水平也出现较大差别。且由于当前工作群体的工作时长、工作压力和工作强度的增加，消费者对于精神方面与情感方面的诉求也在逐渐增加，导致食品消费者的消费偏好也在潜移默化地发生着变化。目前食品市场消费者的消费行为可概括为四种类型。

（1）高端享受型：消费者进行此类消费主要是以收藏、赠礼为目的，其对应的食品有高端茶酒、高端粮油、高端水果、海鲜水产、高端定制蛋糕等，均为高端品牌，具有高端品质。

（2）健康品质型：此类消费是为了满足消费者养身悦己的目的，对应的食品有鸡胸肉、纸皮核桃、有机奶、天然奶粉、非转基因食用油等，可以看出，这其中的食品都属于养生、健康类，能够实现食品摄入的营养升级。

（3）平价享受型：此类消费则是为了增添食品购买过程中消费者的缤纷趣味，对应的食品有方便速食、糕点点心、饼干、膨化食品、糖果等，可以看出，这些食品为消费者提供了消费的新场景、新口味、新体验、新内容。

（4）生活必需型：此类消费是民生必备的一类消费，对应的食品有新鲜蔬菜、米面杂粮、乳制品、生肉、南北干货等，其原产地有保证，食品更新鲜。

15.2　食品市场安全概述

对食品市场安全的监管主要是为了保障食品市场中流通的各品类食品的安全性、无害性。《中华人民共和国食品安全法》第十章第一百五十条规定：食品安全，指食品无毒、无害，符合应当有的营养要求，对人体健康不造成任何急性、亚急性或者慢性危害。食品安全的内涵可延伸到多个方面，在企业运营者方面，它既包括生产安全，也包括经营安全；在生产操作中，它既包括结果安全，也包括过程安全；在实际流通市场中，它既包括现实安全，也包括未来安全。

在从食品原材料购进到产成品销售给消费者的全过程中，食品卫生及食用安全都非常重要，同时，在“以人为本”理念的指导下，人体健康与否、食物营养摄入全面均衡与否都是不可忽视的问题，降低疾病隐患、防范食物中毒等也涉及复杂多变的因素。以此为基础，食品市场安全的内涵可从两个层面进行解读：一个层面是食品数量安全，即一个国家或地区的食品销售市场能够持续供给其辐射范围内居民基本生存所需的所有膳食。另一个层面是食品质量安全，即食品市场的食品供应应当以满足和保障居民的健康需要为大前提。为防止食物污染、食品添加剂超标等严重问题出现，需要在食品受到污染之前加强出库安全检测，提高质检标准，防止食品质量遭受破坏。

15.2.1　食品市场安全管理概述

1. 食品市场安全管理定义

食品市场安全管理是指政府及食品相关部门在食品市场中，动员和运用有效资源，采取计划、组织、领导和控制等方式，对食品、食品添加剂和食品原材料的采购，食品生产、流通、销售及消费等过程进行有效的协调及整合，确保食品市场内的活动健康有序地开展，保证公众生命财产安全和实现社会利益目标的活动过程。

结合食品管理的实际来看，食品市场安全管理的定义可从四个角度进行诠释。第一,食品市场安全管理的主体是政府食品安全管理相关部门，执行对食品企业及食品销售市场的监督及管理职能。主要有国家药品监督管理局、国家市场监督管理总局、商务部、国家卫生健康委员会等。第二，食品市场安全管理的客体是与食品有关的各个环节，包括食品生产和加工、食品流通和餐饮服务、食品添加剂的生产经营，用于食品的包装材料、容器、洗涤剂、消毒剂和用于食品生产经营的工具、设备。第三，食品市场安全管理的目的是提高公众生活质量，保证社会公共利益。这就决定了食品市场安全管理是永久存在于社会发展进程中的复杂管理活动，而且随着社会发展会经常进行调整。第四，食品市场安全管理的手段是通过对食品安全的一系列相关活动进行调节控制，使食品市场表现出有序、有效、可控制的特点，向市场供应高质量的安全食品，以确保公众的人身财产安全及社会的稳定，促进经济社会发展。

2. 食品市场安全管理问题研究

研究食品市场安全管理问题要从以下两方面入手，一是食品市场安全管理的需求，二是食品市场安全管理的供给。

（1）食品市场安全管理的需求

首先，食品市场因存在交易与流通行为而存在一定的外部性。所谓外部性是指社会成员中某一组织或者个体的效用由其自身行为与他人行为共同决定，这种影响是不受该组织或个体所控制的，因此该组织或者个体不必为此行为承担后果。食品市场中外部性的存在使得市场机制不能合理分配资源，导致落实安全生产的食品厂商不会因此产生外部收益而得到补偿，但没有落实安全生产的食品厂商也可能不会付出代价。结果就是生产安全食品未必会给厂商带来多大的经济效益，反而生产不安全食品的厂商有可能因此而增加产量并获取利润。这一结果不仅不利于激励厂商更多地生产安全食品，同时还会使生产不安全食品的厂商增加，出现“劣币驱逐良币”的现象。对于此种情况，政府必须介入并发挥适当的管制作用，保护合规厂商及消费者的正当利益。

其次，食品市场中的信息不对称因素也值得重视。信息不对称是指市场交易的各方各自所拥有的信息不对等，其中一方通常会掌握更多、更充分的信息。而且出于利润最大化的目的，往往交易中信息掌握相对少的一方会处于不利地位。食品市场中的信息不对称，不仅不利于消费者的利益，可能还会使消费者对生产者甚至供给市场产生不信任感，这会进一步提高市场的交易成本，甚至令交易各方无法按照

预期达成交易。因信息不对称、消费者相关知识的欠缺和食品检测成本的制约，消费者缺乏足够能力去理性地判断食品的安全性。因此，政府的调控和管制能够从制度上保证消费者获得更多食品信息，从而尽量降低市场交易成本和公众健康风险。

最后，就食品市场而言，其安全管理还需考虑的就是市场中的公共物品理论。公共物品指在消费上具有非竞争性或在使用上具有非排他性的物品。非竞争性是指不止一个消费者能够同时从既定的供给中获益。非排他性是指消费者不能排除其他消费者的效用。在食品市场中，市场中的各方进行决策、达成交易等所需的信息可以看作一种公共物品。因此，一个消费者对信息的享用不影响其他消费者对信息的享用；同时，由于信息具有易传递性，拥有信息的消费者也难以限制其他消费者享用该信息的行为。此外，食品市场的监督和管理也可以看作一种公共物品。由于公共物品具有非排他性，其提供者不能强制指定价格来使自身获利，且其提供者前期已付出成本，所以其提供者几乎没有获益，但也不是任何市场主体都能够主动地提供公共物品。类似地，对于食品市场中的安全管理问题，仍需政府做宏观调控。

（2）食品市场安全管理的供给

在食品市场中，食品安全管理与食品企业信誉的建立有密切关系。因为只有高效率的监管机制，才能激励食品企业在市场和消费者心中建立良好的信誉。从需求方面看，食品企业越不讲信誉，它受到的食品安全管理的限制必然越多。从供给方面看，管制程度的大小会对食品企业信誉造成影响，管制超过一定程度后，会迫使食品企业经营成本大幅上升，造成经营利润的下跌，使得食品企业难以维持良好信誉。

食品企业越讲信誉，政府食品安全管制的强度就会越低。在食品企业完全讲信誉的理想情况下，可能完全不需要政府对企业进行食品安全管制；相反，若食品企业完全不讲信誉，就需要最大强度的政府食品安全管制对其进行约束。但实际上，政府食品安全管制对于食品企业信誉的影响不是单一的，它会受到诸多因素的综合影响。在某些情况下，食品安全管制甚至不能对食品企业的信誉带来任何影响。但也不能因此就否定食品安全管制在食品市场中的作用，因为如果没有任何管制措施，市场中的信誉机制将很难对企业发挥作用。

3. 食品市场安全管理分析

（1）食品安全法律体系不够健全

总体来看，我国食品安全法律体系较为明显的问题是我国现有食品安全法律体系覆盖面偏窄、法律法规过于笼统、消费者权益保护体系不完善。从数量上看，已有的法律法规数量较少，难以对大部分食品安全问题进行判断和处理，在出现棘手问题时也缺乏资料和案例参考。而且，针对性不强也是我国现有食品安全法律体系中的一个问题，生产者与消费者的选择成本在无形中被加大，导致判断标准缺失，基本只能依据市场经验或常识做出笼统的判定，效率不够高。目前《中华人民共和国食品安全法》中关于加强执法部分的内容不够充实，在实际工作流程中，部分管理机构和执法人员缺乏规范性和持续性，处理问题具有明显的滞后性。以上这些因素都会加大食品安全监管和落地执行的难度。

（2）食品安全标准体系不够完善

我国目前的食品安全标准与国际标准还存在很大差距，这主要是由于我国的食品安全标准的制定工作滞后于国际标准的制定，而且不少标准呈现出一种交叉的局面，缺乏统一的权威标准。

（3）食品市场价格机制和竞争机制受阻

食品市场价格机制和竞争机制受阻，诱发了食品市场中的安全问题。首先，食品市场价格机制受阻会对食品企业产生价格约束，在利益驱动下，企业会通过改变其行为策略来规避价格机制带来的风险：优化产品外观或者包装；增加产品质量环节的投入等。但这方面的努力必然会导致生产环节中成本的不断上升，而增加的成本又通常会经由食品销售环节和市场交易过程转移到消费者身上，造成消费终端价格上涨。但在价格机制管制下，食品企业又无法大幅上调零售价格，因此为保证销售利润和企业持续运营，价格机制管制无疑会减少食品企业在食品安全方面的努力和投入水平，食品安全问题由此加深。

其次，在消费者与食品企业信息不对称的前提下，食品市场竞争机制受阻，提供高质量食品的生产厂商无法通过消费者的购买行为获得额外的经济利润。同时，没有能力或者不愿意提供高质量食品的生产厂商也不会因为提供低质量食品而受到严厉处罚，事后惩罚不足以规避不安全食品的出现，也使得竞争机制无法在市场中发挥应有的作用来处理食品安全问题。

（4）食品安全信息体系不够完善

目前，在我国食品市场中，与食品安全相关的信息发布渠道主要是消费者协会、政府食品安全相关网站、卫生检疫系统等。这些信息收集和发布渠道分别由不同部门或不同单位负责，信息交流不通畅、信息供给不到位等会使消费者产生认识上的偏差和心理上的不平衡，这也是我国食品安全管理效率偏低的重要原因。

同时，我国广大消费者和生产者尚未成为食品安全信息交流的主体，对食品质量安全管理的参与度不足。消费者只是被动地接受信息，缺乏促进消费者主动参与

监督和评议食品安全管理全过程的激励机制。很多生产者也不会主动向消费者提供有关产品的质量安全信息。

15.2.2　农村食品市场的安全管理

我国广大农村地区是食品消费的主要市场之一。但目前农村食品市场安全现状令人担忧，农村食品生产经营者分散且个体经营者居多，农村食品行业整体发展仍处在野蛮生长状态，监管力度和整治效率远远不及城镇市场，导致食品生产经营中违法违规等问题时有发生，提高了政府实施全面监管的难度。从地域分布来看，我国食品安全检验检测体系的建设主要集中于大中型城市，面对广大农村市场的地、县级食品安全检验检测机构的建设相对落后。考虑到当前我国乡村振兴措施的大力实行和推广，农村食品市场的安全管理也成为国家重点关注的领域。

农村食品市场安全管理的特点主要是基于农村食品市场现有特征而发展延伸出来的。总结起来，农村食品市场安全管理有三个鲜明特点。

首先，农村食品市场的安全管理具有明显的公共物品属性。农村食品市场同样也属于食品市场的范畴，其食品安全信息不会因为某一消费者的使用而影响到其他消费者的使用，也不会因为某一消费者获利而将其他消费者排除在外。这都表明农村食品市场的食品安全信息和安全管理均属于公共物品，准确有效地为消费者提供农村食品市场中的食品安全信息就显得尤为重要。

其次，农村食品市场中的食品安全信息具有很强的隐蔽性。这主要是由于农村食品市场中的食品安全信息不能在动态传播过程中完整表达，从而造成各环节信息不对称的现象，通常农村食品市场的食品安全信息只有在被消费者接触后消费者才能依据经验辨别。由于食品安全标志具有食品安全信息的传递和保护等功能，所以含有食品安全信息的标志可以从一定程度上帮助消费者解决食品安全信息缺失的问题。

最后，对于传统意义上的农村食品市场的安全管理，只要将有关食品安全的各种信息进行标示，就可以满足消费者在购买过程中对食品安全信息的基本要求。但考虑到食品相关信息是由生产企业所带有的隐性和显性特征决定的，在食品品牌没有被消费者认可的情况下，部分高质量食品的市场会逐渐被品质较差的食品占据。因此，除了提供广义上的食品安全信息之外，相关政府部门还应要求生产企业提供食品在生产、包装、销售过程中所呈现出来的具有其自身独特性的信息。

虽然农村食品市场的安全管理严抓食品的安全性，但由于市场环境、资源等的缺乏，政策落实的滞后性以及实际工作的不到位，我国农村食品市场的安全问题仍然不容忽视。目前，农村食品市场安全管理的信息服务对象主要是食品生产和销售企业及其相关服务人员，专门针对消费者的信息服务和教育培训相对缺乏。

目前，我国农村食品市场的安全问题主要集中在农产品与农村食品生产经营领域，有以下几个方面。

（1）我国农村食品市场的突出问题仍然存在。某些食品在生产过程中，由于缺乏明确而正规的生产规定、正确的操作指导、严格的监管等，导致食品抽检结果中各种有害物质残留超标，产生了大量不合格产品。

（2）农村食品生产加工过程中的安全问题。在农村，从事食品生产加工的小作坊较多，许多小作坊甚至无证经营，食品包装也远远达不到国家食品安全标准的规定，不少食品包装上缺少生产日期、保质期等信息，这类食品一旦流通到市场上，造成的危害将十分严重。

（3）农村食品市场经营安全问题。一是在某些农村商店、超市中有过期食品销售，而消费者与经销商均对此没有足够的意识。二是在农村饭店、食堂卫生条件，原料采购等方面也存在诸多安全隐患。

（4）农村食品市场安全监管问题。一是监管人员缺乏。一些地方政府没有设立食品安全监管办公室；设立了监管办公室的也要服从政府的机构改革政策，致使相关工作人员配备不足，有的乡镇仅有 2～3 人负责其所在区域的整体监管工作，任务量大且工作质量不尽如人意。二是检测能力不强。乡级监管所一般没有设立快检室；县级食品检测机构则相对较少，设备也不齐全。农村食品市场的安全检查往往只根据看、摸、听等简单流程做出感官判断。即使部分乡镇有条件设置快检室，其检测范围也很小。三是日常监督难以实现。许多监管部门只针对一些生产厂家进行重点专项监管，对小作坊等的监管仍然存在大量的遗漏和缺失。四是长期监督效果不佳。农村食品安全涉及质检、农业、工商等多个部门，但各部门之间的工作协调较为困难。

维护农村食品市场安全是一项艰巨而又长期的工作，需要进行长效管理以及社会各方面的广泛参与和监督。当地政府和有关部门要加强食品安全监督，还应当充分借用当地群众的力量，如加强本地新闻媒体的舆论监督，公开曝光违章违法行为等。相关食品安全部门也要充分利用法规、职权等资源，提升农村及周边地区的食品安全管理工作水平和工作质量。

15.2.3　城镇食品市场的安全管理

城镇食品市场的安全问题涉及的链条长、环节多，不仅来源分散而且种类众多，包括农贸市场、商店超市、餐饮企业、街边摊贩等，难于管理，致使食品安全问题时有发生。为保障百姓的身体健康和生命安全，食品从业人员和监管部门要严格落实四个最严——最严谨的标准、最严格的监管、最严厉的处罚、最严肃的问责，把消除食品安全隐患作为首要任务，切实加强食品安全工作。

现阶段，我国食品安全监管基本包括食品的生产、流通以及餐饮等部分。各级食品安全监管部门均需要开展食品达标抽检，对食品生产基地、超市、农贸市场等不同类型的食品销售领域的食品质量达标程度进行科学评判，并就突出问题开展专项整治，以提升监管效能、加强社会共治。目前，我国城镇食品市场安全管理存在的问题主要有以下三方面。

（1）食品生产者违规使用食品添加剂。《中华人民共和国食品安全法》规定：食品添加剂，指为改善食品品质和色、香、味以及为防腐、保鲜和加工工艺的需要而加入食品中的人工合成或者天然物质，包括营养强化剂。必须严格按照所属食品类别严格确定食品添加剂的使用量和使用范围，一旦超量使用很可能会危及消费者身体健康。这需要政府各行政主管部门负起责任，以预防为主，及时发现隐患并消灭隐患。尤其是产量大、涉及面广的大型食品生产企业更需严谨对待。

（2）食品生产者使用违禁食品原料。部分食品生产者在生产过程中添加了有害物质来牟取暴利，这对社会造成了极其恶劣的影响。

（3）食品生产者在加工过程中造成食品污染。不同种类的食品原料及产成品需要的加工贮藏条件不同，对环境要求有所不同，为最大限度地保证食品的质量和安全，食品生产和加工企业应采取恰当的加工和贮藏方式来确保食品应有的品质。加强食品生产及加工、储运全过程的管理十分重要，而且食品污染常常不能靠肉眼鉴别，因此防止食品生产加工储运过程中的污染就显得极为重要。

提升我国食品安全监管效率和效果对社会稳定、经济发展有百利而无一害，要想真正改善食品安全监管中存在的问题，政府相关部门和权威食品安全机构应在食品安全监管过程中起到主导作用。相关部门不仅要完善食品安全城市治理体系，建立食品安全全过程的监控体制来规范和考核政府、企业的食品安全行为，还要结合互联网技术，搭建智慧监管平台，实现食品安全可追溯，从源头找问题。

15.3 食品市场营销手段

随着消费者开始广泛关注食品安全问题，近些年，绿色食品异军突起，形成消费热点。也因此，食品企业逐渐采用绿色营销手段来塑造正面、积极的品牌形象。

在我国复杂的经济环境下，绿色营销是指企业为了实现可持续发展的战略目标，面对消费者日益提高的环保意识和对绿色产品的需求，将企业自身利益、消费者权益和环境利益三者协调统一，通过一系列营销手段来满足消费者以及社会生态环境发展的需要，实现可持续发展的过程。

目前，食品企业主要采取的营销手段包括四个方面：绿色产品策略、绿色价格策略、绿色渠道策略、绿色促销策略。

1. 绿色产品策略

绿色产品策略是绿色食品营销策略的核心，是绿色食品生产单位、企业顺利开展绿色营销的前期工作，是制定其他营销策略的基础。该环节的重点是打造绿色标志和绿色品牌形象，这样可以增强消费者的环保意识，以满足其对绿色消费的需求。此外，实现产品绿色包装也是推动实施绿色营销的一项有利举措。

2. 绿色价格策略

与价格相关的领域有成本控制、定价策略等，众多因素的综合影响可以使企业达到新的利润点。但考虑到我国的绿色食品产业发展处于初级阶段，目前绿色食品的价格不能太高。绿色食品的成本价格直接影响其销售价格，因此，要想提高企业的经济效益，最好的选择就是降低商品的成本价格。但低价策略不能一直打下去，也要考虑到生产制造过程中的成本，因此食品企业可以结合适当的静态定价和灵活的动态定价，以提高商品价格的竞争力。

3. 绿色渠道策略

营销渠道相当于食品企业与市场沟通的桥梁，通过这条路可以把产品以更受消费者青睐的方式和形象宣传给受众市场，同时也可以重塑企业品牌和产品在消费者内心的定位。因此，顺利建立和选择恰当的绿色渠道是保证绿色营销手段成功的一个关键点。然而，要完成绿色营销的总体经营目标不仅仅是扩大宣传、开拓市场的问题，食品企业还要制定相匹配的渠道控制策略，以保持绿色渠道的通畅，并使绿色渠道有足够的柔性和能力应对消费者市场出现的各种情况。

4. 绿色促销策略

促销是指食品企业通过人员推广、广告曝光、公共关系和营业推广等方式提高消费者的购买率。市场中有大部分只有模糊绿色意识的消费者，食品企业在进行市场营销时应重点加强对这一部分消费者的营销和广告宣传，来引导和强化他们的绿色消费行为，把他们从不稳定的、潜在的消费者群体逐步变为稳定的、现实的消费者群体。企业可以通过免费试用（品尝）、赠送礼品等形式来鼓励消费者尝试新的绿色食品，让消费者逐渐形成明晰的绿色消费观念。

15.4　食品消费趋势变化

随着广大消费者消费能力的逐步提高，消费者市场对食品供给的要求也在相应提高。同时，消费者的消费偏好正朝着健康化、绿色化、均衡化等方向发展，当前时期，消费者对绿色食品等对身体健康有益的食品的关注度相比过去有较大幅度的增长。

其中，随着乡村振兴和城市化的不断推进，城镇与乡村的总体消费差距在逐渐缩小，在肉类、乳制品等营养、健康的食品种类上的消费倾向趋同。此外，绿色农产品等食品品类的消费势头见好；同时，进口食品等产品的国内消费量曾因受到新冠肺炎疫情冲击，出现过一定程度的下降。

城乡居民的食品消费结构也受到其消费能力、食品偏好等影响。从城乡居民对荤素两大类食品的消费总量和消费频率来看，即便消费能力的提升导致乡村居民对肉类食品的消费量有所增加，但其对素食的消费量仍然占据着较大比例。同时，我国居民的恩格尔系数明显下降，这是我国居民生活水平不断提高、生活品质显著改善的最好证明，也是全面建成小康社会、消费不断升级的标志。

不仅如此，消费弹性这一指标也能够反映城乡居民的食品消费情况。通过对城乡居民食品消费弹性进行估算，可以看出：第一，城乡居民食品消费弹性都随着时间的推移逐步下降，这与我国居民恩格尔系数下降趋势相一致。其中，粮食、食用植物油、蛋类消费弹性都已经逼近于0，特别是城镇居民的粮食消费与乡村居民的食用植物油消费，随着收入提高而下降，其消费弹性表现为负值。第二，肉类、水产品的消费弹性仍高于1，属于富有弹性的商品，这表明肉类、水产品等食品仍然是居民日常各类食品消费中相对等级较高的食品，居民的消费尚未达到将这类食品作为与粮食等食品等同消费的水平。

从食品的具体消费情况来看，首先，主食消费量的下降表示消费者不再只关注主食。其次，肉类、蔬菜、瓜果、水产品等食品的消费量增长明显，这说明消费者更注重食品的健康和营养均衡，而且肉类食品的消费量增加也表明城镇与乡村居民的消费能力随着经济发展而提高。最后，城镇与乡村居民消费的差异体现在乳制品、食用油、坚果等品类上。城镇居民对上述食品的消费量有所降低，但在蔬菜、水产品、瓜果等方面的消费量有所增加，这说明我国城镇居民更注重饮食结构，消费偏好更注重营养均衡和健康；同时，乡村居民对于乳制品、食用油、坚果等食品的消费量有所增加，一方面表现出乡村居民生活水平和收入有所提升，使得他们有更多可选择的食品，另一方面体现出乡村居民食品消费的多样性有所增加，饮食结构更多元，健康饮食、营养均衡的观念被更多人所接受。

由此可以看出，在不同经济环境以及教育、医疗等资源的分配差异下，城镇与乡村居民的食品消费确实存在差异，可以从以下三个角度进行分析。

第一，从消费水平上看，进入 21 世纪后，中国经济发展迅速，中国居民人均食品消费支出增加，但城镇增长速度高于乡村增长速度，拉大了城乡消费水平的差距。

第二，从消费结构上看，城镇居民食品消费结构呈现多样性，而乡村居民食品消费结构相对比较单一，仍以粮食为主。

第三，从食品消费结构的变动趋势来看，城镇居民食品消费结构升级迅速，且已出现新阶段的转折点，而乡村居民食品消费结构阶段性尚不明显，仍处于消费结构的调整期。随着经济社会的发展进入新阶段，居民食品消费出现新变化。人均粮食消费支出下降，肉蛋、水产品、水果类食品的消费支出上升，同时奶类和食用植物油消费支出上涨，这个趋势表明在食品营养结构中，居民对蛋白质和脂肪的摄取逐渐增多。

16　商业文化与餐饮文化

16.1　食品企业的商业文化

16.1.1　食品企业的社会责任及企业家精神

随着经济的快速发展，食品企业规模大、产品质量高等已经不再是保证其竞争地位的核心优势，社会责任也是衡量一家食品企业的标准。食品企业为实现自身长久发展，不能只关注自身的盈利状况，还要考虑一些社会问题，如捐赠援助、扶贫助农、环境保护以及支持政府进行基础设施建设，即企业在注重自身盈利状况的同时，应当树立正确的企业社会责任观，积极承担一些社会责任，这也是适应社会发展的需要。而企业社会责任履行的程度直接关系到企业竞争力的高低。企业积极承担社会责任能给企业带来各种好处，这已经成为提升企业竞争力的必要条件，也是企业现代化发展必须考虑的因素。

1. 食品企业的社会责任

（1）食品企业对员工的责任

一家食品企业的正常运转离不开人力资源的投入，生产效率的稳步提升依靠的是员工的劳动投入。企业要对员工负责，注重员工的福利待遇和员工个人发展。但现实中存在一些迫使员工“自愿”加班、员工福利待遇缺失等现象。虽然从短期经营来看，这些行为会降低企业的经营成本、提高利润，但长此以往，这种行为会损害员工的切身利益和企业的形象，大大削弱员工的工作积极性和责任感，员工的工作效率也会因此大打折扣。因此，食品企业要明白员工对其生存发展的重要性，并积极采取行动改善员工待遇和工作环境，激发企业内部甚至行业内部员工的工作热情。

（2）食品企业对消费者的责任

食品企业的发展与消费者的选择息息相关，企业的经营和发展离不开广大消费者的支持，因此食品企业要把消费者作为企业经济增长点的指标，注重企业与消费者互利互惠。食品企业对消费者的责任可以归纳为以下两点：第一，食品质量安全。消费者购买食品时最关注的是食品质量安全，这就要求企业必须通过加强安全监管来保证食品质量安全。第二，食品销售服务。当消费者因食品质量安全问题与食品企业产生纠纷，而消费者因信息不对称，争取自身利益的能力不足以与食品企业相对抗时，消费者即使切实受到了利益损害，也会因处于弱势地位而难以维护自身合法权益。此时企业的服务态度和处理纠纷的态度往往会影响企业的未来利益。

（3）食品企业对供应商的责任

供应商主要为食品企业提供食品生产所需的原材料，而企业需要及时向供应商付清货款。食品企业在选择供应商的过程中，要结合企业自身预算情况，充分考虑供应商的货源安全性。但由于食品企业与其供应商是双向选择关系，供应商在选择食品企业时也会考虑到企业的信用、企业资金周转情况等。

（4）食品企业对政府的责任

食品企业与政府之间存在博弈的关系。面对政府的监管，食品企业应该按时缴纳税款，自觉接受政府监督，创造更多有利于企业发展的条件。面对食品企业的经营情况，政府应落实食品检测、抽查等措施，切实保证食品质量安全。此外，政府出台的各种经济政策、条款、法规等会影响食品企业的投资导向和生产经营计划，企业应密切关注相关措施的动态，及时更新生产经营战略。食品企业也可以通过为政府提出合理化建议、给予政府经济支持等方式，与政府之间建立良好的政企合作关系。

（5）食品企业对股东的责任

股东在企业募集资金的过程中处于重要地位，以供应资金的方式帮助企业持续发展。因此，股东作为投资者为企业提供资源，就相应地具有各种权利，包括年底分红、经营决策等。同时，企业通过合理经营为股东创造财富。股东会时刻关注自己所投资的企业，当企业运转资本和经营利润增加时，他们会因此增加对企业经营能力的认可和信任，从而做出扩大投资规模的决策，这也有助于企业扩大规模。

（6）食品企业对债权人的责任

食品行业竞争越发激烈，向非金融机构或者银行进行融资成为食品企业维持生存、扩大规模、补足资金的不二选择。融资使得食品企业拥有了债权人，债权人向企业提供资金，随时关注企业动态并监督企业，并定时收到企业回馈的本金和利息。而企业需要对这些资金以及债权人负责，需要按规定向债权人偿还本金和支付利息；也需要保证资金安全使用，合理合法地使用资金，如通过扩大企业规模或投资新项目获得利润来增加资金数额。

2. 食品企业中的企业家精神

2016年，习近平总书记在网络安全和信息化工作座谈会上强调，只有富有爱心的财富才是真正有意义的财富，只有积极承担社会责任的企业才是最有竞争力和生命力的企业。这番话表明了企业承担社会责任的必要性和紧迫性，对于食品行业同样如此。

近年来，食品行业中涌现了一批开拓创新、勇于担当、志高德厚的食品企业家，在他们的带领下，一批优秀的食品企业发展壮大，蒸蒸日上，社会贡献与日俱增，成为食品行业履行社会责任的模范和榜样。例如，伊利集团董事长潘刚带领伊利集团，以社会责任大于商业财富的理念，将社会责任融入经营战略，进行产业脱贫，积极实施教育脱贫和社会脱贫，加大对贫困地区儿童资助的投入。

回报社会是企业家要履行的重要责任。企业也要实现可持续发展来不断回报社会，主动承担社会责任，努力实现企业和国家、社会、员工、环境的协调统一。

16.1.2 食品企业中的广大从业人员

食品企业中的从业人员所具备的食品安全知识的多少、相关行为的对错对广大民众的生命安全和身体健康有着直接影响。根据食品认证管理机构的安排和委派，相关从业人员按照规定程序、依据食品生产的技术标准，对相关企业实施现场检查、审核判别、标识监管等日常工作。食品安全的相关培训对食品企业从业人员的行为有正向作用，但有些食品企业从业人员即使有较高的食品安全意识，也没有实施正确的食品安全行为，容易导致食品安全事件发生。对于食品企业中的从业人员，国家和企业应该做到：①加强食品企业从业人员职业道德建设；②树立食品企业从业人员的食品安全意识，使他们认识到自身行为对消费者生命安全的重要性；③对食品企业从业人员进行系统化的有关食品生产正规操作和相关知识的教育指导；④实施奖罚手段，对操作不当的人员应给予适当的惩罚。

16.2 食品企业的餐饮文化

中华饮食文化源远流长，是中华传统文化中不可或缺的一部分，伴随着现代社会的不断发展，中华餐饮文化在当前社会生活中扮演着十分重要的角色。餐饮文化是关于人们吃喝行为的文化现象，体现在各个方面，它历史悠久，贯穿于人类发展的整个历史时期。我国地大物博，不同地区的风土人情构成了各具特色的餐饮文化，而且不同民族的餐饮文化也呈现出显著差异，中华餐饮文化也因此具有地域性、民族性、阶段性。

16.2.1 餐饮文化的特点

1. 地域性

不同地区的气候、水文、土壤、资源等自然环境条件，决定了不同的饮食习惯的形成，从而形成了具有地方特色的不同菜系，这就是饮食文化的地域特色。我国地域辽阔，不同地区的人文理念、风俗习惯等差异很大，形成了各具特色的鲁、川、粤、苏、浙、闽、湘、徽八大菜系。

2. 民族性

餐饮文化对民族文化乃至世界文化的发展都起着非常重要的作用。不同的民族有不同的饮食礼仪，这也造就了具有鲜明民族特色的餐饮文化。我国是由 56 个民族组成的国家，每个民族都有自己的代表性美食及就餐礼仪，这些特征组合在一起构成了多彩多样的民族餐饮文化，这便是中华民族餐饮文化的重要组成部分。其中，蒙古族、回族等民族的餐饮文化都是极具特色的。蒙古族的饮食以羊肉、奶制品为主，如奶酪、奶茶、奶豆腐等奶制品以及全国闻名的烤全羊等。回族的饮食以面食、牛羊肉、奶制品为主，包括拉面、清真糕点等。

3. 阶段性

在我国发展的不同阶段，各地区餐饮文化的表现与特点也各不相同，因此餐饮文化具有阶段性。我国餐饮文化可以划分为以下几个阶段：①初始阶段：人们学会钻木取火，以火烘烤食物、烹煮食物，我国餐饮文化由此开启；②完善阶段：餐饮用具、食品交易、饮食习俗等促成了餐饮业的蓬勃发展；③形成阶段：地方菜系得以形成，如人们今天熟知的八大菜系，而且西方文化的融入使得西餐、快餐等概念传入我国，促进了餐饮文化的多元化发展。

16.2.2 餐饮文化的分类

1. 传统餐饮与新式快餐

（1）传统餐饮

传统餐饮基本上采用传统烹饪方式，以手工为主，加工规模也偏小，产品质量不稳定，因人而异。

在传统餐饮中，餐饮老字号的发展现状值得关注。目前，餐饮老字号的发展普遍较为困难，虽然国家相关部门已经出台振兴中华老字号的计划，但依旧有约 70% 的餐饮老字号经营困难，只有约 20% 的餐饮老字号能够勉强维持，但也有大约

10%的餐饮老字号经过改革与创新，抓住餐饮行业的现行趋势和消费者偏好，发展状况良好，成为行业标杆。

造成这种情况的原因很多。首先，部分传统餐饮企业的品牌意识淡薄。不少传统餐饮企业大多仍保持着“酒香不怕巷子深”的经营理念，不重视品牌重塑，这使得其逐渐失去消费者黏性，难以应对当下行业发展趋势，因此品牌价值下降严重。其次，部分传统餐饮企业缺乏创新意识。不少传统餐饮企业的现有产品停滞不前，没有新的亮点吸引消费者，而目前餐饮市场企业众多、品类丰富，消费者可选择的余地更多，这使得传统餐饮企业的可替代性大大增加，消费者市场失去原先的稳定性和黏性，而不少新兴企业为了维持市场份额，在市场诉求、产品创新、传播方式等方面做得比传统餐饮企业更加深入，传统餐饮企业因此受到不小冲击。最后，传统餐饮企业的经营模式老化。大多数餐饮老字号沿用“前店后坊”的直销经营模式，在经营策略上倾向用一种产品最大限度地满足消费者需求，但消费者已开始追求个性化和与众不同，难以有效迎合消费者的需求使得“高傲”的传统餐饮企业受到冷落。

（2）新式快餐

与传统餐饮相比，新式快餐是指在手工食品的加工中应用现代科学技术、先进生产手段、现代化管理，将其加工过程定量化、机械化、连续化。新式快餐企业与消费者接触密切，这有助于新式快餐企业开展消费者满意度研究工作，对新式快餐企业来说有百利而无一害。消费者在享受到优质的产品与服务后会自发地进行宣传和推广，这使得新式快餐企业在消费者市场中形成良好的口碑，口碑效应比广告效应更有效。有效发挥消费者的口碑作用能为新式快餐企业形成相对稳定的消费者群体。同理，消费者如果得到较差的食品或服务，也会给新式快餐企业造成负面影响并损害其品牌形象。

2. 中式餐饮与西式餐饮

（1）中式餐饮

纵观近几年中式餐饮企业的快速崛起，成功转型的中式餐饮企业都具有以下几个共同点：①食品的制作工艺有所提升，与现代生产技术相结合，改变原有食品加工模式。②快餐连锁成为中式餐饮企业发展的新模式。③借助资本整合中式餐饮企业生产经营所需资源。由此，餐品的制作可以通过自动化标准加工方式实现餐品标准化；原材料的供应可以通过资本和渠道整合达成标准化。可见，中式餐饮企业的发展正处在寻找市场适应度的阶段，提高市场适应度可以让中式餐饮企业更好、更顺畅地走自身的发展之路并培养企业的核心竞争力，这是当下中式餐饮企业发展的大势所趋。

（2）西式餐饮

西式餐饮主要包括西欧、东欧、美洲、大洋洲、非洲、南亚、中亚等地的饮食菜肴。随着我国经济的发展和对外文化交流的增多，西式餐饮已经以一种欣欣向荣的面貌出现在人们的面前，逐渐走进人们的生活并已经被大众所接受。

同时，“互联网 +”推动西式餐饮市场快速发展。目前，市场基本形成三大阵营体系：传统西式餐饮企业、互联网西式餐饮企业与第三方西式餐饮企业。第三方西式餐饮企业依托传统西式餐饮企业的产品和服务，而传统西式餐饮企业利用第三方西式餐饮企业的渠道，两者之间形成了紧密的联系。互联网西式餐饮企业同样与传统西式餐饮企业存在这种合作关系。

在此背景下，西式餐饮企业发展趋势呈现以下几种特点。

第一，消费者体验提升成为趋势。消费者需求的不断变化促使西式餐饮企业的软硬件环境进一步完善，而软硬件环境的完善又必然带来更好的消费体验，这种良性机制有效提高了消费者黏性。

第二，服务模式多元化。目前，我国的西式餐饮服务模式相对比较单一，处于初级发展阶段，从西方发达国家的经验来看，西式餐饮的发展必将在服务功能与类型上进一步细化、规范化和体系化。

第三，新的价格战不可避免。目前西式餐饮产业中，行业巨头已经牢牢占据了半数以上的市场份额。从某种程度而言，新兴初创企业、业内上市公司可以通过积极的降价策略来削弱竞争对手的优势。

第四，社会化特征增强。当下西式餐饮正向社会化模式靠拢，行业技术数据不仅可以通过传统的电子邮件分享，而且能通过社交媒体平台满足社会化媒体的需求。社交媒体平台提供的各种监测功能，可以实时收集和过滤数据，为西式餐饮企业和消费者提供便捷沟通的渠道。

16. 2. 3　餐饮文化下的食品供给与消费

随着全国消费持续升级，我国与餐饮相关的食品消费也随之飞速发展。特别是随着移动互联网的发展，我国餐饮业与互联网的线上线下融合发展，正在逐渐改变着消费者的用餐习惯、点餐方式等。一些餐饮企业通过互联网自助餐厅技术，将传统餐厅中的一对一服务转型为互联网自助点单、支付的服务模式，有效地提高了餐

厅的服务效率和消费者的服务体验。

1. 餐饮文化下的食品供给

随着我国餐饮业供给侧结构性改革的成果逐步显现，餐饮文化以及餐饮供给水平不断提升，外卖、绿色餐饮等食品供给的出现，使消费者多元化的消费需求不断被满足。结合当前经济社会发展形势，目前餐饮文化下食品供给的特点可以总结如下。

（1）供给结构不断优化

人们收入水平的提高、消费方式的变化和休闲时间的增多，使人们对大众餐饮产生了极大的刚性需求。餐饮消费供给正在从快到慢、从中高端向终端大众化转型。不少大众餐饮品牌和商务正餐品牌也积极扩张，谋求企业转型。但一些知名餐饮品牌的跟风转型并未得到市场认可。随着大众餐饮经营门槛的不断提高，一些盲目的市场追随者的投资风险也在加剧。其中，作为大众餐饮重要组成部分的社区餐饮，其边际利润低，市场空间大，但存在供给不足、规模化和规范化水平较低、缺乏有力的政策支持等问题。

（2）供给能力不断扩大

"互联网 +"为传统餐饮业带来了转型发展的新机遇，我国餐饮业与互联网的线上线下融合发展，在提升餐饮业信息化水平的同时，也在不断扩大餐饮供给能力。不仅如此，线上点餐模式已经渗透到人们的生活中，外卖市场出现几何级跃升，饿了么和美团外卖领跑在线订餐市场。

（3）供给质量与水平不断提升

绿色餐饮供给水平提升，国家倡导和推广"剩菜打包"的绿色消费理念，光盘行动的成效良好。此外，餐饮安全监管力度持续加强，加大了对危害公众食品安全行为的惩处力度，在提高餐饮消费安全水平方面措施得力、效果明显，消费者关心的食品安全问题大部分都得到了及时回馈与解决，消费者满意度有所提升。

2. 餐饮文化下的食品消费

食品消费作为基本生活消费，长期以来都是大类消费支出中最重要的一类。食品消费包括主食、副食、其他食品和在外饮食支出等，属于维持居民生活的基本性支出，其需求的价格弹性和收入弹性较小。面对众多品类的食品，消费者的消费决策也更加慎重。消费者的消费决策不仅取决于当前收入，还取决于未来收入，即取决于现期工作收入和总资产的函数。而且，考虑到消费不断升级的背景，随着收入水平的提升和产业结构的调整，人们的消费需求也呈现出与过去不同的特点。人们的消费需求正在超越温饱层面，消费者更注重在保证食品数量的前提下改善食品结构，提高食品品质，增加饮食中蛋白质的摄入量，注重食品种类的丰富性。

随着健康饮食观念深入人心，居民食品消费的内容发生了很大变化，粮油的消费比例在下降，奶及各种奶制品、蔬菜鲜果的消费比例在上升，外出就餐的消费占比越来越大。为了顺应居民食品消费结构的变化，一方面，对于新鲜蔬菜瓜果类要增加品种和供应量，改善品质，强化供应链管理，提升供给的新鲜度和健康度；另一方面，要积极发展餐饮服务业，改善供给质量，提升餐饮品质，特别是要适应相当一部分居民社交方式和审美趣味的变化，各种单一类网红餐饮品牌的异军突起正是满足了这种需求。目前餐饮文化下食品需求的特点可以总结如下。

（1）食品需求多样化。目前我国食品需求已经从过去对粮食等主食类食品的单一需求变为对粮食、瓜果蔬菜、肉类、奶类等食品的多样需求，这种消费需求的变化要求食品供应市场也必然做出相应调整。餐饮企业销售的产品大多由多种食品组成，包括但不限于粮食、蔬菜、蛋类、肉类等，因此，为了迎合消费者营养均衡、食品品质不受损的需求，餐饮企业也应适当更新菜谱，向消费者提供更新鲜优质的产品。

（2）食品需求方便化。随着生活和工作节奏的不断加快，居民自己动手烹饪的时间越来越少，因此对食品供应便捷程度的要求也越来越高。同时，受居民食品消费方式和饮食结构逐渐改变的影响，在外就餐、外卖等餐饮供应方式将会成为餐饮企业食品销售的主流渠道，这些都是人们对食品需求方便化的明显表现。

（3）食品需求营养化。在城乡居民消费结构发生较大变化的当前时期，居民生活水平和消费水平的提高使得消费者在购买食品时更注重食品的营养是否全面均衡、食品的原材料是否搭配合理等。有关研究表明，我国居民日均摄入的各种营养素来源日趋均衡，城乡居民对食品需求营养化的特点也将越来越明显。

（4）食品需求安全化。饮食能够保证人们日常活动所需要的能量供应，而食品安全也是事关民生的重要课题。尤其是食品加工过程中常常出现的各种化学污染问题、农兽药和重金属等违规物质残留问题也使得消费者在选购食品时更加谨慎。为了让我国居民买得放心、吃得安心，国家应出台更严格、更明确的标准和规定，来保证食品市场和餐饮行业中食品供应的安全性。

第三篇

食品供应链优秀案例

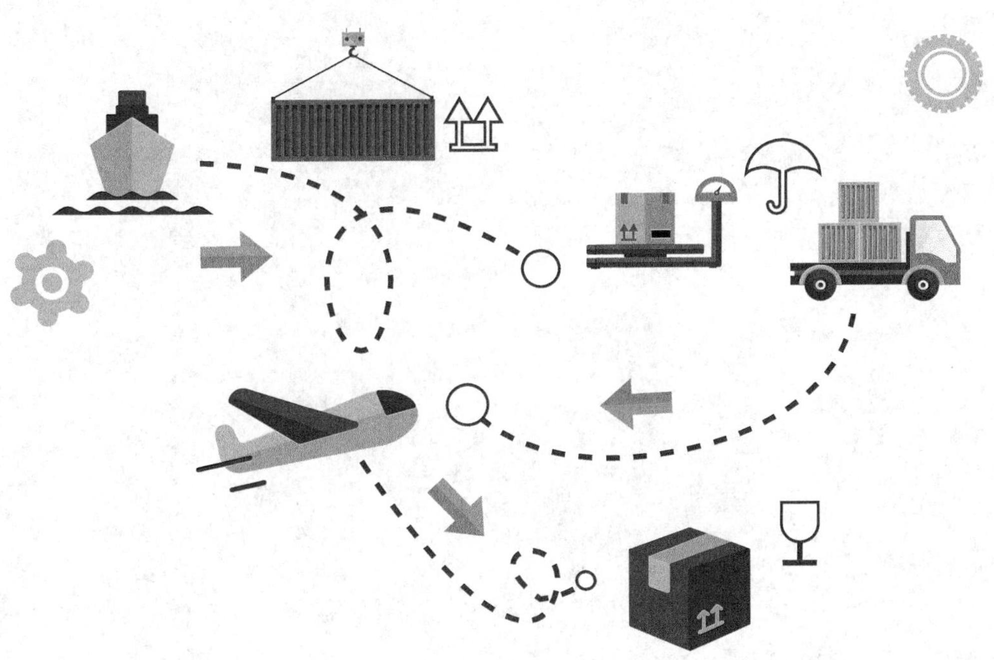

17　打造面向智能智造的智慧供应链体系

——洋河股份供应链管理体系变革

江苏洋河酒厂股份有限公司（以下简称洋河股份）致力于白酒经营，位居中国白酒行业前列。洋河股份下辖洋河、双沟、泗阳贵酒、梨花村几大酿酒生产基地和苏酒集团贸易股份有限公司，是中国白酒行业内拥有洋河、双沟两大“中国名酒”、两个“中华老字号”的企业。洋河股份总占地面积10平方千米，总资产612.68亿元，拥有员工3万人。在产能方面，洋河股份的规模全球领先，在中国白酒行业内，其产量、市场占有量和绵柔品质都处于领先地位。

白酒行业作为传统行业，粗放式管理是其发展的最大障碍，从振兴苏北经济、推动传统行业转型升级的角度，洋河股份在供应链建设方面狠下功夫，其推进组织架构变革，强化模式创新，加快信息化建设支撑，2018年洋河股份光荣入选全国供应链创新与应用试点企业，现就洋河股份供应链取得的成就进行总结。

17.1 组织架构变革

为全面推进智慧供应链体系建设，基于公司整体组织架构，洋河股份建立了牵头为大、业务耦合的扁平化供应链管理组织架构，成立了由公司总裁主抓、供应链管理中心牵头、相关部门全力参与的供应链系统组织架构，以保障供应链体系建设工作顺利推进。

牵头为大：供应链管理中心作为核心，是洋河股份供应链管理的规划、指导、考核中心。供应链管理中心按照牵头为大的部门协同指导思想，积极推动供应链各环节业务能力改善，并落实项目制管理，要求供应链环节各部门在 KOPT（Knowledge 知识、Organization 组织、Process 流程、Technology 技术）这四个方面持续完善，强化供应链各环节部门沟通，从而打破部门壁垒，通过多环节相互协作、相互配合、快速应对等方式，实现供应链内部一体化运作，使供应链内部资源配置达到整体最优。

同时，供应链管理中心下设计划管理部，紧抓供应链的核心计划管理工作，通过计划管理，打通供应链内部管理各环节，确保供应链运营效率的最大化。

业务耦合：供应链其他环节，包括供应商管理、物流管理、产品管理等，在由专项机构负责管理的基础上，在供应链运营流程的优化与改进方面，建立由供应链管理中心统一管理的项目团队，通过项目制推进管理提升。

扁平化供应链管理组织架构，为洋河股份供应链管理效能的提升奠定了基础。

17.2 强化模式创新

以市场为导向是洋河股份供应链管理的基本方向，高效保障市场、有效控制成本是供应链管理追求的目标，基于此，洋河股份提出“市场零断货、库存不积压”的供应链管理目标，洋河股份强化供应链协同打造，推进模式创新。

17.2.1 销售计划刚性管控

市场需求是供应链的源头，为提升市场需求把控力度，洋河股份创新实施销售计划刚性管控模式，该模式有以下特点。

1. 开票与提货分开

白酒销售有明显的淡旺季特色，为享受促销政策，一次开票、分批提货在白酒行业较为普遍，开票需求与提货需求的混淆，使市场实际需求失真。针对于此，洋河股份将开票与提货进行了区分，将提货计划作为指导后方生产的依据，即开票不受管控，任意时刻均可打款，提货按需申报，每月末申报下月提货计划。

2. 提货计划刚性管控

对已申报提货计划但未提货的经销商，收取开票金额1%的仓储费；对未申报提货计划但已提货的经销商，收取开票金额1%的加急费；同时，对已申报提货计划但未能及时供货的经销商，公司支付开票金额1%的补偿费。

刚性计划的实施解决了困扰白酒行业乃至整个快销品行业终端需求难以把控的难题，洋河股份销售计划的准确性由50%提升到90%以上，这对供应链效率的提升、成本的控制起到重要作用。

17.2.2　建立三级产销协同机制

产销协同是促使供应链资源优化配置的重要手段，洋河股份建立了大客户、内部、重点供应商三级产销协同机制。

1. 大客户产销协同机制

为增加供应链信息透明度，洋河股份每月与重点大客户就产销情况进行专项讨论，重点沟通产品走势、销售需求计划、生产及库存安排、异常情况讨论等内容，在提升大客户保障水平基础上，有效控制呆滞库存，提升供应链整体运营效率。

2. 内部产销协同机制

洋河股份建立从需求端、产品端入手的以财务指标为指导的内部产销协同机制（SOP），具体表现为以下几点。

（1）分析销售走势，提供备货依据：洋河股份为有效把控市场走势，合理调整库存结构，通过分析供应链运营数据，指导后续备货生产及产能安排，并对供应链运营中存在的难点、疑点问题进行重点解决，常态化优化供应链运营水平。

（2）跟踪新品走势，提高供应效率：产销衔接例会上分析新品表现，实现新品从开发到上市的全程跟踪，有效把控新品走势，合理控制新品库存。

（3）重视毛利分析，关注利润提升：产销衔接例会上分析产品毛利表现，在产品毛利出现异常波动时提请领导关注与决策，制定具有针对性的产品策略。

3. 重点供应商产销协同机制

为提升供应链库存的有效性，洋河股份每月与重点供应商就产销情况进行专项讨论，重点分享产品走势、备料计划、供应商考核绩效等内容，并就供应商生产及库存安排、风险库存等内容进行讨论，把控供应链库存风险。

三级产销协同机制的建立有效保证了供应链上各环节、各企业围绕一个目标、一个计划展开行动，减少“牛鞭效应”，提高了供应链运营成效。

17.2.3　建立库存区分管控模式

洋河股份运用产品 ABC 分类库存管控策略，充分结合产品的市场实际动销表现和产品定位，建立了科学、规范的产品库存管控流程，有效地降低了产品缺货及积压风险。

1. 明确产品分类标准

洋河股份以产品的累计发货量占比为标准，对产品进行分类划分，同时，结合产品属性，如战略性产品、格斗性产品等，进行调整，产品 ABC 分类划分标准如表 17－1 所示。

表 17－1　　产品 ABC 分类划分标准

产品等级	产品销售发货区间的单品数	依据产品定位和供应链能力调整的单品数	合计	SKU（库存量单位）占总量的比例（%）
A 类（累计发货数量占比 80%）	32	65	97	23.54
B 类（累计发货数量占比 80% ~98%）	96	13	109	26.45
C 类（累计发货数量占比 98% ~100%）	197	9	206	50

2. 规范化产品 ABC 分类库存管控策略

A 类产品属于畅销产品或公司战略产品，库存水平可保持在 2 周销量，尤其在生产旺季，A 类产品可以提前备料生产；B 类产品属于平销产品，库存水平可保持在 1 周销量；C 类产品属于滞销产品或订单制产品，根据销售订单补缺货生产，原则上不备有成品库存和材料库存。

同时，每季度进行产品 ABC 分类对比分析，对销售走势变化的产品进行预警，对存在积压或缺货风险的产品制定改善策略。

3. 科学淡旺季调度规划

为应对白酒行业具有明显销售淡旺季的特点，高效满足市场需求、均衡淡旺季生产，洋河股份制定了“生产调度模型”，以“市场零缺货，节后一个月库存回落至淡季水平”为目标，结合销售规划、销售波动趋势、淡旺季销售占比等，超前规划淡旺季库存规模、库存高峰点、产能分配等，确保淡旺季供应链效率最大化。

4. 严格呆滞产品管控

呆滞产品代表着供应链风险，在优化产品管理策略、严格预防呆滞产品的基础上，洋河股份建立了“A 类产品零呆滞”目标，具体方式如下。

（1）呆滞规则明晰化。经检验合格入库的包装材料及产品，按入库批次计算库龄，超过 5 个月的成品酒、超过 3 个月的包材，即判定为呆滞物资。同时，根据呆滞产品产生原因认定责任部门。

（2）呆滞指标具体化。洋河股份建立了由供应链管理中心对呆滞指标总负责，供应链相关部门根据呆滞产品产生原因承担细分呆滞指标的关联考核机制，有力地加大了呆滞产品管控力度。

17.2.4　打造“去人为化”的供应商管理机制

采购管理是供应链管理的重要内容之一，是确保产品供应和成本控制的重要环节，是提升企业供应链竞争能力的核心要素。洋河股份建立了从寻源到淘汰的供应商全生命周期管理体系，并严格执行配额与考核挂钩制度，最大限度地推进“去人为因素”管理。

1. 建立供应商全生命周期管理机制，实现差异化管理

为科学掌控各物料的成本结构，洋河股份制定了各物料的定价公式，每年年初从采购支出、产品技术工艺标准、物料成本结构（含原材料走势）、供应商产能等方面进行综合分析，为当年的招标工作提供数据支持，同时制定具有针对性的采购降本策略。

同时，洋河股份持续推进供应商全生命周期管理，在对供应商进行年度考评并对供应商进行 A、B、C、D 分类且建立相应管理规则的基础上，从供应商考评、供应商物料类别、供应商与企业之间的关系等方面确定战略供应商评选标准，以推动供应商管理队伍素质不断提升，与供应商建立长期合作的共赢关系。

2. 推进绩效考核与配额挂钩，实现去人为化管理

采购是管理的黑洞，“去人为化”是采购管理水平提升的重要手段，洋河股份建立了供应商绩效考核与配额挂钩的管理制度。

该制度有以下特点。

（1）绩效考核客观化：供应商绩效考核包括质量、交货、价格、服务四个维度，占比分别为30%、30%、20%、20%，除服务外，均以实际记录数据计算考核分。

（2）绩效与配额挂钩：建立根据绩效测算配额的公式，采取每月考核、每季度根据考核结果动态调整配额的方式，实现配额管理“去人为化”。

（3）配额执行考核：每季度对配额执行情况进行考核，对比实际配额与计划配额，差距大于5%以上则要求说明原因，出现异常情况须进行部门考核。

“去人为化”采购机制的建立，促使供应商管理素质逐步提升，特别是供应商水平在质量、交货、服务等方面都较好的情况下，能够激发供应商的降本欲望，从而推动供应商管理更精细化，实现公司采购成本、供应商生产成本的下降。

17.2.5 建立包材模组化资源池

在产品外包装设计方面，洋河股份为提升产品质量、降低产品成本，借鉴电子行业模块化优秀经验，结合白酒产品特点，建立了洋河股份包材模组化资源池。

洋河股份一直以品质为天，将质量管理作为模组化资源池设计的红线，模组化资源池结构筛选的首要步骤是质量管控部门对结构的质量管控水平进行测试，以确保模组化资源池中的结构是质量可控的优秀结构，对存在质量隐患的结构，通过刚性约束严格控制其用于设计应用。

同时，洋河股份以成本、效率最优为底线，认为建立模组化资源池的目的是降低供应链运营总成本，在模组化资源池建立过程中，综合分析采购、生产、运输、仓储等总成本，确定成本、效率最优的结构，并将之纳入模组化资源池，从而实现了供应链上下游成本和效率的最优。

由于差异化是产品竞争的主要手段之一，洋河股份为确保产品设计的自由度，将设计感要求较强的包材组件，如瓶型、外盒图案等，设定为柔性模组化结构，即鼓励但不限定选择资源池中的结构；对关键控制点（如口模、瓶盖）、不影响设计但影响成本效率的包材结构（如箱、盒尺寸），确定为刚性模组化结构，即严格要求其必须从模组化资源池中选择。在严格控制质量红线、促进成本与效率最优的基础上，充分保障产品设计差异化。

洋河股份严守质量红线，以成本、效率最优为底线，确定刚性、柔性两个维度，建立模组化资源池，成为国内白酒行业少数建立产品研发资源池的企业之一。

17.2.6　优化物流管控

物流被称为“第三利润源”，洋河股份通过物流专业软件的应用及管控规则的细化，有效推动物流降本增效。

1. 应用大数据分析，优化物流网络布局

针对白酒具有显著原产地要求的特点，为支撑其全国化发展、全球化扩张的发展战略，洋河股份应用ILOG（一种业务规则管理系统）软件和大数据分析手段，对全国物流布局进行顶层设计，建立了“3+10”的物流网络布局，即运用3个CDC（中央配送中心）和10个RDC（区域配送中心）覆盖全国的物流网络布局模式，将物流成本与销售金额占比控制在2%之内，年度降本达2000万元以上。

2. 研究管理逻辑，科学制定管控规则

针对物流配送难题，洋河股份在分析大量数据的基础上，研究、制定管理规则，促进其物流成本的持续优化，主要有以下几点。

（1）优化销售订单寻源机制。小订单配送是物流的难题之一，建立RDC的目的是提高小批量订单的配送效率，降低配送成本，洋河股份在对订单频次、配送成本进行充分分析的基础上，建立销售订单寻源机制，即“1200箱以下小订单优先在RDC出库，1200箱以上订单在CDC出库”，有效地控制了小订单的配送成本，也极大地加快了客户订单的响应速度。

（2）科学设计RDC库存调拨规则。针对白酒行业淡旺季明显、月底月初发货量差异明显，淡季RDC库容利用率不高，CDC月初发货难的情况，洋河股份充分分析了历史销售数据、各大区的产品ABC等级，以及大区下月销售需求等信息，优化RDC调拨计划，采用每月调拨三次的方式，即分别在上月25日、当月8日和19日下达调拨计划，安排调拨，以分别满足本月1—10日、11—24日、25—30日RDC覆盖区域的产品销售需求。该方案大大提高了RDC的库容利用率，且较大程度上缓解了CDC月初发货压力，也大大加快了客户订单的响应速度。

（3）合理的分拨规则。针对相同路线订单多、订单量小的情况，洋河股份制定了分拨规则，即对相同路线订单足够配车的情况，优先选择CDC配车发货，提高效率，降低成本。

（4）优化设置淡季发货窗口期。针对订单频次高、订单量小的情况，在了解市场需求的基础上，在RDC设置隔天发货窗口期，有效提高配载率。

17.3 信息化建设

信息化是推动供应链智能化的基础，在优化流程的基础上，洋河股份致力于引入新技术，推进供应链升级，以 SAP（企业管理系列软件）为架构基础，营销端上线全营销系统，内部上线 SAP、MES（制造执行系统）、APS（高级计划排程系统）、LIMS（实验室信息管理系统），供应端上线 SRM（供应商关系管理），实现生产运营的“业务数字化”“数字业务化”，有效打通了研产供销整体供应链，供应链资源配置能力进一步提升。

17.3.1 营销端建立全营销系统

在营销端，洋河股份销售渠道建设可谓行业典范，其渠道掌控力、执行力行业领先，为深入洞察消费者需求，了解市场动态，推进深度分析，洋河股份上线了全营销系统，该系统覆盖全国终端网点，实现了渠道销售表现、渠道库存数据、产品终端动销数据、公司库存数据、产能数据的紧密集成，可为产品开发、市场预测、产能规划提供有效数据支持。全营销系统架构如图 17－1 所示。

图 17－1 全营销系统架构

全营销系统为洋河股份搭建了一套基于私有云架构的业务中台，业务中台使用统一的数据标准、业务流程，能够支持未来业务的高并发、大数据应用场景，能够有效支撑洋河股份未来各层级营销业务的管理变革与创新升级。

全营销系统具体功能如下。

1. 网点管理

全营销系统实现了对网点的细化管控，包括到点采集信息，终端管理流程标准化，网点信息格式化、规范化，网点数据监控等，具体如图 17－2 所示。

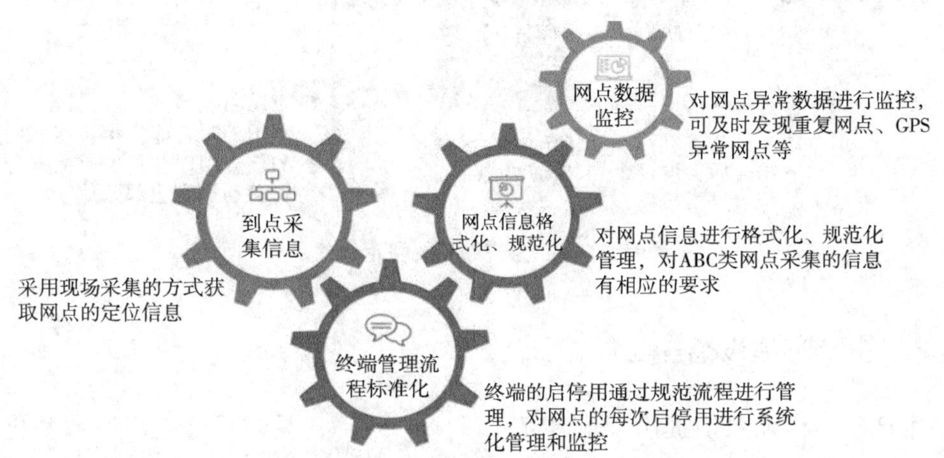

图 17－2　全营销系统网点管控功能

2. 进销存管控

全营销系统实现了渠道库存闭环管理，使市场终端需求信息能及时、准确地反馈到生产端，减少“牛鞭效应”，加快市场响应速度，降低库存风险。全营销系统渠道库存管理如图 17－3 所示。

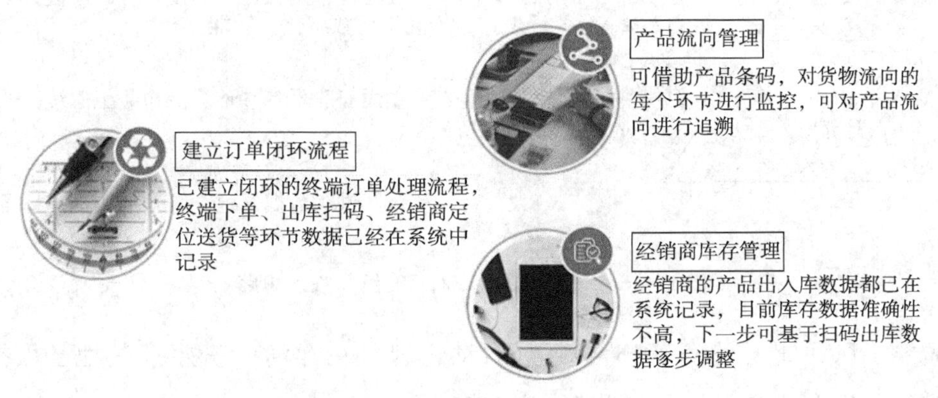

图 17－3　全营销系统渠道库存管理

3. 费用管理

全营销系统可实现营销费用的细化管理，使终端费用投入与业务联动，保证营销费用切实投入市场。全营销系统费用管理如图 17－4 所示。

图 17－4　全营销系统费用管理

17.3.2　生产端建设智能工厂

在生产端，洋河股份提出“智能工厂 5211 工程”，具体目标是建设数字化、可视化、集成化和智能化的新一代智能工厂，对外成为“透明工程”，对内实现“智能制造”，成为行业智能制造标杆。“智能工厂 5211 工程”规划思路如图 17－5 所示。

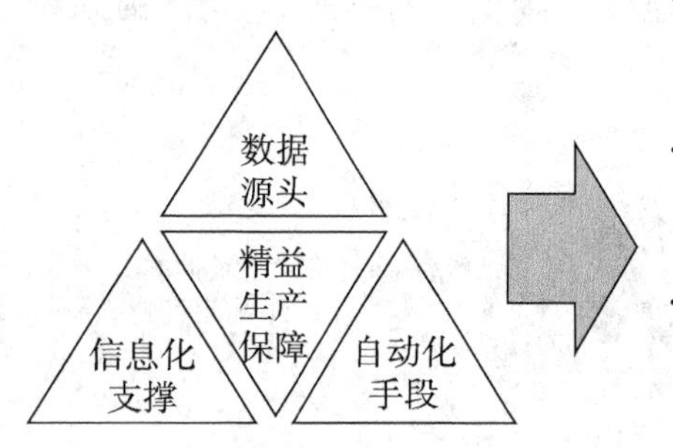

图 17－5　“智能工厂 5211 工程”规划思路

智能工厂一期项目于 2018 年 4 月启动，现已在洋河股份生产基地全面推广，涵盖计划、生产制造、质量、设备、成本核算五大模块，共实现功能点 1190 项，实现洋河基地包装生产的生产排程智能化、过程控制财务化、生产成本精细化、生产运行标准化、生产过程可视化、质量追溯一键化，具体功能模块如图 17－6 所示。

生产运行标准化
以数据和流程两大体系建立标准化体系，覆盖品质、设备运维、制造过程等环节

生产过程可视化
实时监控生产制造各环节的运行情况，逐步实现均衡生产管理

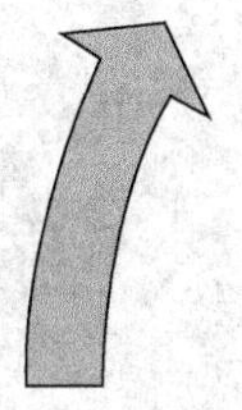

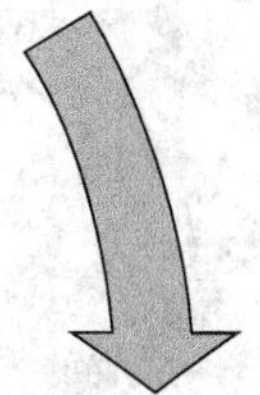

质量追溯一键化
与ERP系统结合，实现从粮食至成品酒质量信息正反向一键追溯

生产成本精细化
以精细化的方式在人、机、料、法、测等环节收集制造过程中的各项数据，为管理分析和决策提供数据支撑

生产排程智能化
根据物料计划、库存、设备、交期、工艺等生产要素和异常情况，实现自动化排产和智能转产

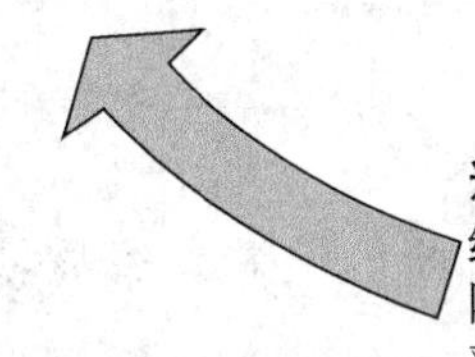

过程控制财务化
结合洋河股份现有的阿米巴管理经营模式，对组织裂变进行横向细分以及纵向拓展

图 17－6　智能工厂功能模块

1. 计划模块

实现生产排程智能化，包括设定标准产能、建立智能排产及柔性排产逻辑、建立生产计划包材齐套性检索、建立供应商包材信息共享机制并及时回货、自动叫料与配料响应。

2. 生产制造模块

实现车间生产透明化，人、机、系统协同作业，建立线边库管理制度，实时更新车间数据，车间运行情况实时可见，生产作业标准化，建立信息可追溯系统等。灌装区工单实时运行情况如图 17－7 所示。

3. 质量模块

通过 IQC（来料质量控制）检验、条码管理、自动扫码以及 OQC（出货检验）技术，构建质量信息采集体系，搭建健全的质量管理平台，实现从原材料、半成品到成品的全过程质量追溯。

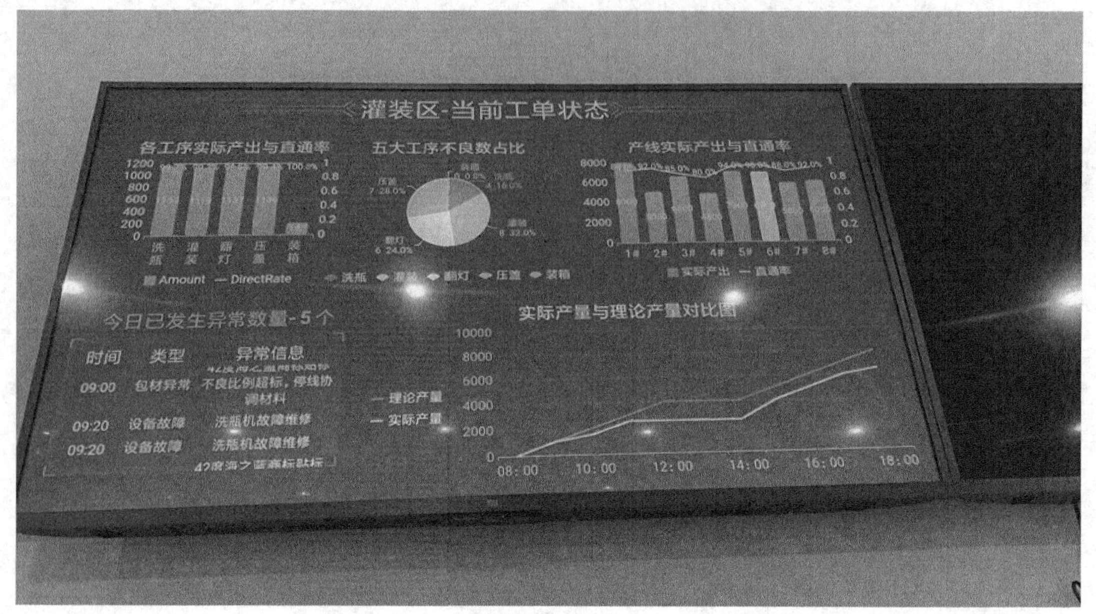

图 17－7　灌装区工单实时运行情况

4. 设备模块

通过建立设备标准体系，在系统中规范设备点检、保养、维修执行流程，将维修关联到人，实现设备信息可视化，建立设备总体拥有成本评价模型，实现设备的全生命周期管理。

5. 成本核算模块

基于阿米巴经营模式，实现员工考勤工资的自动核算，包括对三级经营单元销售数量、原材料数量、灯检不良数量等的自动采集；根据基础数据、现场生产数据、分摊规则，核算各三级经营单元每日单位利润；汇总三级经营单元、二级经营单元数据，自动核算二级经营单元、一级经营单元的单位利润。

17.3.3　供应端上线供应商协同平台

在供应端，为实现与供应商的产销协同，2018 年洋河股份上线供应商协同平台，实现了供应商管理的自动化及供应商库存、产销信息的共享。

该系统的采购支出分析、招投标管理、合同管理、供应商结算管理、供应商分级分类管理等功能可用于提升供应商管理和战略寻源管理水平，从而管理供应商绩效，形成差异化的采购配额和采购交易价格，以逐步搭建战略供应商网络，优化采购成本，并实现权责分离的透明式采购。同时，该系统可以和大型期货市场数据对接，结合大宗原材料走势和物资定价公式，提供采购价格的调整建议。

供应商协同平台覆盖公司的主导包材供应商，切实提高了主导产品市场保障水平，助力洋河股份打通全供应链，有效提升供应链运营效能。

17.3.4　系统管理效能提升

在搭建信息化系统，打通供应链上下游的基础上，洋河股份还自主发力，研发上线销售订单自动寻源系统、库存自动预警系统，通过强化数据分析、管控，提高供应链效率，并启动商业智能系统建设工作，为智能决策奠定基础。

（1）销售订单自动寻源系统：实现订单自动寻源和配送成本最优化，根据销售订单量、CDC 或 RDC 的可用库存量等约束条件，自动为销售订单指向到具体仓库地点的货源，提高销售订单执行效率，为后续商业智能系统识别经销商补货需求后，补货订单自动触发库存指向做准备。

（2）库存自动预警系统：实现备料自动预警、成品酒库存不足预警、包材回货计划周期预警、呆滞库存风险预警。

（3）商业智能系统：为管理层提供在线经营的能力，作为企业经营的管理“驾驶舱”，该系统建立在数据仓库平台之上，通过获取供应链业务、生产成本、采购移动平均价等其他各方面的数据，实现战略视角的、全方位的经营状态显示和分析，支持公司管理层进行决策；能够将所有的业务经营情况实时展现在统一的屏幕上，并且可以便捷地切换；对于产品管理也是多决策支持与预警平台，通过与 SAP 系统集成，实现多产品的销售和库存状态展示、预计和实际对比分析等内容，支持领导决策。

17.4　食品安全管理

“民以食为天，食以安为先”，洋河股份构建了综合性的产品流通追溯体系，实现了全产品追溯查询，以及从出厂到经销商的全过程追溯信息对接，一方面，提升了洋河股份的信息化管理水平和运作效率，降低了生产经营管理成本，提升了销售额和利润，增强了产品品牌的美誉度；另一方面，方便了广大消费者参与防伪，提高了防伪验证的普及率，加强了消费者防伪维权意识，增强了消费者购买的信心与欲望，同时可有效打击假冒犯罪，切实维护消费者利益，提高行业监管信息化程度和水平，保证市场的良性健康发展。

洋河股份于 2003 年自建追溯系统，对主要产品通过一瓶一码（物流条码）的方式对产品主要信息及流通方向进行跟踪。

2013 年，洋河股份建设基于超高频技术的“洋河股份 RFID（射频识别）防伪溯源系统”，2014 年 4 月正式投入运行，7 月通过商务部的验收，该系统对江苏省内销售的“梦之蓝”产品进行追溯跟踪，且在省内 13 个城市部署了近千台固定查询机，销往江苏地区的每瓶“梦之蓝”都贴上了 RFID 标签，通过软硬件多重加密防伪手段，实现了产品高等级防伪。同时，RFID 系统连通了洋河股份 SAP 系统，实现了生产、仓储、物流、销售全过程监控与信息追溯，为食品安全防控预防窜货提供了有效的技术支撑。

2014 年，洋河股份成为江苏省食品安全电子追溯系统建设首批试点单位，按照规范构建产品追溯体系，“海之蓝”“天之蓝”等产品通过一瓶一码（追溯码）数据上报至江苏省食品安全电子追溯系统，消费者可以通过 App、微信等多种渠道查询。

2016 年 7 月，洋河股份又作为首批重要成员，被邀请加入“上海酒类流通信息追溯平台”。

18　食品供应链可追溯系统模型

——青松集团绿色制造溯源系统集成项目

18.1　公司介绍

合肥宇胜信息科技有限公司（以下简称宇胜）总部位于合肥，在哈尔滨、厦门、武汉、成都分设4个办事处，下设3个分公司［宇胜信息科技（广州）有限公司、合肥宇胜物联网标识科技有限公司、安庆宇胜物联网科技有限公司］，公司拥有覆盖全国的销售与服务网络，是一家专注于物联网应用领域的信息管理系统咨询、开发与应用推广，涵盖标识设备、软件产品、行业解决方案、物联网服务、供应链管理咨询、自动识别技术、RFID（射频识别）系统集成及移动计算应用的研发、销售以及相关产品的服务等业务的双软、国家级高新技术企业。

宇胜是全过程产品追溯系统整体解决方案的提供商与服务商。作为国内全生命周期追溯技术和产品的领航者，宇胜会聚了相关领域的众多精英，引领追溯行业的技术发展，应用物联网追溯技术，创新企业管理模式，助力诚信体系建设。

宇胜的服务范围已覆盖医药、食品、建材、酒类、日化、农资、汽车零部件等众多领域，拥有众多忠实客户。

宇胜的企业文化可以概括如下。

（1）企业使命：让每一个产品都拥有自己的身份证。

（2）企业愿景：打造中国物联网追溯咨询规划平台第一品牌。

（3）企业价值观：诚信、担当、创新、专注。

18.2　项目概述

18.2.1　项目背景

安徽青松食品有限公司（以下简称青松集团）成立于1999年，2012年成立集团公司，是合肥市高新区重点招商引资的一家集主食产品研发、生产、配送、销售为一体的综合型食品公司。青松集团坚持做精做专主业并不断拓展，已涉足产品种植、早餐工程、主食加工、冷链配送等多个板块，正由一个传统的食品加工餐饮服务企业转型为现代化的综合性商贸企业和以保障民生为己任的便民服务企业。青松集团已形成立足安徽，辐射全国的发展布局，是安徽较大的综合型主食供应基地，在全国主食加工领域有着较强的影响力。随着业务的不断壮大发展，青松集团内部生产供应链中存在原料来源分散、供应链信息不对称、产品工艺差异大等问题，无法较好地对整个生产供应链进行全程有效管控。

完整的食品生产供应链体系不仅包括质量安全问题，还包括原产地欺诈问题。消费者已将可追溯证据作为证实食品质量和安全的基本要求，为了满足这些要求，就需要建立提供食品产地、加工、销售和最终目的地信息的整套追溯体系，满足食品生产供应链的特殊性和时刻跟踪的需求，需通过技术手段，对原料、配送、工艺、订单管理等进行及时、有效的管控。宇胜以青松集团作为试点，打造食品行业全面可追溯、可管控的解决方案，基于 RFID 技术及互联网信息化质量控制，实现食品在生产、包装、物流、销售过程中的全链条可追溯、可管控。

青松集团绿色制造溯源系统集成项目的目标是在产品全生命周期中，实现对环境影响的最小化、资源利用的最大化、企业经济效益和社会效益的最大化。

18.2.2 青松集团企业信息化管理需求

（1）业务与财务系统无缝集成，实现数据的实时共享。

（2）门店支持手机下单。

（3）仓库需实现无纸化电子配送，自动配货。

（4）门店需支持移动要货，随时随地通过手机下单，提高工作效率。

（5）连锁门店统一配送，配备中央厨房，统一成本核算等。

（6）实现 O2O 的全渠道整合，包括线上下单、线下配货，支持储值卡、电子会员、微信券、微信充值等业务扩展功能。

（7）需实时更新门店营业的数据、成本，以及当天的配送价格等。

（8）实现人员移动考勤、请假，随时随地轻松办公。

（9）实现集团资金的统一、规范化管理。

18.2.3 项目目标

宇胜根据青松集团的需求，确定项目目标。

第一，解决青松集团供应链基础数据的采集问题，使生产工艺过程得到全面管控，生产数据可以被准确统计，确保数据的准确性，达到实时管理的目标。

第二，实现原料出入库的全程追踪，对接 MES（生产信息化管理系统）获取任务单，准确管控原料投放环节。

第三，利用信息管理技术给每件商品标上号码并保存相关的管理记录，使消费者可以了解食品来源地、生产流程、物流等信息，以决定是否购买，同时便于追溯产业链上各主体的责任。

18.2.4　项目建设情况

1. 项目建设内容

建设绿色工厂、智慧工厂，以节能、降耗、减污为目标，以管理和技术为手段，将数字化、信息化、自动化贯通项目的各个环节（产品原材料、生产工艺、包装、仓储、销售、物流、终端等各个环节），提高产品的可靠性与成功率，节能减排。

建立生产绿色平台，整合 ERP（企业资源计划）、MES、WMS（仓储管理系统）等平台，实现生产管控绿色一体化，与国家行业标准对接，形成行业标准，建设标准规范的绿色认证体系。

2. 质量管理与追溯系统

青松集团数字化车间内的质量管理与追溯系统贯穿生产现场层和生产执行层的主要活动环节，包括车间原材料、车间仓储与物流、生产加工、包装、检测、配送、车间环境管理等。

质量管理与追溯系统采集上述环节信息，并与销售管理、厂外物流、合同（订单）管理等外部系统之间进行数据交互。

18.2.5　项目实施难点及效果

1. 项目实施难点

项目因涉及多个应用系统的对接，各系统之间有较多的交叉业务流程，在各个系统之间的业务边界问题上，协调非常困难，宇胜作为整体方案的制订与规划方，与青松集团一起做了大量的协调工作，以确保项目顺利上线。

项目涉及青松集团产品的多个品类，其工艺流程存在不同，执行标准差异较大，需要有针对性地进行单品类工艺管控设计，以及行业标准的适配研究，从试点着手，循序渐进，通过自动化改造、部分工艺流程重新设计，最终达成相应目标。

2. 项目实施效果

项目实施前后对比分析：

（1）档案记录方式

实施前：人工纸质化。

实施后：电子信息化。

（2）工艺流程标准

实施前：多数靠经验处理。

实施后：系统校验比对。

（3）信息收集完整性

实施前：不同人员收集目标不一致。

实施后：系统制定清单，指导信息核对。

（4）信息收集时效性

实施前：人员现场记录，集中时间汇总上报。

实施后：第一现场系统记录，实时存储可查询。

（5）质量管控信息化

实施前：无全程化系统管控。

实施后：信息系统全程掌控追溯。

18.2.6 项目意义

“青松集团绿色制造溯源系统集成项目”利用青松集团的信息化流程管理系统，可顺利实现从订货下单、采购管理、智能配送、进销存仓库管理到大数据预警等方面的可查询、可追溯、可管控的一体化管理功能，其主要的意义体现在以下几方面。

（1）生产环节上，顺利实现生产加工上下游企业之间的信息化有效衔接，对原材料的质与量进行更准确、更细化的管控。

（2）营销环节上，全程追溯门店订单销售情况，避免食品保质期混乱状态。

（3）品牌提升上，通过搭建和完善食品生产供应链运作基础平台，使消费者扫码即可查询食品生产、加工、销售等环节的信息，让消费者可以放心选择食品，提升了客户满意度，同时，也大大提升了品牌信誉度。

19　嘉和一品和新希望六和供应链建设

19.1　嘉和一品供应链建设

19.1.1　传统餐饮服务

嘉和一品创立于北京，是以粥为特色的中式营养快餐，自2004年创立至今，公司不断优化管理，积极创新，立足于“贴近百姓生活，服务千家万户”，深入社区，遍布北京市区及天津、河北、山西等地，为消费者提供清淡可口、营养美味的粥品、凉菜、炖菜、面点等大众化餐品，接待了大量中外宾客，树立了良好的民族品牌形象，已成为人们放心就餐、开心用餐的可选品牌之一。嘉和一品秉承“和贵天下”的企业文化，以“用心、专注、坚持、平衡、和谐”作为企业价值核心，倡导人与自然、人与人、人与社会之间的和谐与平衡，将“一碗粥的小幸福”传递给每一个家庭，提供“健康、优质、营养、均衡”的美食，服务于民众生活。嘉和一品的主打特色是粥，但其产品有60到70种之多。据嘉和一品创始人刘京京介绍，其菜品特色是“粥+点心+小食”，菜品的特征是“可口、营养、健康”。这样的产品味型和菜品搭配是为了让嘉和一品拥有普适性，嘉和一品的受众范围颇广，上至老人、下至儿童，其菜品结构和定价策略，也是基于广泛的受众心理预期。

2010年10月，嘉和一品在扩大连锁门店和增加产能时，从红杉资本、涌铧投资两家风投公司获得近1亿元注资。2011年11月，该公司又获得云锋基金的第二轮融资。嘉和一品传统的餐饮业务从当时的发展来看，整体规模和利润都上不去，缺乏可持续发展动力。创始人刘京京果断开拓食品加工销售业务，瞄准餐饮O2O和智慧餐饮市场，重新改变战略，谋划餐饮供应链发展。

19.1.2　从餐饮产业链上寻找新“钱袋”

在嘉和一品获得上述两轮外部融资后，2012年，投资1.5亿元、占地3.5万平方米的嘉和一品生产基地竣工，这个基地集研发中心、食品安全检测中心、培训中心、会议中心、网络中心、物流配送中心、第三代智能化中央厨房于一体，它的投入使用，标志着嘉和一品已经具备了开创全国连锁事业的能力。据刘京京介绍，嘉和一品从 2006 年就开始探索中餐标准化，在食品加工、中央厨房方面积累了丰富经验。团队也经历过 2008 年北京奥运会、2013 年北京园博会的强化训练。虽然基地建设为嘉和一品的发展提供了强大后盾，但如何将巨大产能转化为实际盈利，无疑是嘉和一品面临的重要考验。除了供应自家门店外，目前嘉和一品的中央厨房还从事农产品深加工，为第三方代工，包括为其他餐饮企业和商超制作成品、半成品。嘉和一品的粥品、扁豆焖面、包子、奶黄包、油条等，都可为其他企业供应，包括炒菜、炖菜的浇头，比如卤肉饭、老北京扣肉饭等的浇头。此外，嘉和一品还加工生产一些净菜，比如把肉切成丝、切成段，标准化切配完再配送等，实际上这是嘉和一品在传统餐饮业务之外又开辟的新领域。

19.2 新希望六和供应链建设

新希望六和股份有限公司（以下简称新希望六和）创立于 1998 年，是伴随着中国改革开放进步和成长起来的民企先锋，其创造了巨大的社会价值与商业价值。在发展中，新希望六和基于自身资源和优势，不断开拓新的产业领域，目前，新希望六和已逐步成为以现代农业与食品产业为主导，并持续关注、投资、运营的具有创新能力和成长性的新兴行业的综合性企业集团。新希望六和立足农牧产业，注重稳健发展，业务涉及饲料、养殖、肉制品及金融投资、商贸等。新希望六和的愿景是成为“农牧食品行业领导者”，以“为耕者谋利，为食者造福”为使命，着重发挥农业产业化重点龙头企业的辐射带动效应，整合全球资源，打造安全健康的大食品产业链，为帮助农民增收致富、满足消费者对安全肉类食品的需求以及促进社会文明进步做出更大贡献。

值得一提的是，新希望六和旗下有一家自己的创新创业平台——草根知本，草根知本将目光瞄向百姓餐桌，进行产业上下游的业务布局，进军诸如乳业、生鲜冷链和调味品等领域，近几年已经形成了乳业、冷链物流、调味品、营养保健品、宠物食品五大产业格局。

其中，新希望乳业是国内大型的综合乳制品供应商，正在构建以“新鲜”为核心价值的城市型乳企联合体，专注于为消费者提供新鲜、健康、优质的乳品。短短

十几年，新希望乳业立足西南，并在华东、华中、华北深度布局，为用户提供优质营养的乳制品以及个性而多样化的消费体验。

此外，鲜生活冷链是草根知本的另一个重点板块，它原本属于新希望乳业的物流部，后来独立出来，成立第三方冷链物流公司。自2016年成立以来，鲜生活冷链一直致力于提升自身的服务能力和信息化水平，这使其成为国内最大的城市仓配冷链物流企业之一。依托于新希望六和的强大商流和资源，鲜生活冷链通过高效并购整合，形成了强大的覆盖全国的冷链网络，服务全国1万余家餐饮客户，配送终端门店超过12万个，每年配送生鲜食材超过150万吨，服务约5亿城市人口。鲜生活冷链自主研发的科技物流平台于2019年5月正式上线，同年7月成为冷链行业第一家无车承运平台，并于2019年第三季度上线资质审核、实名认证、支付开票功能，打通了无车承运产品的全流程。2019年第四季度又上线了运力地图与就近派车功能，实现对平台内入网车辆的24小时实时定位监控，以及上线司机、车辆、企业营运资质认证与审查等多项功能。在未来，鲜生活冷链的“运荔枝”平台将持续加大投入，实现车、库、人、路智能匹配的能力输出，打造数字化的科技冷链供应链平台。

鲜生活冷链的发展不但对新希望乳业的发展非常有帮助，而且对新希望六和的肉禽供应链、餐饮供应链都非常有利。餐饮企业自建物流体系容易导致各种资源闲置和浪费，但通过建设整套成熟的餐饮食品物流管控体系，落实共仓共配的理念和物流解决方案，能够有效帮助企业降低综合物流成本、提升物流效率。

鲜生活冷链还依托新希望六和庞大的资金资源与多年的沉淀经验，为供应链上下游企业提供存货融资、应收账款保理等多种融资、信用结算等供应链金融服务。鲜生活冷链拥有专业的信息管理系统，可应对客户需求，给予多维度的物流信息解决方案，为客户提供一体化的物流解决方案，帮助客户降低运营成本。鲜生活冷链是一家专注于中国餐饮经营与经销领域的物流运营商，其将高效的物流信息系统和以订单驱动的冷链物流仓储运营、冷链运输资源整合，形成了低成本、可控的、安全的、高效的餐饮食材供应链运营网络，可以为众多的餐饮和食材客户提供全国网络型冷链仓储与运输的总包服务，为餐饮食品企业降低综合物流成本，助力连锁餐饮高效、安全、良性地发展。

20 农信互联：生猪产业智能供应链追溯体系

党的十八大以来，以习近平同志为核心的党中央高度重视信息化建设与发展。没有信息化就没有现代化，要瞄准农业现代化的主攻方向，提高农村生产智能化、经营网络化水平。北京农信互联科技集团有限公司（以下简称农信互联）积极响应国家政策号召，开拓“互联网+”生猪产业，率先推出“猪联网”，其瞄准传统生猪产业痛点，提升整个生猪产业链效率，打造生猪产业互联网生态圈，为从业者提供生产、交易、金融等全方位服务。

党的十九大以来，习近平总书记就加快发展数字经济发表了一系列重要讲话，对“实施国家大数据战略，构建以数据为关键要素的数字经济，加快建设数字中国”等工作作出重大战略部署，鼓励创新，促进数字经济和实体经济的深度融合。目前，中国产业数字化程度整体低于前端消费侧数字化程度，农信互联在全方位产业生态服务体系基础上，融合移动互联网、物联网、大数据、云计算、金融科技、人工智能等技术手段，能为前端消费侧构筑产业智能供应链追溯体系。

20.1 农信互联简介

20.1.1 概况

农信互联是一家农业互联网高科技企业，其以“用互联网改变农业”为使命，专注于农业互联网金融生态圈建设，致力于成为服务“三农”的农业互联网平台运营商，推动中国农业智慧化转型升级。现在，农信互联已经成为一家承载千亿交易额的平台型企业。

20.1.2 产品体系

农信互联已构筑“数据+电商+金融”三大核心业务平台，并以“农信网”为PC端总入口，以“智农通”App为移动端总入口，构成了从电脑到手机的快乐“生态圈”，实现了农业全链条的平台服务。

农信互联的数据业务以“农信云”为基础云服务平台，以“企联网”为SaaS（通过网络提供软件服务）服务平台，利用互联网、物联网、云计算、大数据技术及现代先进的管理理念，联合农村种养户及相关中小微企业，打造农业大数据共享平台，以提高中国农业的整体经营效率。具体规划包括服务于生猪产业的“猪联网”、服务于饲料企业的“饲联网”、服务于食品（屠宰）企业的“食联网”、服务于种植产业的“田联网”、服务于水产养殖业的“渔联网”、服务于蛋鸡养殖业的“蛋联网”、服务于柑橘种植业的“柑橘网”、服务于中小微企业的“企店”系统等。

农信互联的物流业务服务于农业网络货运的“农信货联”。为解决“三农”物流难题，推动农产品快速、高效流通，助推“三农”发展，农信互联利用自身的平台优势，整合各方物流资源，组建了一个覆盖全国主要农产品的运输业承运人联盟，形成了一个有效的农业物流网络，打造农业生态圈链条上的“互联网＋交通”项目，期待用互联网改变农业物流。

20.2　生猪产业智能供应链追溯体系建设背景

20.2.1　消费升级

随着经济社会的发展，消费者的饮食消费从“有的吃”原料型消费过渡到“吃得好”结构型消费，人们对饮食消费有了安全、营养、健康的新追求，饮食消费进入“吃品质”的品牌型饮食消费阶段。

传统生猪产业侧的特点是：行业集中度低、企业规模小、机械化程度低、生产效率低、成本高；缺乏良好的管理经验，没有标杆经验可借鉴，制度不完善，管理粗放；从业人员素质低，专业性不强，人员绩效管理难度大；企业信息化程度低，信息不对称，业务协同不通畅，上下游业务协同难；生产过程不标准、不透明、盲点多，产品质量不稳定；生猪调运风险大，供应不稳定；生猪白条销售渠道混乱，过程缺乏有效监控，信息追溯困难。这使生猪产业侧发展不能满足消费侧的升级需求。为满足消费者日益增长的生活品质需求，解决生猪产业食品安全问题，建设生猪产业智能供应链追溯体系势在必行。

20.2.2　生猪产业数字化升级

随着中国互联网行业的快速发展，前端消费侧带动产业侧发展已成为必然趋势。消费互联网的前端应用和商业模式创新，正在牵引后端生产等环节进行数字化协同。

同时，伴随着国家供给侧结构性改革的深入，生猪养殖业红利增长期进入尾端，粗放型生产管理转向精细化、集约化管理成为客观要求。2018 年，国内暴发的非洲猪瘟更是推动了我国生猪产业数字化升级的进程。生猪智能盘点、智能估重、智能识别等新技术“井喷式”出现并发展。

基于移动互联网、物联网、大数据、云计算、人工智能等数字化技术在生猪产业的应用，农信互联通过饲联网连接上下游企业，通过猪联网进行生猪生产的全过程管理，给屠宰企业及肉制品食品流通渠道提供专业的信息和优质的资源，同时通过食联网对流通和终端进行在线化、数字化管理，发挥其智能化硬件对接优势，特别注重对冷链物联网的研发，形成了生猪产业智能供应链追溯体系解决方案。

20.3　生猪产业智能供应链追溯体系解决方案

农信互联运用互联网、物联网、区块链、大数据等技术，通过链接饲联网、猪联网、食联网，进行数字化交易，形成了从上游料、药、苗企业到中游养殖企业再到下游屠宰企业的生猪产业链闭环，利用智能猪场与数字企业业务形成智能生猪溯源链。

20.3.1　饲联网是生猪产业上游企业的智慧生态平台

饲联网是基于 SaaS 服务的产品解决方案，包括云管理、云商城、云金融、云生产四大板块，涉及企业供应链管理、饲料生产管理、人力管理、协同办公、财务管理、企业店铺、市场、金融结算等功能。

饲联网服务于养殖产业上游的饲料企业，通过互联网、物联网技术，将电表、监控、地磅、生产设备、打包机等与饲联网无缝连接，实现从订单生成、生产计划制订、配方制作、中控配料管理、自动领料管理、投放料管理、成品打包品质检测到存货出入库管理的智能化操作，让生产一气呵成。饲联网集成企业管理全流程，打破了各业务系统的“信息孤岛”，实现了数据流通全闭环，能有效发挥数据整合价值，实现数据化管理和智能化决策。

20.3.2　猪联网是智慧养猪生态运营平台

猪联网包括“猪小智”“猪管理”“猪交易”“猪服务”“猪金融”五大核心平

台，为生猪产业提供全方位的智能化服务体系。具体而言，“猪小智”提供智能猪场管理服务；“猪管理”提供专注于猪场管理的 ERP 服务；“猪交易”是买好料、卖好猪平台；“猪服务”提供远程专家、远程监管和数据服务；“猪金融”提供养猪的资金保障服务。五大核心平台将全产业链条、全方位的数据汇集至猪联网的中央处理器，进一步服务于产业链。

猪联网为集团企业、饲料企业、动保企业、屠宰企业、中间商以及服务提供商等机构提供智能养猪生态运营平台接口，为养猪者提供“猪管理”和“猪小智”两大系统，并有人工录入、过程采集、设备采集三种管理方式，探索出了智能猪场、助养猪场和代养猪场三种猪场经营模式，构建起猪服务、猪交易、猪金融三大服务体系，将所有这些数据汇集成“养猪大脑”，构建智慧养猪生态圈，为智能追溯提供通道和可靠数据。

1. “猪小智”：智能猪场管理专家

“猪小智”是农信互联打造的智能化养猪设备的超级连接器，能够连接市面上所有的猪场监控、饲喂、环控、检测等设备，实现设备一键接入，帮助猪场快速拓展设备连接能力，并提供设备管理、预警服务，使猪场管理自动化。

一方面，“猪小智”通过 App 将猪场内的智能设备连接到一起，养殖者在手机终端可进行智能盘猪、智能称重、智能监控（将各个猪栏里的异常事件划分为十个等级，通过算法将多个事件进行关联溯源）、膘情监测、智能查情、智能环控（对氨气含量、二氧化碳含量、光照、湿度、温度等猪场环境核心指标进行监测）、智能饲喂，实现自动化养猪、人猪分离。另一方面，“猪小智”监管平台对猪场事件进行实时监控，如对猪爬上通道围栏、死猪活猪同运、饲料车运输路线异常、饲养员着装不合规、生猪数量异动、未注册车辆驶入场内、夜间出猪、未按规定消毒等，均可以实时预警、远程智能监控，以实现安全生产。

2. “猪管理”：专注于猪场管理的 ERP

长期以来，我国生猪养殖以中小养殖户为主，这类养猪场场主的文化水平相对较低，管理能力弱，一般没有记录生产数据的意识和习惯，混乱、低下的养猪场管理现状严重制约着我国生猪养殖业的发展。为此，2015 年农信互联开发了猪联网 1.0 产品，发展至 2019 年，农信互联已实现从养猪场生产到养猪场人力资源及财务管理的闭环管理。“猪管理”主要提供以下服务：猪生产服务，从养猪场育种、母猪管理到商品猪管理的全过程生产管理、监控及预警；猪放养，排苗投苗计划管理、猪苗与物资申请管理、生猪放养过程管理、养户放养结算管理；猪育种服务，育种值计算、个体与群体近交系数计算、测定性能分析、遗传进展分析、育种结果评估管理；猪物资服务，物资集采、生猪销售、投入品及交易商城、物资领用、物资投喂、物资盘点、物资损耗管理；猪成本服务，养猪场按批次、按日龄、按栋舍自动实时核算头均成本、每斤成本，对接财务及绩效管理系统；猪财务服务，养猪场财务管理、养猪场资金管理、收付款管理、养猪场账务管理；猪绩效服务，基于PSY的养猪场生产成绩报告，以栋舍为核心进行养猪场绩效指标核算并分析、饲养员绩效管理。

3. “猪交易”：生猪产业链线上+线下交易服务平台

“猪交易”为生猪产业链中的生产资料企业、经销商、养猪场、猪贸易商、屠宰场、货运商等各个生产经营主体提供线上交易服务平台——农信商城，旨在解决交易信息不对称、交易链条过长、产品品质无法保证、交易成本居高不下、交易体验差、物流运输不便等问题。农信商城主要对接：投入品交易平台——养殖市场；生猪交易平台——国家生猪市场；网络货运平台——农信货联；线下服务渠道——运营中心。养殖户可从农信商城的养殖市场购买饲料、兽药、疫苗等投入品，国家生猪市场可帮助用户进行生猪交易，农信货联可为货运者与货主搭建网络找车匹配平台，运营中心可为所在县域内的养殖户匹配投入品集采、卖猪以及金融、物流服务等综合落地服务。

4. “猪服务”：用数据服务生猪养殖

一方面，猪联网将全产业链条、全方位的数据汇集至中央处理器，形成“养猪大脑”。“养猪大脑”依托农信云计算数据中心，运用猪联网大数据，进行决策分析，为养殖户提供实时、精准的生产过程指导、操作预警提醒，可实现远程化管猪，全程可预警和提醒。同时，“养猪大脑”连接生产端和服务端，提供在线专家远程指导各项生产或管理活动或远程防疫、猪病诊断及治疗服务，通过各种传感设备及AI技术，猪联网大数据中心根据各类算法模型自动预警并报告各类关键事件，提醒养殖户实时排除险情，可实现可视化无人值守，还可以定期或不定期生成各种专项报告，如生猪体检报告、养猪场成本报告、行情报告等。

另一方面，猪联网与农信商城连接，为养猪场提供投入品购买服务，并由养猪场所在地的运营中心——农信小站统一提供服务。并且，基于“养猪大脑”的数据，猪联网与银行、保险公司、基金公司、担保公司及第三方支付公司等众多金融机构合作，满足了生猪产业链上大批生产经营主体的资金需求。

5. “猪金融”：生猪产业链金融服务平台

“猪金融”旨在为使用者提供既不同于商业银行也不同于传统资本市场的第三

种农村金融服务。利用农信互联平台积累的用户生产经营与交易大数据，依托自主开发的资信模型，“猪金融”形成了一个面向养殖户的行业内普惠、可持续发展的农业金融服务新体系，为用户提供从交易到贷款再到保险的一体化解决方案，化解生猪产业资金难题，用保险为养殖户可能面对的意外风险兜底。

20.3.3　食联网：可追溯的生猪产业下游运营平台

食联网以提供 SaaS 服务为切入口，为食品（屠宰）企业及下游渠道用户提供包括管理、交易、金融在内的综合解决方案，面向食品（屠宰）企业，提供可追溯的食品企业运营管理平台，通过聚集行业内丰富资源，积累先进管理理念，利用互联网、物联网、云技术，整合农信管理、生产、交易、金融、物流、数据等服务，为屠宰场、肉制品食品厂、批发商、肉食店提供一体化的综合解决方案，与饲联网、猪联网一起打通产业链“最后一公里”，推动上下游企业协同管理和食品安全可追溯化管理。

1. 屠宰场管理

食联网为屠宰企业提供从生猪采购、进场检查、生猪静养、入圈管理、屠宰生产、分割加工、仓储管理到最终白条称重、定等定级、包装扫描、销售的全过程精细化管理、管控服务，实现食品安全可追溯。

2. 肉制品食品分销渠道管理

食联网为肉制品食品分销渠道提供采购订货、入库检疫、货品上架、货位管理、分割包装、货物分布、退货管理、仓库盘点、库存预警、计划配送、批次发货、出库检疫、线路跟踪的全过程精细管理服务，实现食品安全可追溯。

3. 肉食店管理（零售）

食联网为连锁肉食店提供统一购销、统筹实时库存、合理调配货品的全过程管理服务，实现食品安全可追溯。

4. 农信货联

农信货联具备交通运输部下发的“无车承运人”资质，因此可以整合第三方货车，借助养殖市场和国家生猪交易平台，精确匹配生猪产业物流中人、货、车三方的需求，同时建立运输日志和车主信用体系，加强货主与车主的信用度，帮助货车车主增加收入，提高生猪产业的物流效率，降低货主物流成本。此外，为降低运输过程中生猪死亡带来的风险，农信货联又适时推出了生猪运输保险产品。目前，农信货联整合了农信商城、生猪交易市场、各地生猪运输信息部的货源信息和数千家专业货车车主资源，帮助货主和车主实现无缝对接，极大地方便了饲料、疫苗、兽药、养猪场设备等生产资料和活猪的物流运输，有效解决了整个生猪产业物流中车与货匹配度低、空驶率高的问题。

农信货联利用卫星定位、温度传感、视频监控等技术，实现了对运输路线和运输环境的实时监控，将猪只死亡率降到了最低，有效保障了货运安全；通过生成电子协议、缴纳运输保证金等方式，有效约束双方交易行为，实现了交易规范化、标准化；通过建立服务质量评价机制，对货主、车主进行等级排名，帮助优秀货主、车主实现更大收益，提升生猪产业物流行业整体服务质量。农信货联的冷链物联网技术，可实现猪肉白条调运的全过程监控。

20.4 爱迪猪（ID－PIG）案例分享

农信互联运用互联网、物联网、区块链、大数据等技术，通过链接猪生产、交易、物流、检验检疫等多个平台，使爱迪猪实现了猪生产智能化、场景物联网化、交易电商化、数据区块链化、支付在线化、责任人头化、风险最低化。通过“1 猪 1 码 1 生”的安全标准，让每一头猪甚至每一块猪肉都拥有自己的“身份”和“档案”，爱迪猪是名副其实的“ID－PIG”。

爱迪猪全过程追溯体系对影响猪肉质量安全的养殖、检疫、交易、运输、屠宰及配送等关键环节、关键点均可进行数据溯源，生产环节可追溯 36 项数据组，交易环节可追溯 26 项数据组，物流环节可追溯 20 项数据组，检测环节可追溯 18 项数据组，屠宰加工环节可追溯超过 12 项数据组，通过规范企业和模型算法，保证流入市场的每一头猪、每一块肉安全、健康。

爱迪猪在生产层要求生产企业、运输企业、屠宰企业按行业标准或国家生猪市场标准从事生产，并实行验证机制；在数据层以交易为纽带，串联各环节数据，建立标准的数据模型、标准的数据接口，以获取足量相关数据。而区块链技术服务，使各主体主动将数据上链，保证了数据的安全性。

爱迪猪的生猪养殖过程借助人工智能、物联网、区块链、大数据等技术，实现了养猪场的智能环控、智能巡查、智能饲喂管理，使养猪智能化、互联网化。同时，爱迪猪全过程追溯体系与猪智能生产平台、国家生猪市场线上平台、智能物流平台、智能食品加工平台等各大线上智能平台与线上风险预警系统全部连接，将猪肉保护在内，将食品安全风险排除在外，保证消费者健康。

1. 生产智能化

根据爱迪猪全过程追溯体系规范要求，爱迪猪在生产流程、运输过程、屠宰加

工等生产环节必须使用符合要求的生产管理软件及智能设备，记录生产过程中与食品安全相关的人员、物品、时间、操作方法等数据信息，并要求数据可以通过互联网实时获取。关于食品安全的关键信息，在智能化生产管理软件大规模应用后就成了数据沉淀，这些数据在广度、深度、精确度上都有保障，爱迪猪把这些数据利用起来，实现了整个生产环节的可追溯。

2. 场景物联网化

通过互联网与智能设备，爱迪猪各个环节、各种场景的数据均可与设备连接，实现了对关键场景的实时监控，并可对数据进行自动采集，最大限度地摆脱了人为因素对数据结果的影响，同时在需要时可对数据进行可视化还原。

3. 交易电商化

交易作为所有区块链数据连接的中枢，其数据的连续性至关重要。所以爱迪猪必须在国家生猪市场线上平台进行交易，同时应用电商风控系统，以保证追溯数据的连续性、正确性。

4. 数据区块链化

从养猪场到餐桌，爱迪猪在养殖生产、检疫检测、交易、运输、屠宰加工、配送等环节的关键数据，分布在对应环节的企业或机构中，这些数据互相独立。爱迪猪通过区块链技术，将这些独立数据进行“上链”关联、分析并展示，保证了数据的独立性、安全性和不可篡改性。

5. 支付在线化

爱迪猪必须在国家生猪市场线上平台进行交易并使用国家生猪市场线上平台提供的在线支付方式进行支付结算，这不仅有效保障了交易资金安全，也确保了交易真实性。

6. 责任人头化

所有进入爱迪猪全过程追溯体系的生产主体、检疫检测主体、交易平台主体、运输主体、屠宰加工主体都必须进行认证。各关键环节产生的操作数据必须一一对应到操作人或责任人，当发生食品安全问题时，要能够做到责任可究，责任精确到人。

7. 风险最低化

农信互联为爱迪猪引进、开发了多项保险产品，如生猪价格保险、运输保险、生猪质量安全保险等，从养殖、交易、运输、屠宰到冷链配送都有保险兜底，帮助爱迪猪企业规避生产风险。当风险发生时，利用保险产品为企业止损，降低企业因利润驱使而使存在安全风险的肉制品流入市场的可能性。

21　乳品供应链体系建设案例

21.1　南京卫岗乳业有限公司简介

南京卫岗乳业有限公司（以下简称卫岗乳业）位于江苏省南京市江宁经济开发区将军大道 139 号，注册资本 1 亿元。卫岗乳业起源于宋庆龄、宋美龄两姐妹于 1928 年创办的“贵族学校”的实验牧场，卫岗乳业是中国最早从事乳业生产的乳品企业之一，现已成长为国家农业产业化重点龙头企业、江苏省首批农业科技型企业、中国奶业 20 强峰会成员，同时是江苏省奶业技术创新战略联盟盟主单位。卫岗乳业是江苏省乃至全国较具代表性的以巴氏奶为主导产品的城市型乳企，其“卫岗”牌牛奶为省市名牌产品，还被指定为“中华人民共和国第十届运动会专用牛奶”，公司曾获南京市质量管理奖，是江苏省最大的乳品生产企业之一，国内较早荣获“中华老字号”的乳品企业。

卫岗乳业组织结构完善，分工明确，是一家集研发、生产、销售于一体的专业乳品企业，品类包括巴氏奶、酸奶、常温奶、常温酸奶、常（低）温乳饮料等，其综合利用刚性、柔性、线性生产方式，最大限度地提升供应链弹性，运用追溯赋码系统和智能排产计划，为核心客户降低生产成本，提供定制化生产服务，及时响应市场需求。

21.2　乳品供应链体系及概况

21.2.1　乳品供应链体系

卫岗乳业一直以“四化”“五统一”为主要抓手，充分发挥供应链核心企业的引导、辐射作用，建立沟通协调机制，实现与供应链服务商的一体化互联互助，打造原料乳生产、乳制品加工、物流、销售一体的乳品供应链体系，实现供应链上下游企业之间的资源共享、互利互赢，降低供应链成本，建设具有一定行业竞争力的

乳制品现代供应链体系。卫岗乳业成功申报了商务部“流通领域现代供应链体系建设项目”，成为该项目示范企业。

21.2.2 乳品供应链概况

卫岗乳业通过打造全产业供应链，把牧场管理、乳品加工、物流冷链、品牌销售链接到一起，各链条分工协作，层层监控，确保提供高品质的产品与服务。

1. 供应链上游牧场（企业）

卫岗乳业通过生奶采集的机械化装备、冷藏储存设备投入及相关联信息系统、追溯系统建设，与链主企业实现信息共享、互通。在确保年度总预算目标达成率（指实际出货量）达到95%的前提下，综合平衡市场的实际变化、加工设备的产能和奶源的季节波动，实行“1+3”多维式计划模式，从申报对象、时间、产品等多维度推动公司计划体系的运行。在执行年度预算计划的同时，执行滚动计划、月度计划、旬（周）调整计划，并对年度预算计划进行纠偏、对月度计划完成情况进行监控，借此减少年度计划偏差、尽量避免市场变化和奶源季节波动导致的供求失衡。

2. 供应链乳品加工

产品采用国际乳制品加工先进工艺，进行密闭管道化连续生产，在关键工序实现了在线自动监控。工厂设有中央控制系统，可自动监测和控制加工全过程，保证质量可追溯。

3. 供应链物流

提供高品质、多维度的现代物流服务，主要包括产成品储存、流通、配送等一体化物流服务。

4. 供应链终端销售

现代商超、送奶到户、深度分销是卫岗乳业打造销售渠道的“三驾马车”，同时，卫岗乳业顺应市场发展与变化，开拓渠道，重点建设线上、线下销售平台，致力于打造更专业、更优质的快销代理平台。

通过多年的供应链建设，卫岗乳业乳制品供应链体系已经完成由松散型向紧密、协同型的转变，乳制品供应链上下游各企业分工协作，统一搭建，信息共享，聚焦建设标准化、智能化、协同化、绿色化供应链，加大供应链各环节上的信息建设投入，融通信息接口，实现数据共享、交互，促进资源在供应链间快速流通，实现供应链企业团结合作、互惠共赢的整体目标，并将其有效拓展到全产业链上所有合作企业，卫岗乳业建成了强有力的、具有实质竞争力的乳品供应链。

21.3 乳品供应链标准化与绿色化

21.3.1 乳品供应链标准化

卫岗乳业供应链上下游企业严格执行现有的行业或国家标准，打造乳品供应链标准体系，产品生产严格执行国家相关标准，如《GB 25191—2010 食品安全国家标准调制乳》、《GB 25190—2010 食品安全国家标准灭菌乳》、《GB 19302—2010 食品安全国家标准发酵乳》、《GB 19645—2010 食品安全国家标准巴氏杀菌乳》、《托盘租赁企业服务规范》（SB/T 11152—2016）、《仓储货架使用规范》（GB/T 33454—2016）、《食品安全管理体系》（GB/T 22000—2006 ISO 22000—2005）、《物流管理信息系统应用开发指南》（GB/T 23830—2009）、《第三方物流服务质量要求》（GB/T 24359—2009）、《供应链数据传输与交换》（GB/Z 19257—2003）等。

与此同时，卫岗乳业积极参与相关国家标准的制定工作，主要参与制定了《供应链安全管理体系　实施供应链安全、评估和计划的最佳实践　要求和指南》《食品冷链物流交接规范》《冷链物流分类与基本要求》等。

21.3.2 乳品供应链绿色化

卫岗乳业的牧场均对牧场环境、奶牛养殖、污水处理等环境进行了节能化、绿色化改造，实现了污水的净化处理、循环再用等，致力于打造绿色生态牧场。

在物流仓储作业环境方面，为减少燃油叉车尾气排放，避免环境污染，卫岗乳业供应链内企业均使用电动叉车，节能减排，发展共享经济；同时，租赁使用新能源冷藏车辆，用于市区前置仓，供应链流通中使用的包装栏、奶瓶均实现了循环可利用。

21.4 乳品供应链信息化

21.4.1 统一采购平台

卫岗乳业牵头研发电子商务采购平台，使供应链上下游供需单位可及时接收采购信息，公开公正地参与物资采购等业务，平台透明化程度高且供应商管理及招采程序规范，这大大提高了采购效率，实现了供应链信息资源共享。

统一采购平台主要功能：①线上招采；②竞价；③拍卖；④物资超市；⑤供应商资质准入、线上管理等。

21.4.2　统一信息采集，建立供应链电子追溯系统

为保证产品在流通中的质量安全，卫岗乳业建立了电子追溯系统，并将信息实时上传至国家电子溯源平台、省级电子溯源平台，充分保证了上传数据的及时性、准确性和规范性。

卫岗乳业上线全程冷链服务，有效保障低温乳品安全与品质，这是助力提高行业竞争力、进一步提升广大群众对国产乳品消费信心的一次积极尝试。乳品全程冷链监控管理的实现，意味着冷链全覆盖将成为乳品行业的全新标配，冷链零售码也将成为乳企冷链全覆盖的身份象征。

21.4.3　定制开发 TMS/WMS 等物流信息系统及大数据开发应用

大数据对供应链的影响越来越大，并在企业的发展过程中开辟出一片“价值新蓝海”，卫岗乳业不断探索大数据应用，开发大数据挖掘系统，进行产品渠道销量、渠道产品销量、经营指标、运营日常、奶源平衡等大数据应用分析，对不同地区、不同领域客户的真实需求进行预测，并进行更加真实合理的判断。基于大数据的供应链信息分析，能够让企业更好地掌握供应链网络路线及相关资源配置，使企业能够对所有数据进行整合分析，对供应链做出整体最优规划，充分实现资源的有效配置。

卫岗乳业成功打造了全产业链追溯管理系统，完成了供应链信息化及 OMS（接受客户订单信息系统）、WMS（仓储管理系统）、TMS（运输管理系统）建设，并购置了信息采集（商品条码、箱码、托盘码）、感知、处理设备。

1. OMS 建设

OMS 管理卫岗乳业全渠道的订单分配、查询，可视化跟踪等业务，并与 WMS 无缝对接，实现库存同步、一体化管理等。

2. WMS 建设

采用集中式部署方式，WMS 管理卫岗乳业常温仓及低温仓，以及卫岗乳业全系列产品的仓储配送业务。WMS 将实现智能分拣、低温拆零分拣，通过集成 RFID（射频识别）系统，不仅提升了作业效率及准确率，还实现了乳品的安全溯源。WMS 实现了卫岗乳业海量订单的高效处理，有力地确保了卫岗乳品的安全、新鲜。WMS 通过入库业务、出库业务、仓储调拨、虚仓管理和即时库存管理等功能的综

合运用，有效控制并跟踪仓储业务的物流和成本管理全过程，完善企业仓储信息管理，帮助企业解决在传统仓储管理模式下存在的透明度低、可视化程度不高、精细化程度不高、准确性不高等问题，真正实现了智慧仓储。

（1）强大的作业规则。WMS 根据实际的仓储管理要求（如先进先出、后进先出、按批次发货等），通过强大的规则引擎进行上架、拣货、补货、波次、盘点等执行策略的个性化配置，优化仓储作业动线，节省库内作业工作量，突破作业瓶颈，改善库存布局，帮助企业优化库存量，提升仓储作业效率，降低成本，从而实现了全局库存的可视化、精益化、高效率业务管理。

（2）精细的库内作业管理。帮助企业加强仓储管理的精细化建设，增加库存决策信息的透明性、可靠性和实时性，发挥仓储在库存控制中的作用，有利于管理人员进行库存资金分析，优化库存结构，加速资金周转，为决策提供依据。

（3）支持 App 模式的 RF（一种数据传输功能）作业。WMS 系统内嵌 RF 模块，可实现仓储无纸化作业要求，大幅提升库存准确率和及时率。RF 模块基于安卓系统开发，具备部署便捷、通信速度快、网络要求低、具有支持手持设备和车载设备的特性，具有易于软件更新和维护等多项优点。

3. TMS 建设

TMS 管理卫岗乳业城市配送及库间调拨业务，包括运输调度、线路优化、在途跟踪、签收管理等，实现卫岗乳业冷链配送的高效、可追溯、透明化管理，以保障乳品运输安全、及时。

从牧场到终端，以上三大系统将助力卫岗乳业为客户和消费者提供更新鲜、更优质的乳制品。

21.4.4 加强信息化建设，发展智慧供应链，提高供应链协同化水平

卫岗乳业遵循“洁白无瑕的品质，客户满意的追求”的质量方针，以“改善营养结构，强壮民族素质”为己任，以公司策划的战略优势能力为主线，打造高效协同的物流仓储管理能力。通过搭建基于第四方物流的信息化平台，卫岗乳业将 OMS 订单管理、WMS 仓储管理、TMS 运输管理进行平台化整合，实现了物流业务线上证据链闭环，达到了流程和操作的双规范化，从而有效释放了劳动力，提高了业务运行效率，实现了高效协同化运作，有效发挥了全产业链食品安全优势、产业链系统优势、产品创新和客户体验优势，助力集团物流及仓储服务长远发展，推进企业数字化建设进程。

22　喜餐（深圳）科技有限公司智慧化供应链构建

22.1　喜餐科技简介及供应链介绍

22.1.1　喜餐科技简介

喜餐（深圳）科技有限公司（以下简称喜餐科技）为2019年新注册成立的专业供应链公司，专为大型餐饮集团及各大高校后勤食堂提供原材料采购、配送、售后服务。喜餐科技通过规范餐饮行业食材使用标准，构建食品安全溯源体系，建立大数据分析中心，力求成为最专业化、信息化的供应链平台，为餐饮客户提供最优质的供应链解决方案。

22.1.2　喜餐科技供应链构成

喜餐科技供应链的上游为喜餐科技的供应商，这些供应商可以分为两类，一类是总仓供应商，供应商品为标准化的、购买量大、风险较高的关键商品和杠杆物品，如鸡精、酱油等；另一类是地仓供应商，这类供应商为喜餐科技提供瓶颈物品和常规物品的采购服务，如灯具、抹布等。喜餐科技作为供应链的核心部分，有南、北两大总仓以及分布在全国各地的地仓，负责商品的采购、销售及售后服务等。喜餐科技供应链的下游为喜餐科技的客户，客户根据是否投资可划分成内餐饮客户和外餐饮客户。

喜餐科技的供应链是“推—拉结合”的运作方式，不同类别的产品其“推—拉边界”不同。对于需求稳定的主流产品，如大米、食用油等，喜餐科技是基于团餐市场的行情以及以往的销售额制订年或月的采购、销售计划，在这类需求稳定的产品中，有的需求量大，有的需求量小，为了保证产品供应，喜餐科技会设置安全库存，一旦客户下单，喜餐科技会直接将产品送给客户，这类产品以“推动式”采购为主，大约占总采购品种的30%，采购由喜餐科技负责，产品入总仓，另一类产品采购是“定制化采购”，对于这类产品，喜餐科技只有在客户下单以后才安排采购计划，即“拉动式”采购，这类采购大约占总采购品种的70%。

22.2 喜餐科技智慧化供应链建设方案

喜餐科技信息系统已经实现了内部信息资源的整合，基本消除了喜餐科技内部的“信息孤岛”，喜餐科技需要向供应链管理高级阶段也就是智慧化供应链管理阶段迈进。喜餐科技智慧化供应链建设方案可分为两个阶段：第一阶段，通过构建智慧化供应链信息平台并设计信息平台的功能模块，完善喜餐科技信息管理系统的结构及管理功能，实现喜餐科技信息管理系统的升级，为喜餐科技智慧化供应链建设奠定基础；第二阶段，为智慧化供应链信息平台设计实现路径。

在构建了较为完善的智慧化供应链信息平台，真正实现了信息化管理的基础上，喜餐科技接下来的工作就是解决智慧化供应链管理的问题。借助当前智慧化供应链管理的最新研究成果，结合喜餐科技供应链管理发展情况，喜餐科技设计了较为可行的实现路径，主要通过供应链运营可视化、供应链决策智能化、供应链组织生态化以及供应链要素集成化实现。

1. 供应链运营可视化

供应链运营可视化就是利用互联网、物联网等信息技术，通过对供应链中的供应信息、物流状态、生产进度、库存以及客户需求等相关指标进行采集、传递、存储、分析、处理，一方面，用较为直观的图形化方式进行展现，主要涉及流程可视化、仓库可视化、物流过程可视化和其他相关应用的可视化。另一方面，通过供应链各节点间的信息连通，消除信息传输的梗阻，让供应链各节点可以做到内外部数据共享，增加供应链的可视性。这样在提高整个供应链需求预测精确度的同时，也在很大程度上提升了整个供应链的协同性。具体实施过程中将涉及以下工作：运用传感技术、RFID（射频识别）、物联网等技术手段捕捉供应链全过程信息和数据；在分析供应链战略目标和运营规律的前提下，科学设定事件处理规则和例外原则；有效分析所获取的信息和数据；制订良好的供应链方案以及采用有效措施，及时调整与变革供应链资产、流程。

喜餐科技供应链中的主要环节和活动从原辅材料（包装物）等的采购开始，直至销售及售后服务。在供应环节，借助供应商管理系统软件、硬件技术，实现供应商综合素质、原辅材料及包装物质量、供应物流进度等信息的可视化，准确把握供应状态；通过电商平台及CRM（客户关系管理）系统，实现客户需求以及售后服

务的可视化，同时，将通过电子商务平台以及 GPS（全球定位系统）/GPRS（通用分组无线业务）等技术获取的第三方物流相关信息与喜餐科技供应链信息平台对接，实现物流管理的可视化。供应、仓储、物流等环节的可视化及其有效衔接，实现了整个供应链运营状态的可视可溯，进而支撑供应链在最大限度上实现了协同。

2. 供应链决策智能化

供应链决策智能化是指以各类信息、大数据为驱动进行供应链规划和采购、仓储、物流、销售等的预警和决策，其核心思想就是决策是基于数据分析做出的，而非是简单凭借管理者的直觉。喜餐科技依托供应链全过程的商务智能、业务过程的标准化、逻辑化和规范化以及相应的交易规则，对其财务和运营结果做出客观的考核、预测、预警，准确把握相关业务、环节间的联系，提高了决策制定的准确性。

具体而言，喜餐科技供应链决策智能化主要是将大数据与各类模型工具结合起来，应用于供应链信息平台的决策层，通过人工智能技术和海量的数据分析，最大限度地整合供应商信息和客户信息，正确判断供应链运营过程中的成本、时间、质量、服务等关键指标状态，实现整个供应链上的供应、仓储、物流、销售以及资金信息的最佳匹配，科学分析各业务环节对于资源的准确需求量及需求节奏，并紧密结合客户的实际诉求，更加合理地安排各项业务活动，并不断进行业务创新，以此来持续提升喜餐科技应对客户需求变化的能力。

3. 供应链组织生态化

供应链组织生态化听起来比较抽象，但究其根本含义，具有明确的针对性和应用价值，供应链组织生态化主要是指供应链服务的网络结构形成了供应链上各公司共同进化、多组织结合的商业生态系统，具体来讲，系统是由相互支持的组织成员构成的延伸系统，是用户、主要生产者、供应商以及其他与市场需求相关的风险承担者、金融机构、贸易团体、政府和类似政府的组织等成员共同构成的集合。众多的组织和个体都是价值创造不可或缺的部分，只有相互之间共同作用，有机地组织在一起，扮演好不同的角色，才能推动商业网络的形成、发展、解构和自我更新，在更好地满足市场需求的同时，实现自身的可持续发展。

喜餐科技作为其所在供应链商业生态系统中的关键角色，应该在协同进化过程中起到应有的重要作用，担负起整合各方关系的重任，制定科学的战略合作规则，引导合作伙伴共同营造生态化的网络结构，不断优化供应链组织方式和行为方式，借助用户和供应商等利益相关者为喜餐科技带来合作中的新资源，同时也促进各方合作关系发展。

4. 供应链要素集成化

供应链要素集成化就是要有效整合供应链运行中的各种要素，使聚合后的要素成本最低、价值最大。

喜餐科技可以借助大数据更加精准地理解客户需求、市场环境特征以及自身产品的特点，并借助演绎图技术提出有效的分析构架，将自身的能力和供应链上其他公司的能力进行有效整合，从而不断增强整个供应链的创新能力，以获得持续提升的整体竞争优势。通过这样的要素整合管理，一方面，实现交易、物流和资金流的结合，有效地进行供应链计划、组织、协调、控制；另一方面，通过多要素、多行为交互和集聚，为喜餐科技和整个供应链带来新机遇，并倒逼供应链创新。

上述“四化”借助现代信息技术和先进的数理方法能够有效地落地执行并产生显著绩效，实现喜餐科技智慧化供应链管理，真正推动喜餐科技的创新变革。

23　罗汉果糖产业专题介绍

23.1　罗汉果糖产业发展现状

随着消费者对健康甜味食品摄入需求的增长，欧洲、亚洲尤其是中国在这方面产生了巨大的潜在市场。研究表明，摄入蔗糖与产生肥胖症之间构成量效关系，因此，天然健康且低热量的甜味剂是未来发展的趋势。罗汉果糖作为口感与蔗糖最接近的一种天然甜味剂，在2010年成功通过美国FDA的批准，获得市场准入资格，在美国市场作为一种常规的天然替代糖被大量使用。中国是全球最大且唯一的罗汉果糖供应生产商，随着科学技术的进步，罗汉果糖的生产和应用技术日益发达，罗汉果糖有着广阔的发展空间。

23.2　罗汉果糖的产区分布

罗汉果最早在广西桂林种植，可适宜种植的面积大约为30万亩，随着全球气候变暖，广西以外的湖南（湘潭、永州、衡阳、怀化、常德、邵阳、株洲等）、江西（萍乡、宜春、新余、吉安、赣州等）、贵州（铜仁、遵义、黔东南、贵阳、黔南等）已经被验证可作为罗汉果的种植区域。目前，湖南、江西、贵州等地已经开始大规模种植罗汉果。

而更贴近消费端的罗汉果糖产品主产区集中在山东、湖南、广西，其中湖南地区的头部企业HC公司是罗汉果糖中组成成分罗汉果甜苷的主要供应商。

23.3　罗汉果糖的应用趋势

23.3.1　罗汉果糖生产及应用概述

人们越来越关注健康问题，由于过量摄入糖而引起的一系列疾病如肥胖、龋齿、糖尿病等问题尤为突出，而罗汉果糖具有低热量甚至0热量、不引起血糖急剧波动，不易导致龋齿等特点，这使其受到追求“低糖低卡、健康生活”人士的欢迎。

罗汉果糖采取物理提取方式，先从纯天然药食同源的罗汉果中提取出罗汉果粉或罗汉果甜苷，再按照不同的使用场景复配成形态、甜度不同的罗汉果糖，以满足罗汉果糖在各类应用中的需求。

目前，罗汉果糖的复配生产主要包括制粒法、结晶法、干混法。制粒法是将罗汉果粉或罗汉果甜苷溶解后，均匀喷洒在食品上并同步进行干燥。制粒法的优点是生产出的罗汉果糖在外观和甜度方面相对均匀，产品呈颗粒状或结晶状，具有良好的流动性。结晶法适用于生产工艺中有结晶工序的产品配料，例如，赤藓糖醇，是在糖醇类产品结晶前加入罗汉果粉或罗汉果甜苷，使其随着糖醇类一起结晶的方法。结晶法的优点是生产成本低，缺点是产品甜感均匀度不可控，且存在母液回收再利用等技术问题。干混法是将罗汉果粉或罗汉果甜苷与所需配料直接混合的方法。干混法的优点是操作简单、生产成本低，缺点是产品颗粒度与外观颜色不均匀等问题。

纯罗汉果提取物具有明显的后甜感，与传统的白砂糖在口感上有明显差异，这制约了罗汉果提取物的应用。目前，市场上典型的罗汉果糖以罗汉果粉或罗汉果甜苷为主要甜味来源，复配赤藓糖醇等糖醇类食品添加剂。赤藓糖醇具有前甜且甜度维持时间短的特点，与罗汉果特有的后甜特点正好相互“修饰”，在降低罗汉果提取物甜度的同时，使其口感与白砂糖相近。复配后的罗汉果糖在某种程度上极大地降低了在食品中的应用难度，有利于推动罗汉果糖工业化进程。

23. 3. 2　罗汉果糖应用领域将更加广泛化、细化

随着罗汉果糖知名度的提高，以及消费者需求的进一步扩大，罗汉果糖的应用领域将得到进一步拓展。罗汉果糖在诞生之初，通常作为餐桌甜味料进入消费者视野，而随着罗汉果糖的进一步普及，它也将渗透到各个用糖领域，将出现类似“咖啡专用罗汉果糖”“烘焙专用罗汉果糖”“儿童专用罗汉果糖”“糖尿病患者专用罗汉果糖”等精准定位于各个应用场景的罗汉果糖产品。

23. 3. 3　成分更加丰富、品种更加多样

罗汉果糖的常见配方主要包含罗汉果提取物、赤藓糖醇、菊粉等。随着罗汉果糖被更多消费者熟知和使用，罗汉果糖将在更多应用领域被应用，这也将促使罗汉果糖配方不断升级，以满足不同应用领域的要求。比如，湖南华诚生物资源股份有限公司将同样药食两用的桑叶提取物、葫芦巴籽提取物等成分添加至罗汉果糖中，使其成为不但热量低而且可以进一步改善人体血糖水平的产品，非常受糖尿病患者欢迎。

第四篇

资料汇编

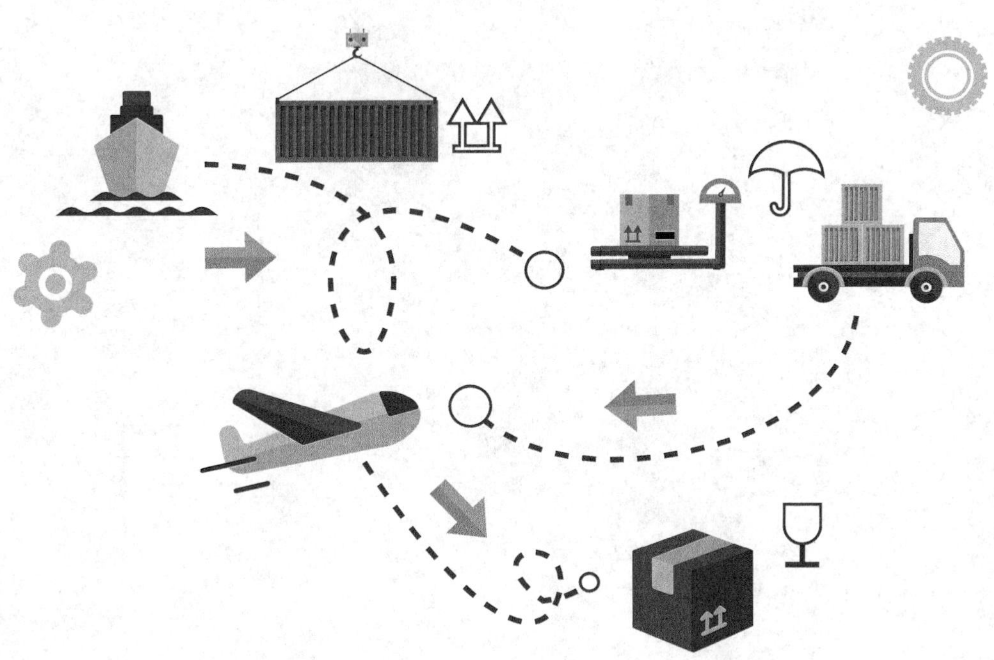

24　资料汇编

政策一　陕西省商务厅　陕西省财政厅关于做好推动农商互联完善农产品供应链项目绩效评价及验收有关工作的通知

各设区市（区）、韩城市商务主管部门、财政局：

根据《财政部办公厅　商务部办公厅关于推动农商互联完善农产品供应链的通知》（财办建〔2019〕69 号）、《商务部办公厅　财政部办公厅关于疫情防控期间进一步做好农商互联完善农产品供应链体系的紧急通知》（商办建函〔2020〕53 号）和《陕西省商务厅　陕西省财政厅关于推动农商互联完善农产品供应链项目申报的通知》（陕商发〔2019〕26 号、陕商发〔2020〕25 号）等有关文件要求，为做好我省推动农商互联完善农产品供应链项目绩效评价及验收有关工作，现将有关事项通知如下：

一、项目绩效评价及验收流程

（一）提出申请。项目单位按规定时间和要求完成项目绩效自评及项目验收相关材料准备工作后，向所在市（区）商务、财政部门提出绩效评价及验收申请。

（二）绩效评价及验收。各市（区）主管部门是农商互联项目实施工作的责任主体，要严格落实主体责任，切实保障财政资金的安全和效率。所在市（区）商务、财政部门接到申请后会同所在县级商务、财政部门或委托第三方机构对项目进行绩效评价及验收。

（三）组织检查和评价。各市（区）完成所有项目绩效评价及验收后，及时汇总形成项目绩效评价及验收报告，上报省级商务、财政主管部门备案，自觉接受国家或省级商务、财政主管部门对项目完成、取得成效、资金拨付等情况进行检查和评价。对项目检查和评价中发现的问题，由项目单位在 3 个月内完成整改，对整改不到位的核减支持资金；对复核中发现弄虚作假，资金投入方向、内容、规模与申报材料严重不符当重大问题的，直接取消资格，收回财政资金。

二、项目绩效及验收要求

（一）时间要求。2019 年项目，受疫情影响，务必于 2020 年 7 月底前完成绩效评价及项目验收。2020 年项目，要在 2021 年 6 月底前完成绩效评价及项目验收。

（二）绩效评价内容及要求

1. 共有绩效要求

（1）所有项目实施主体采用订单农业、产销一体、股权合作等长期稳定流通模式的农产品交易额在项目实施主体农产品总交易额中占比提高 10% 以上；

（2）项目实施主体带动社会投入达到项目投资的 10 倍以上；

（3）项目实施主体带动农民收入水平提高 5% 以上。

2. 不同申报方向，应分别达到相关绩效要求

（1）产后商品化处理设施建设：项目实施主体农产品产地商品化设备使用率（产地商品化设备使用率 = 使用设备处理量/农产品年产量 ×100%）提高 30% 以上。

（2）农产品冷链物流建设：项目实施主体农产品冷藏仓储能力（冷库和仓储库容）较项目实施前提高 30% 以上。

（3）供应链末端惠民服务能力建设：项目实施主体在建设或改造农贸市场、菜市场、社区菜店等农产品零售市场，完善末端销售网络，发展联合采购、统仓统配等模式，降低流通成本，提升便民惠民服务功能提升情况，消费者对项目实施主体农产品便民销售情况满意度达到 80% 以上。

（4）标准化和品牌建设：项目实施主体打造 1 种以上地域特色突出、产品特性鲜明的区域公用品牌、企业品牌和产品品牌；打造 1 种以上特色农产品覆盖种养加工、检验检测、质量分级、标识包装、冷链物流、批发零售全产业链条标准体系。

（5）重点步行街的农产品供应链产销对接功能建设：项目实施主体在重点步行街设立多个产品销售店、展示店等，提升步行街展示和产销对接功能情况。

（三）项目建设内容验收要求。项目资料必须合规和完整，建设内容和有效投资要符合《陕西省商务厅　陕西省财政厅关于推动农商互联完善农产品供应链项目申报的通知》（陕商发〔2019〕26 号、陕商发〔2020〕25 号）和《商务部办公厅财政部办公厅关于疫情防控期间进一步做好农商互联完善农产品供应链体系的紧急通知》（商办建函〔2020〕53 号）等有关建设标准规定，设施设备购置安装完成情况，总投资和有效投资完成情况。并附会计师事务所出具的建设项目验收资金专项审计报告。

三、项目资金拨付要求

项目通过绩效评价及验收后，项目所在市、县财政部门根据绩效评价及验收结

果，按照《陕西省商务厅 陕西省财政厅关于下达2019年度推动农商互联完善农产品供应链项目计划的通知》（陕商发〔2019〕47号）有关规定，1个月内完成资金拨付，各级财政不得以任何理由拖欠、挪用、截留。

（文件有删改）

陕西省商务厅 陕西省财政厅

2020年5月19日

政策二 关于疫情防控期间进一步做好农商互联完善农产品供应链体系的紧急通知

商办建函〔2020〕53号

内蒙古、辽宁、黑龙江、江苏、浙江、山东、河南、湖北、湖南、广东、广西、重庆、四川、贵州、陕西商务、财政主管部门：

2019年，财政部办公厅、商务部办公厅印发《关于推动农商互联完善农产品供应链的通知》（财办建〔2019〕69号，以下简称《通知》），在两年内支持农产品流通企业与新型农业经营主体进行深入对接，构建农产品现代供应链。为贯彻落实党中央、国务院决策部署，充分发挥中央财政资金效益，支持做好新型冠状病毒感染肺炎疫情（以下简称疫情）防控期间农产品市场供应，现就有关事项紧急通知如下：

一、高度重视，支持农产品流通企业做好应急保供工作

农产品批发市场、生鲜超市、菜市场、农产品仓储物流企业等流通企业是疫情防控期间保障生活必需品供应、促进价格稳定的重要载体。各地要在《通知》基础上，根据本地疫情防控需要，视情增加支持农产品市场保供的方向，中央财政资金在同等条件下，向在疫情防控中承担保供任务的农产品流通企业倾斜，支持做好货源组织、储备和对接调运，确保蔬菜等重要农产品供应链不断链，切实保障市场供应。

二、因地制宜，科学制定资金支持方案

各地可根据本地实际情况，在2019—2020年服务业发展资金支持农商互联工作事项中合理安排一定比例资金用于支持保供工作，相关资金不受《通知》中70%资金比例用于支持产地商品化处理设施和农产品冷链物流的限制。支持方向主要包括农产品流通企业在承担保供任务中发生的运费、租金、保供储备、冷链、防疫以及供应链中断恢复过程中发生的相关费用补贴，具体支持方向、方式、比例及标准由省级商务和财政主管部门确定，有关支持方案报商务部、财政部备案。

三、突出重点，切实发挥保供作用

中央财政支持疫情防控期间市场保供，目的是调动农产品流通企业积极性，做好蔬菜等生活必需品市场保供工作。各地要认真制定支持方案，重点支持有较强实力，疫情防控期间发挥保供作用大，尤其是对湖北、广东、浙江等保供任务较重的地区发挥突出作用的企业。要严格落实主体责任，建立健全资金管理制度，完善事前、事中和事后全过程监管，在应急需要时及时拨付使用，务必保障财政资金的使用效率和安全。此前已经确认支持的农商互联项目和资金，继续按照《通知》要求执行。

各有关省份商务、财政主管部门要统一思想，提高站位，积极行动，主动作为，全力支持、引导农产品流通企业做好疫情防控期间市场保供工作，有关问题和情况及时上报。

（文件有删改）

商务部办公厅　财政部办公厅

2020 年 2 月 11 日

政策三　商务部等 8 部门关于进一步做好供应链创新与应用试点工作的通知

商建函〔2020〕111 号

各省、自治区、直辖市、计划单列市及新疆生产建设兵团商务、工业和信息化、生态环境、农业农村、市场监管部门，中国人民银行各分行、营业管理部、各省会（首府）中心支行、各副省级城市中心支行，各银保监局，中国物流与采购联合会各分支机构：

为深入贯彻落实习近平总书记关于统筹推进新冠肺炎疫情防控和经济社会发展的系列重要讲话精神，发挥供应链创新与应用试点工作在推动复工复产、稳定全球供应链、助力脱贫攻坚等方面的重要作用，进一步充实试点内容，加快工作进度，现就有关事项通知如下：

一、推动供应链协同复工复产

供应链畅通是推动大中小企业整体配套协同复工复产、促进产供销有机衔接和内外贸有效贯通的重要前提，也是实现“六稳”工作的重要基础。各地要密切关注和把握国际国内疫情形势和经济形势变化，指导试点城市和试点企业及时研判供应

链运行过程中的问题，因地制宜、因时制宜调整工作着力点和应对举措，围绕用工、资金、原材料供应等关键问题，精准施策，打通“堵点”、补上“断点”，千方百计创造有利于复工复产的条件，提高复工复产效率，畅通产业循环、市场循环和经济社会循环。

试点城市要落实分区分级精准防控和精准复工复产要求，加快推动和帮助供应链龙头企业和在全球供应链中有重要影响的企业复工复产。针对本地重点产业情况和特点，梳理供应链关键流程、关键环节，及时疏通解决制约企业复工复产的物流运输、人员流动、资金融通、原材料供应等问题，特别要做好跨区域政府间协同对接。

试点企业要勇担社会责任，充分发挥龙头带动作用，加强与供应链上下游企业协同，协助配套企业解决技术、设备、资金、原辅料等实际困难。通过保障原材料供应、加快重点项目实施进度、加大预付款比例、及时结算支付等多种方式，缓解上下游中小企业经营和资金压力。发挥各类供应链平台资源集聚、供需对接和信息服务等功能优势，积极接入各方信息系统，为企业复工复产提供交易、物流、金融、信用、资讯等综合服务，促进供应链尽快恢复和重建，实现资源要素的高效整合和精准匹配。

二、完成好新形势下试点各项工作任务

在应对新冠肺炎疫情过程中，试点城市和试点企业充分利用供应链资源整合和高效协同优势，在支持疫情防控、保障市场供应、推动复工复产等方面发挥了重要作用，但也反映出供应链安全性和协同性方面存在一些短板弱项。同时市场新需求、新业态、新模式加快发展也给供应链创新与应用工作提出了新的要求。今年，试点工作要在原有试点任务基础上，重点加强以下五个方面工作。

（一）加强供应链安全建设。

试点城市要将供应链安全建设作为试点工作的重要内容，加强对重点产业供应链的分析与评估，厘清供应链关键节点、重要设施和主要一、二级供应商等情况及地域分布，排查供应链风险点，优化产业供应链布局。探索建立跨区域、跨部门、跨产业的信息沟通、设施联通、物流畅通、资金融通、人员流通、政务联动等协同机制，研究建立基于事件的产业供应链预警体系和应急处置预案，加强对重点产业和区域的风险预警管理。

试点企业要增强供应链风险防范意识，针对疫情防控过程中出现的安全问题，举一反三，研究制定供应链安全防控措施。把供应链安全作为企业发展战略的重要组成部分，建立供应链风险预警系统，制定和实施供应链多元化发展战略，着力在网络布局、流程管控、物流保障、应急储备、技术和人员管理等方面增强供应链弹性，提升风险防范和抵御能力，促进供应链全链条安全、稳定、可持续发展。

（二）加快推进供应链数字化和智能化发展。

试点城市要加大以信息技术为核心的新型基础设施投入，积极应用区块链、大数据等现代供应链管理技术和模式，加快数字化供应链公共服务平台建设，推动政府治理能力和治理体系现代化。加快推动智慧物流园区、智能仓储、智能货柜和供应链技术创新平台的科学规划与布局，补齐供应链硬件设施短板。

试点企业要主动适应新冠肺炎疫情带来的生产、流通、消费模式变化，加快物联网、大数据、边缘计算、区块链、5G、人工智能、增强现实/虚拟现实等新兴技术在供应链领域的集成应用，加强数据标准统一和资源线上对接，推广应用在线采购、车货匹配、云仓储等新业态、新模式、新场景，促进企业数字化转型，实现供应链即时、可视、可感知，提高供应链整体应变能力和协同能力。鼓励有条件的企业搭建技术水平高、集成能力强、行业应用广的数字化平台，开放共享供应链智能化技术与应用，积极推广云制造、云服务平台，赋能中小企业。

（三）促进稳定全球供应链。

试点城市要积极促进产供销有机衔接、内外贸有效贯通，支持外贸、外资、商贸流通和电子商务企业，加强与贸易伙伴的沟通协调，着力保订单、保履约、保市场，全力支持外贸重点企业、重点项目和重要订单，促进全球供应链开放、稳定、安全。创新和优化招商引资、展会服务模式，持续推进投资促进和招商工作，保障各类经贸活动正常开展。

试点企业要努力克服困难，加快重点工程建设，按时按约、保质保量完成各项订单。积极参与“百城千业万企”对标达标提升专项行动，瞄准国际先进标准，提高产品质量和服务水平。加强在重大项目中的协同与合作，共同开拓第三方市场。探索建立高效安全的物流枢纽和通道，优化、整合境外分销和服务网络资源。稳妥有序推进共建“一带一路”，优化国别产业布局，加强重大项目建设，更好带动装备、技术、标准和服务走出去，进一步提高我供应链全球化能力和水平。

（四）助力决战决胜脱贫攻坚。

今年是脱贫攻坚决战决胜之年，各地要认真贯彻落实打赢脱贫攻坚战、全面建成小康社会重大战略部署，推动产业供应链向贫困地区延伸，因地制宜支援贫困地区优势产业发展，带动贫困地区就业，促进贫困地区资源优势转化为经济优势。聚

焦重点帮扶领域、优势特色产业供应链薄弱环节，着力加大对“三区三州”深度贫困地区的政策、资金支持力度。

试点企业要积极推动资源、项目、用工等积极向贫困地区倾斜，发挥技术、渠道、市场等优势，加大贫困地区农产品、中药材、矿产、生态等资源市场开发力度，带动贫困地区相关配套产业发展和就业增长，增强贫困地区经济“造血”功能。涉农相关企业要大力发展农产品集采配送、分拣包装、冷藏保鲜、仓储运输、初加工等设施设备，促进与农户（贫困户）、新型农业经营主体的全面、深入、精准对接。加快构建集智慧农业、电商平台、智慧物流为一体的农产品供应链体系，提升农产品商品化、规模化、标准化、品牌化水平，提高农产品附加值。

（五）充分利用供应链金融服务实体企业。

支持试点企业基于真实交易场景，根据需要开展应收账款、仓单和存货质押和预付款融资。提高企业应收账款的透明度和标准化，持票企业可通过贴现、标准化票据融资。

银行业金融机构要加强与供应链核心企业合作，支持核心企业通过信贷、债券等方式融资，用于向中小企业支付现金，降低中小企业流动性压力和融资成本。鼓励有条件的银行业金融机构应用金融科技，加强与供应链核心企业、政府部门相关系统对接，推动供应链上的资金、信息、物流等数字化和可控化，为链条上的客户提供方便快捷的供应链融资服务。

金融机构要创新供应链风险识别和风险管理机制，建立基于核心企业、真实交易行为、上下游企业一体化的风险评估体系，提升金融供给能力，快速响应企业的结算、融资和财务管理需求。

金融机构规范开展供应链相关的资产证券化、提供资管产品等表外融资服务，应强化信息披露和投资者适当性管理，加强投资者保护，警惕虚增、虚构应收账款行为。非金融机构不得借供应链之名违规从事金融业务和规避宏观调控管理。

三、工作要求

（一）扎实推进试点工作。

试点城市和试点企业要结合试点中期评估反馈意见和今年重点工作方向，制定针对性的整改落实措施，进一步完善工作思路和具体实施方案。对照工作方案和台账，认真检查完成情况，对标对表，抓紧抓实，加快试点工作进度，按要求及时填报季报和年度总结报告，确保试点工作各项任务目标按期高质量完成，取得实际效果。试点中期评估结果，可登录商务部业务统一平台供应链信息管理应用查询。

根据试点动态调整机制，对存在违法违规行为或重大风险隐患的、未按照台账推进试点或者进展缓慢的城市和企业，将取消其试点资格。

（二）加强业务协同指导。

各级商务、工业和信息化、生态环境、农业农村、人民银行、市场监管和银行保险监管部门要加大复工复产政策落实力度，加强对困难行业和中小微企业扶持，积极落实援企稳岗、复工复产等疫情应对政策，精准扎实有序推动供应链全面复工复产。对符合条件的重点商贸流通企业、物流与供应链服务企业，支持金融机构落实复工复产金融支持政策。

要发挥供应链创新与应用试点工作协调机制作用，加强日常检查监督，及时了解、掌握试点进展。坚持问题导向，及时研究解决供应链创新与应用过程中的突出问题，力争在体制机制、政策促进和制度标准建设等方面有所突破。

指导各地加强供应链领域“政产研学用”有机融合，积极研究供应链发展的新趋势、新技术和新模式。支持相关行业组织加强行业研究、数据统计、标准制修订和国际交流，提供供应链咨询、人才培训、职业资格认定等服务，推动建设供应链公共服务平台。

（三）加快复制推广典型经验。

各地要立足本地实际，做好试点经验的复制推广工作，总结试点城市和试点企业在应对新冠肺炎疫情、推动供应链协同复工复产，特别是创新推进试点工作好的做法和经验，及时报商务部。我们将总结推广试点工作经验，组织典型案例宣传和成果展示。

（文件有删改）

商务部工业和信息化部生态环境部
农业农村部中国人民银行国家市场监督管理总局
中国银行保险监督管理委员会
中国物流与采购联合会
2020 年 4 月 10 日